燕蜀交谊

启功 徐无闻 先生学术集

文物出版社

图书在版编目（CIP）数据
燕蜀交谊．启功、徐无闻先生学术集 /《燕蜀交谊——启功、徐无闻先生学术艺事集》编委会编．-- 北京 ：文物出版社，2025. 8. -- ISBN 978-7-5010-8827-0
Ⅰ．K825. 72；K825. 41
中国国家版本馆 CIP 数据核字第 2025D8D442 号

燕蜀交谊——启功、徐无闻先生学术集

YAN SHU JIAOYI——QI GONG、XU WUWEN XIANSHENG XUESHUJI

编　　者　《燕蜀交谊——启功、徐无闻先生学术艺事集》编委会

责任编辑　张朔婷
责任印制　张　丽
出版发行　文物出版社
社　　址　北京市东城区东直门内北小街 2 号楼
邮　　编　100007
网　　址　http: //www.wenwu.com
邮　　箱　wenwu1957@126.com
制　　版　北京印艺启航文化发展有限公司
印　　刷　北京启航东方印刷有限公司
经　　销　新华书店
开　　本　635mm × 965mm　1/8
印　　张　30.5
版　　次　2025 年 8 月第 1 版
印　　次　2025 年 8 月第 1 次印刷
书　　号　ISBN 978-7-5010-8827-0
定　　价　378.00 元

前　言

启功先生字元白、元伯，北京师范大学中文系教授。徐无闻先生名永年，字嘉龄，号无闻，以号行，西南师范大学中文系教授。二公为世所周知者，元白先生以书法、绘画，无闻先生以书法、篆刻。元白先生绘画出宋入元，早享盛誉；书法则继之而起，举世咸知。无闻先生书法众体尽备，出神入化；篆刻则奄有众长，卓然巨擘。而世人之所较少关注者，为二公之第一身份，曰教师，曰学者。

二公一生从教，作育人才；埋首群籍，勤于著述。元白先生平易近人，门庭若市，然学生登门，则必下逐客令曰，我要上课了，各位请便；无闻先生沉疴染身，稍有起色，即驰书学生，将于某日返校，集中补课，咸使知闻。元白、无闻先生于书无所不观，学识淹博。元白先生尤重文字声律、金石美术、红学研究，于书画碑帖鉴定更有“我辈数人、定则定矣”之誉。无闻先生于文字训诂、唐宋要籍、书论印学用功至勤，文不必多，出则必成定谳。文史之外，二公兼擅吟事，每有所作，布在人口，不必具论矣。

乒乓号称国球，能称国艺者其唯书法乎！喜好者夥，从事者众，自古而然，于今为盛。然专职运动员出而乒乓强，专职书家出而书法衰。何则？书法之得成伟大艺术者，以其与传统文化涵养化育密不可分。传统诗学重诗外功夫，传统书学亦重书外求法。好书法者，必好学问，但凡大家，莫不饱学。腹中空枵，仅以画字相矜尚而竟能发名成业者，未之有也。

书家自须学识丰赡，学者固非天然书家。书法艺术，学本技先。“读书万卷”“退笔如山”，缺一不可；“眼中有神”“腕下有鬼”，必不克成。元白先生受舅父激励而奋发，无闻先生得尊人发蒙而致力，一生临池，至老不辍。学养、精勤、天分，三者兼备，天机妙奥，端在此乎！

二公二十世纪六十年代初即凭书信往还，一九六三年元白先生鉴定书画文物巡游至渝，亦由无闻先生陪同。虽数十年间君居南海我北海，相见无多，而治学领域、学术取向、艺术旨趣、品德襟抱高度相似，故彼此关注，互相揄扬，惺惺相惜，不遗余力。余少从无闻先生蜀中问学，后又得先生荐，入京随元白先生攻读博士，得侍左右，故于二公故事，略有所知；于二公学艺，薄有所悟。

今承班禅大师亲题书名，八方友朋伸以援手，《燕蜀交谊——启功、徐无闻先生学术集》《燕蜀交谊——启功、徐无闻先生艺事集》得以面世。二书内容丰富，文字详明，二公平生交谊、师友承传、学术造诣、艺术成就，可于其间具见之。观此书者，可领略二公襟抱品格、道德文章，可感受吾国书画、篆刻艺术正脉，可悟得艺坛巨匠艺术养成之路径，是亦二书编纂出版之初衷也。

刘石

二〇二五年八月二十日

目　录

学　术

学　术

鄭印佛拉里氏藏神典札跋尾

急就篇傳本考

山水畫南北宗說考

孫過庭書譜考

蘭亭帖考

戾家考

絕妙好辭辨

詩歌駢文的語法問題

堅淨居題跋若干篇

一九八〇年選舊稿若干篇合編為[illegible]

啟功

❷

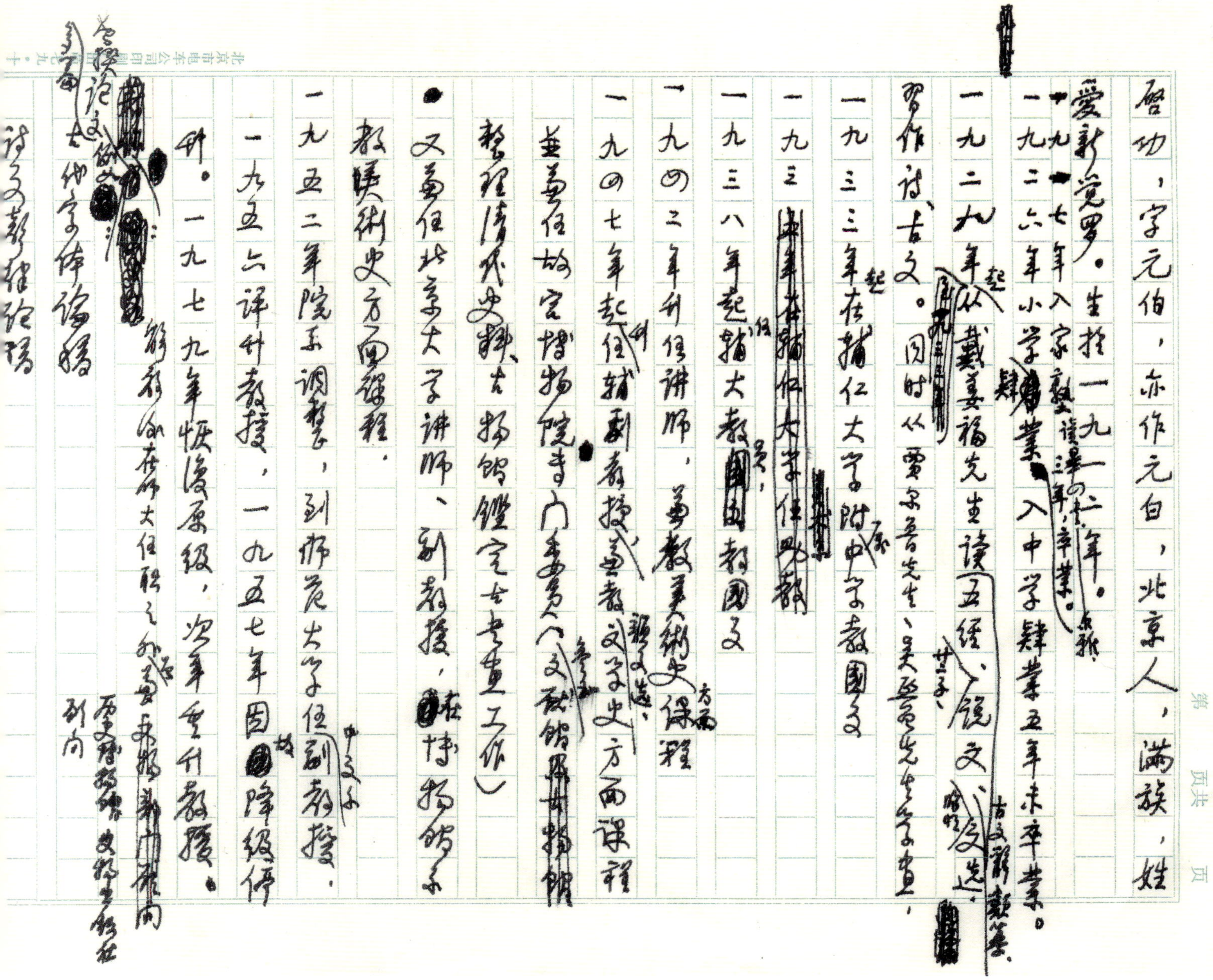
启功，字元伯，亦作元白，北京人，满族，姓爱新觉罗。生于一九一二年。
一九一七年入家塾。一九二六年小学肄业，入中学肄业五年未卒业。
一九二九年起从戴姜福先生读五经、古文，习作诗、古文。同时从贾尔鲁先生、吴镜汀先生学画，
一九三三年在辅仁大学附中教国文。
一九三八年起任辅仁大学教国文。
一九四二年升任讲师，兼教美术史课程。
一九四七年起任辅仁副教授，兼教文学史方面课程，并兼任故宫博物院专门委员（文献馆、古物馆），整理清代史料，古物馆鉴定古书画工作）
又兼任北京大学讲师、副教授，在博物馆系教美术史方面课程。
一九五二年院系调整，到师范大学任副教授。
一九五六年评升教授，一九五七年因[illegible]降级停升。一九七九年恢复原级，次年重升教授。

❶

二十世纪八十年代，启功自书履历。每页纵十九厘米，横二十六点二厘米，启功家藏

徐无闻书画暂定润例

集中山王嚳字四尺以内联　500元

甲骨、小篆四尺以内联　400元

小篆四尺以内条幅400元　中堂加倍

隶书、楷书、行草四尺以内联　350元

隶书、楷书、行草中堂四尺全幅以内　500元

行草四尺对开以内条幅横幅250元　四尺以上加倍

行草扇面斗方50元，小篆、金文加倍　隶楷加半

墨竹四尺对开以内条幅横幅300元　四尺全幅加倍

匾额字径二尺以内每字100元　五寸以内每字30元

潤金收到后半月内交件

文字内容一般由本人自由选书，指定文字内容者照例加倍。来文鄙俗不通者不应。

一九九三年三月

20×20=400　CH002·626·933

一九九三年三月，徐无闻书画暂定润例。纵二十九点五厘米，横十九点二厘米，徐无闻家藏

相契　相知无远近

启功、徐无闻先生往来录

一九六二年　壬寅

启功　五十一岁　　徐无闻　三十二岁

十月二十四日，启功复徐无闻函，回答有关《平复帖》《星凤楼帖》《出师颂》《月仪帖》等问题，书《平复帖》释文附于函后。

一九六三年　癸卯

启功　五十二岁　　徐无闻　三十三岁

谢稚柳、启功等鉴定书画巡游至重庆，冯建吴、段虚谷、徐无闻作陪。

一九六四年　甲辰

启功　五十三岁　　徐无闻　三十四岁

二月三日，启功题赠徐无闻一九六二年三月文物出版社珂罗版影印本《西晋陆机平复帖》，内收启功著《西晋陆机平复帖释文》《平复帖简说》。

二十世纪八十年代

启功为徐无闻绘朱竹成扇，另面书自作论书绝句七言诗。

一九九一年　辛未

启功　八十岁　　徐无闻　六十一岁

冬月，徐无闻赴北京出席中国书法家协会会议。会后，由刘石陪同登门看望启功。

一九九三年　癸酉

启功　八十二岁　　徐无闻　六十三岁

六月三日，徐无闻致刘石函，谈及“启先生印，只要病稍好便刻”，本月二十日徐无闻往生，遂成永憾。

六月二十二日，启功得知徐无闻噩耗，发唁电悼念。

一九九五年　乙亥

启功　八十四岁

八月，启功著《徐无闻先生著作集序》，题“徐无闻论文集”“徐无闻书法集”签条，书“徐无闻先生之墓”。

一九九六年　丙子

启功　八十五岁

四月十日，启功在《书法报》第十五期总第七〇三期发表《〈徐无闻书法篆刻集〉序》。

四月，四川美术出版社出版《徐无闻书法集》，使用启功题签、序文。

五月四日，启功在《光明日报》发表《徐无闻先生著作集序》。

二〇〇三年　癸未

启功　九十二岁

五月，文物出版社出版《徐无闻论文集》，徐立编，使用启功题签、序文。

七月，徐无闻妻李淑清、子徐立拜访启功。启功观徐无闻藏黄懔稿本《管窥集》。

启功、徐无闻先生求学、任教履历

一九二四年　甲子

启功　十三岁

一月，考入汇文小学。一九二六年六月毕业，后升入汇文中学商科，未毕业。

一九三三年　癸酉

启功　二十二岁

九月，经陈垣之介，在辅仁附中教一年级国文。

一九三四年　甲戌

启功　二十三岁

九月，辅仁大学附属中学归辅仁大学教育学院管理，教育学院院长张怀认为“启功中学尚未毕业就教中学，不合制度”，被解聘。

一九三五年　乙亥

启功　二十四岁

七月，陈垣得知启功被附中解聘，安排其至辅仁大学美术专修科（后改美术系）担任助教，协助溥雪斋讲授“书学概论”“书法实习”课程，皆为一、二、三、四年级必修课，每周上课一小时。独自讲授“中国绘画史”“书画题跋”课程，皆为二、三、四年级必修课，前者每周上课三小时，后者每周上课两小时。

一九三六年　丙子

启功　二十五岁

七月，在美术专修科任教刚满一年，因美术专修科亦属教育学院管理，张怀院长又以“学历不够”为由，再次将其解聘。

一九三八年　戊寅

启功　二十七岁

陈垣得知启功第二次被辞退，九月一日为启功颁发聘书，使之第三次进入辅仁大学，讲授“大一国文”课程。

徐无闻　八岁

入读成都实验小学，一九四四年毕业。

一九四二年　壬午

启功　三十一岁

七月，辅仁大学美术专修科由三年制专修科改为四年制本科，设美术系，溥雪斋担任系主任。启功担任美术系讲师，继续讲授“大一国文”课程。与溥雪斋共同讲授“书学概论”“书法实习”课程，皆为一、二、三、四年级必修课，每周上课一小时。独自讲授“中国绘画史”“书画题跋”课程，皆为二、三、四年级学生必修课，每周上课两小时。

一九四三年　癸未

启功　三十二岁

继续担任辅仁大学讲师，讲授“大一国文”和美术系“山水”“书画理论研究”课程。

一九四四年　甲申

启功　三十三岁

多年来领会陈垣教育思想，用以指导教学实践。从教初中国文到教大一国文，总结出合格教师九条须知。

一九四五年　乙酉

启功　三十四岁

继续在辅仁大学任教，晋职为副教授。

一九四七年　丁亥

启功　三十六岁

六月二十七日，继续受聘辅仁大学副教授，讲授国文、书法课程，直到一九五二年九月辅仁大学与北京师范大学合并。

徐无闻　十七岁

初中毕业。

一九四八年　戊子

启功　三十七岁

九月二十二日，应北京大学之聘兼任讲师，讲授“中国美术史”课程。

一九五〇年　庚寅

启功　三十九岁

继续担任辅仁大学国文系副教授，同时教授外国学生书画。兼任北京大学副教授，在博物馆系讲授绘画史课程。

徐无闻　二十岁

以第一名考入成华大学中文系，后并入华西大学，一九五二年再并入四川大学。

一九五三年　癸巳

启功　四十二岁

继续担任古典文学教研室副教授。先后开设讲授“中国文学史”“历代韵文选”“历代散文选”等课程，讲授最多者为“中国古代文学作品选读　唐宋段”课程。

一九五四年　甲午

启功　四十三岁

自一九五四—一九五五学年度开始，与刘盼遂共同讲授语言文学专业研究生班课程。为增强学生基础知识，共同选编《中国文学研究》，篇目有《天师道与滨海地域之关系》《殷卜辞中所见先公先王考》《近代金石学概况介绍》《敦煌俗文学选录》等。

徐无闻　二十四岁

七月，四川大学中文系毕业。九月，分配至重庆北碚西南农学院。

一九五五年　乙未

徐无闻　二十五岁

调入西南师范学院中文系，为吴则虞助教。

一九五六年　丙申

徐无闻　二十六岁

晋职为西南师范学院中文系讲师。编写《中国古典文学简编》，与吴则虞、林昭德合编《元明清文学》。

一九五八年　戊戌

徐无闻　二十八岁

编写《中国古典文学》第五分册、《中国古典文学作品》第五分册。

一九七四年　甲寅

徐无闻　四十四岁

编写中学语文教材《古典文学作品译注》。

一九七八年　戊午

启功　六十七岁

九月，北京师范大学恢复招收研究生，中文系古代文学专业首批招收九名，成立研究生班，其担任导师。

徐无闻　四十八岁

晋职为西南师范学院中文系副教授。

一九七九年　己未

启功　六十八岁

三月九日，根据教育部关于“确定与提升教授职务”的通知，经北京市委教育工作部申报，“北京市革命委员会”批准，“同意提升启功同志为教授”。

四月五日—五月十七日，为中文系古典文学专业研究生班讲授“唐代文学”，共分六讲，此为正式恢复授课后之第一课。此后迎来教学新高峰，历年教授讲授有“历代韵文选”“唐宋词”“八股文”“古诗词作法”“明清诗文”“书目答问”“诗词格律”“中国学术史”“文史典籍整理”（戏称“猪跑学”）等课程。

徐无闻　四十九岁

担任西南师范学院中文系古典文学教研室主任。

一九八〇年　庚申

启功　六十九岁

九月，新学年开始，学校作出《关于加强基础课教学的暂行规定》，要求业务水平较高之讲师、教授担任本科生基础课教学任务。其年近古稀，体弱多病，仍与青年教师一起“争分夺秒”，担任本科生教学任务，又担任夜大教学任务，以高度负责精神和饱满工作热情，帮助一代学子夺回失去时间。

一九八二年　壬戌

启功　七十一岁

九月，根据其建议，北京师范大学创办“古典文献学专业”硕士点，自本学期开始招生，担任硕士研究生导师。

一九八四年　甲子

启功　七十三岁

秋月，北京师范大学古典文献专业被国务院批准为博士点，担任博士研究生导师。

十二月十五日，北京师范大学校长王梓坤院士倡议设立教师节，其为主要附议者之一。次年，全国人大通过决议，确定每年九月十日为教师节。

徐无闻　五十四岁

担任唐宋文学专业硕士研究生导师，招收第一届硕士研究生。

一九八五年　乙丑

徐无闻　五十五岁

西南师范学院更名为西南师范大学，担任西南师范大学中文系古典文学教研室主任。

一九八七年　丁卯

徐无闻　五十七岁

晋职为西南师范大学中文系教授。担任书法篆刻专业硕士研究生导师，招收第一届书法篆刻专业硕士研究生。

一九九一年　辛未

启功　八十岁

十一月二十七日，以书画义卖所得款项人民币一百六十三万一千六百九十二元，设立以陈垣书斋命名的“励耘奖学助学基金”，用以奖励品学优异的学生和教师。

一九九二年　壬申

徐无闻　六十二岁

获四川省教育委员会颁发的研究生优秀导师荣誉证书。

一九九七年　丁丑

启功　八十六岁

国家教委、国务院学位委员会拟将中国古典文献学科归入中国古代文学学科，与钟敬文上书有关部门，终使该学科得以保存。

七月二十九日，为北京师范大学拟定“学为人师，行为世范”校训，成为教师行业准则。

永年先生赐鉴：

奉　示敬悉，奖饰愧不敢当。陆平原平复帖书去年曾写一释文及说明，附於新印本平复帖之後，此帖现由文物出版社再版，书手下已无存者，不及寄求指正，谨将释文部分附函抄呈，敬祈　指正。其余说明部分，文繁不及重抄。闻北京王府井大街路西文物出版社门市部尚有出售者，如函洽或可寄也。

星凤楼帖至今尚是一谜，因世行各本，全是翻刻，并与伪绛帖、伪戏鱼堂等同属一底板，究竟真本何状，尚不可知。今上海影印宝晋斋帖中有曹氏跋语，知宝晋有翻星凤之帖，至於星凤原帖如何，或世行宋拓绛帖中有星凤之局部亦未可知，甚至当面不相识也。近年重要文物屡有发现，想或不难出现，只有跂俟也。

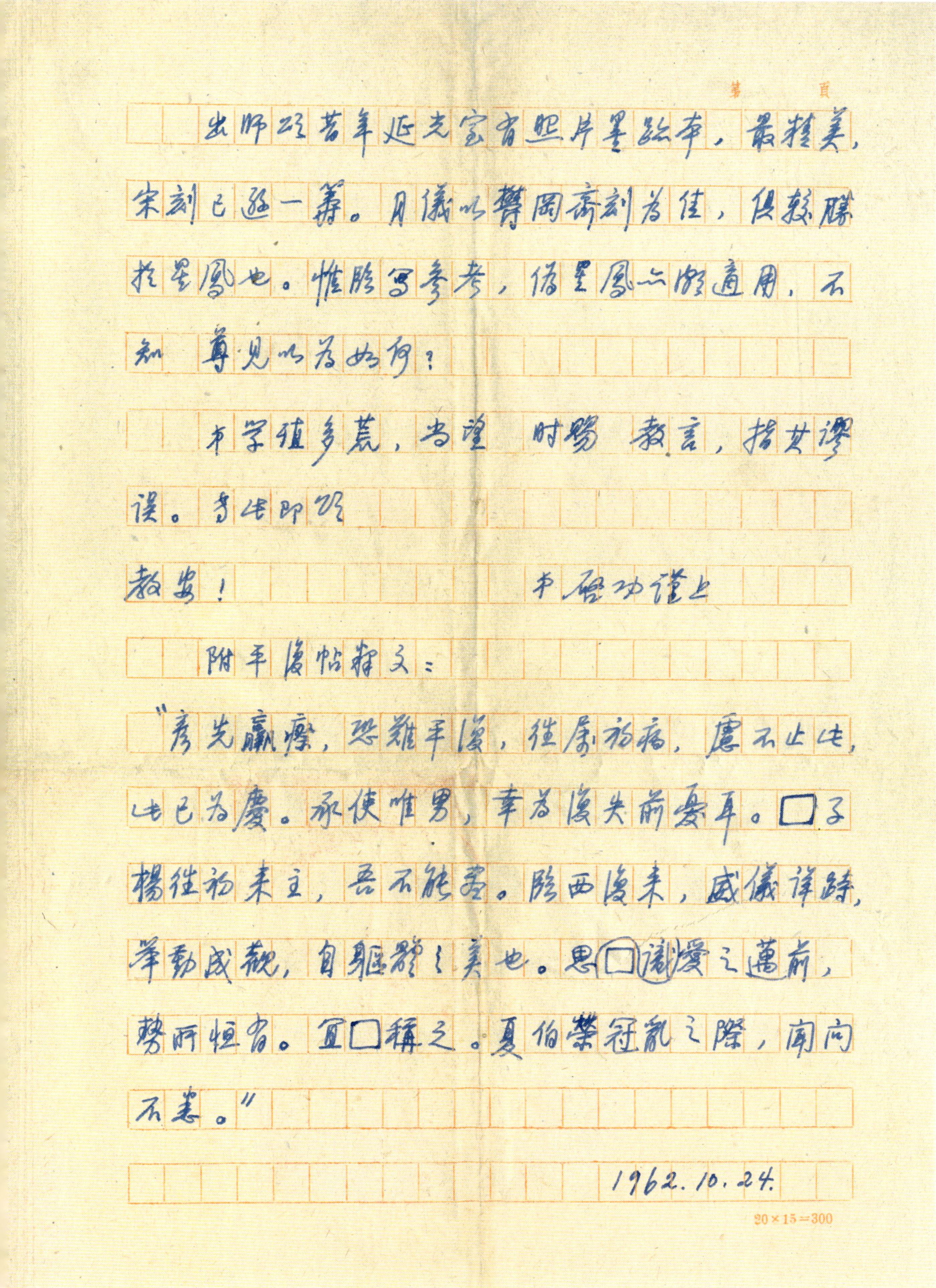
第　　页

出师颂昔年延光室有照片墨迹本，最精美，宋刻已逊一筹。月仪以郁冈斋刻为佳，但较胜于星凤也。惟临写参考，借星凤亦敷适用，不知 尊见以为如何？

弟学殖多荒，尚望 时赐 教言，指其谬误。专此即颂

教安！　　　　弟启功谨上

附平复帖释文：

"彦先羸瘵，恐难平复，往属初病，虑不止此，此已为庆。承使唯男，幸为复失前忧耳。□子杨往初来主，吾不能尽。临西复来，威仪详跱，举动成观，自躯体之美也。思□识爱之迈前，势所恒有。宜□称之。夏伯荣寇乱之际，闻问不悉。"

1962.10.24.

20×15=300

一九六二年十月二十四日，启功复徐无闻函。纵二十六点九厘米，横三十七点八厘米，徐无闻家藏

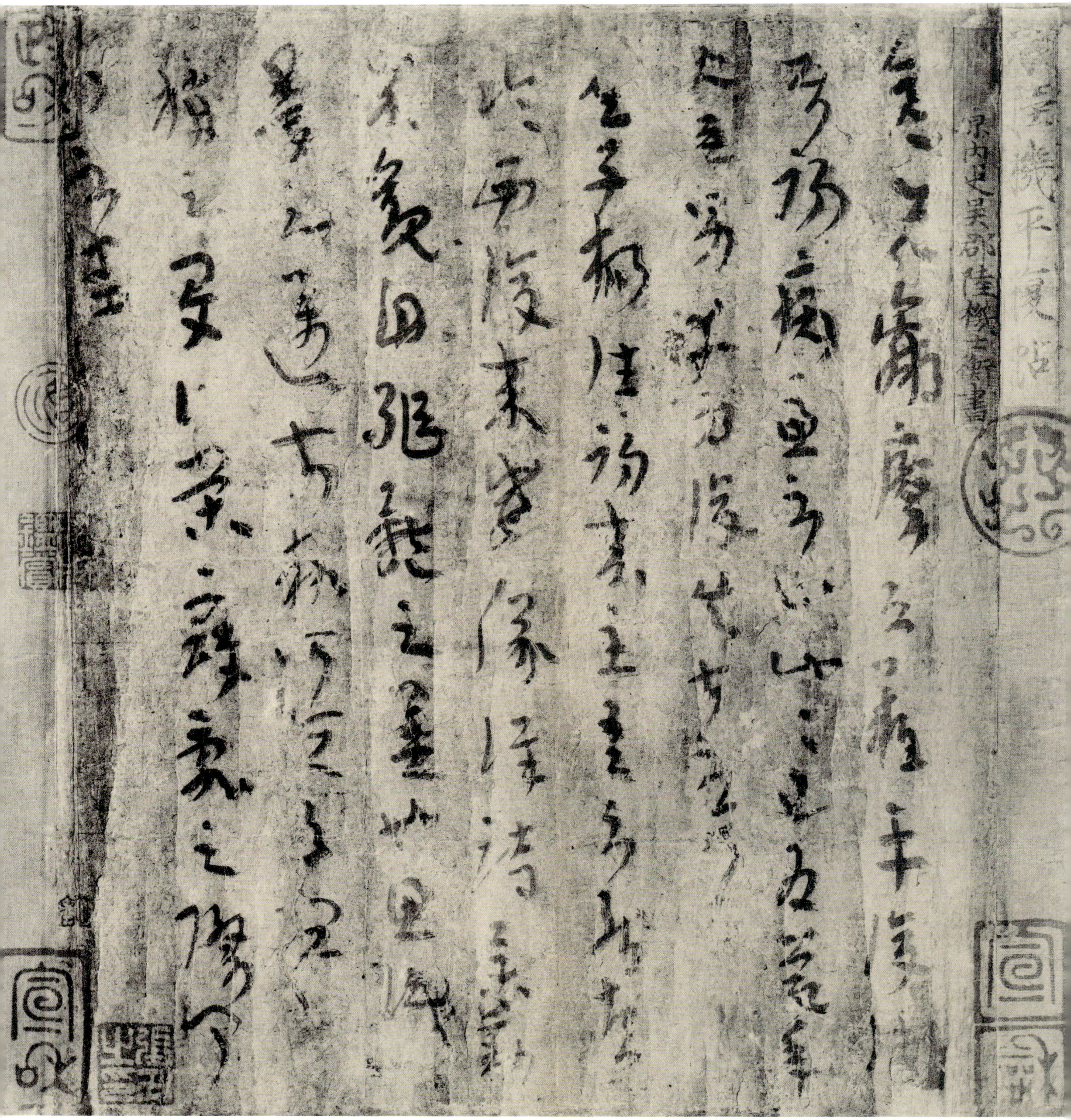

二十世纪三十年代，溥心畬委托日本珂罗版影印本陆机《平复帖》。每开帖芯纵二十三点九厘米，横二十八厘米

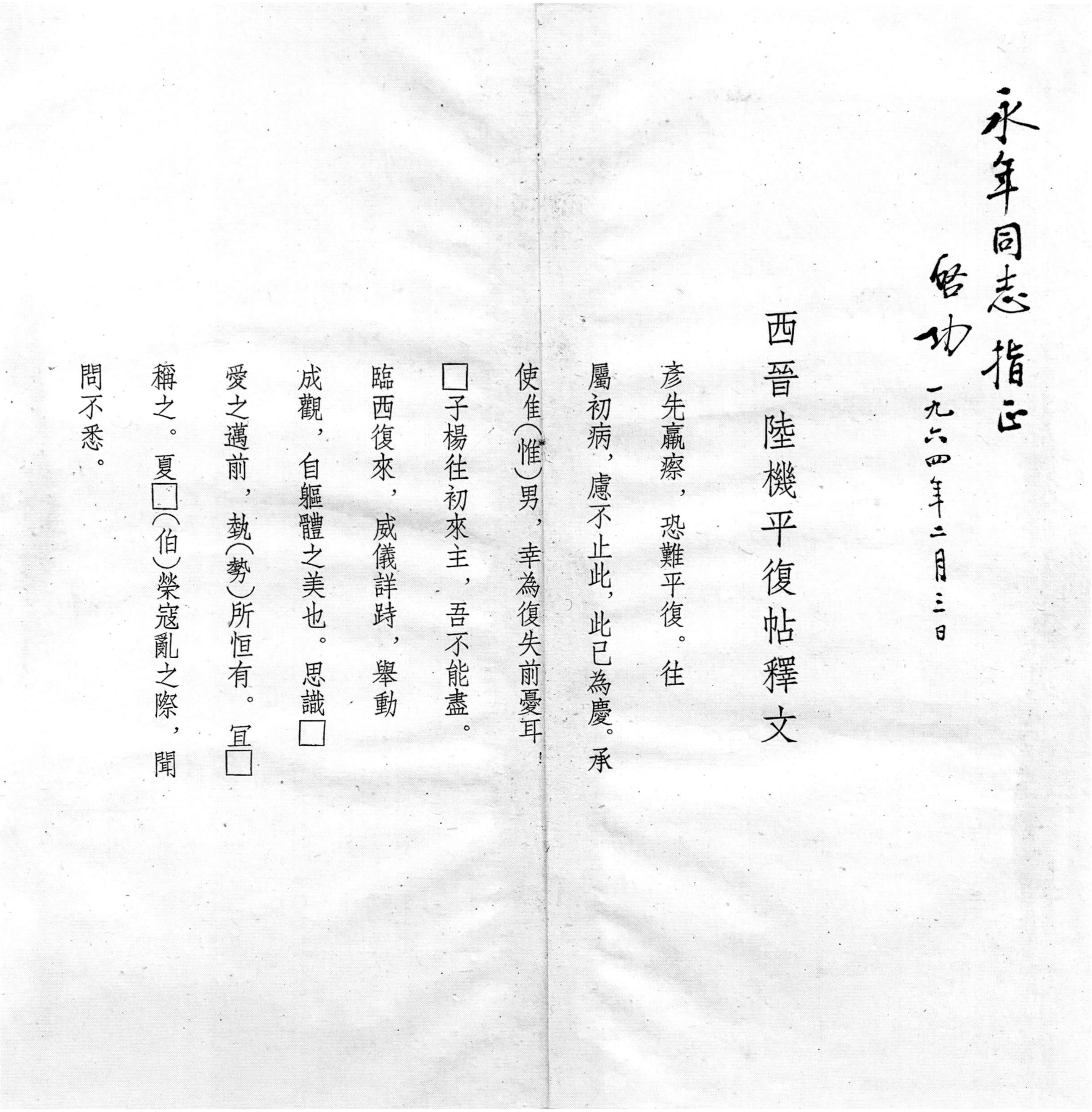

一九六四年二月三日，启功题赠徐无闻一九六二年三月文物出版社珂罗版影印本《西晋陆机平复帖》。

每页纵二十七点三厘米，横二十七厘米，徐无闻家藏

二十世纪八十年代，启功为徐无闻绘朱竹成扇，另面书自作论书绝句七言诗。纵十七点五厘米，横五十一厘米

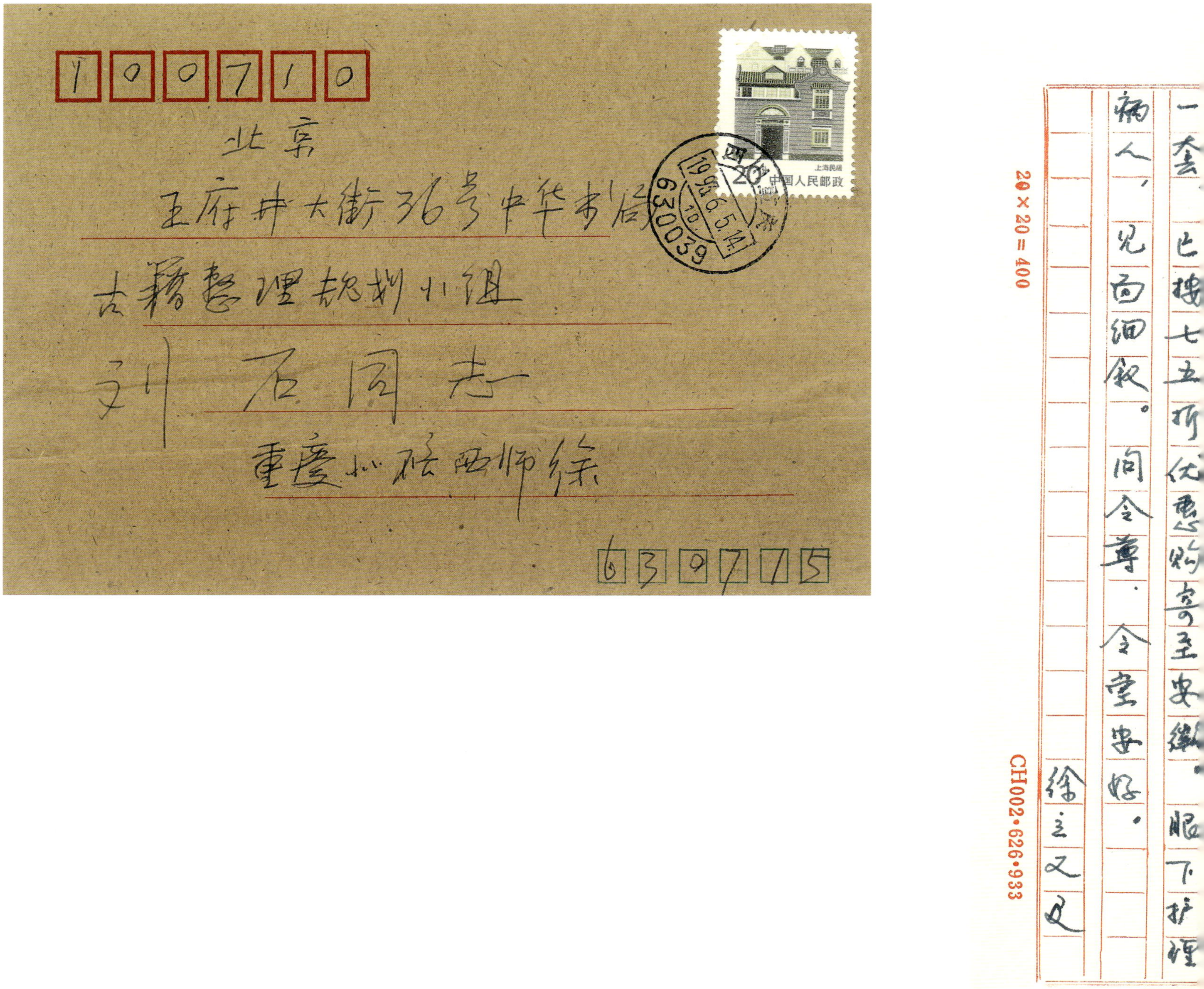
100710
北京
王府井大街36号中华书局
古籍整理规划小组
刘石同志
重庆北碚西师徐
630715
上海民居
20
中国人民邮政
1996.5.14
630039
一套，已按七五折优惠购寄至安徽。眼下护理
病人，见面细叙。问令尊、令堂安好。
徐之又又
20×20=400
CH002·626·933

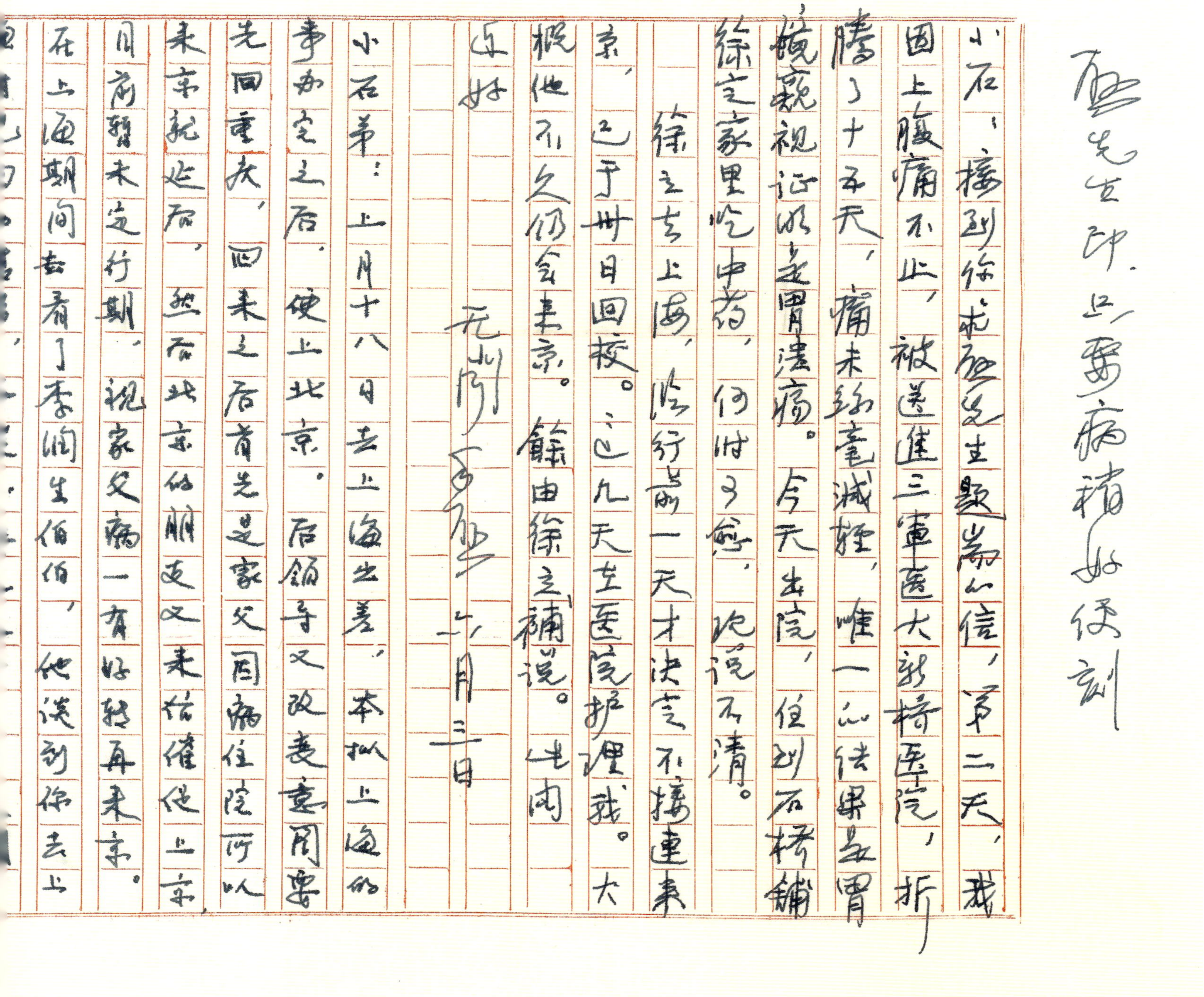

小石：接到你求启先生题签的信，第二天，我因上腹痛不止，被送进三军医大新桥医院，折腾了十五天，痛未丝毫减轻，唯一办法只是胃镜窥视，证明是胃溃疡。今天出院，住到石桥铺徐之家里吃中药，何时可愈，现说不清。

徐之去上海，临行前一天才决定，不接连来京，迟于卅日回校。这九天在医院护理我。大概他不久仍会来京。餘由徐之補說。此問

近好

无闻 手上 六月三日

启先生印，只要病稍好便刻

小石弟：上月十八日去上海出差，本拟上海的事办完之后，便上北京。后领导又改变計划要先回重庆，回来之后首先是家父因病住院，所以未去北京。然后北京的朋友又来信催促上京，目前暂未定行期，视家父病一有好转再来京。

在上海期间去看了李润生伯伯，他谈到你去上

一九九三年六月三日，徐无闻致刘石函附封，谈及“启先生印，只要病稍好便刻”。

本月二十日徐无闻往生，遂成永憾。纵十九点二厘米，横二十六点四厘米

北游首都，时相谈艺者有年。言及先生之人品学向，常持疑而述之。夫浩劫之时，学校中莫不以鞭挞师长相煽惑。十年之后，竟有师友之谊相感不啻骨肉者，于以徵先生教泽之深且远矣。

不佞自一九六三年于役重庆，于西南师范学院初识先生，而谈艺论学，如风契。其后以[illegible]路[illegible]，遂非学术会议不恒相晤，计平生会面，仅三四度，每于刊物中见先生之文章翰墨以及篆刻印蜕，便不啻当面独夜说之乐。忽闻其久病不克治，又不啻生平久要之情，为之深哀而痛惜也。

今闻其及门诸友裒辑先生论学及书艺篆刻选作为集，下徵一言，谨述所怀，以告世之读先生之书者。知其人然后知其学也。先生生于一九三一年，卒于一九九三年，年仅六十二岁。知静寿之说未足徵，不独太史公之慨夫天道无亲，常与善人之说，不[illegible]者矣！

一九九五年八月长白启功拜稿

徐无闻先生著作集序

孔子曰：智者动，仁者静；智者乐，仁者寿。吾友徐无闻先生博通训诂及金石文字之学，执教于蜀中高等学校，诲人不倦，学人共仰之，且信其必寿也。讵知竟以顽疾不得延其天年，岂圣语之无凭耶，抑医术之不敷耶，抑人事之不平损其乐而及其寿耶？乃知世道有待而和平，科学有待而昌明也。

无闻先生讳永年，字嘉龄，以耳病失聪，自号无闻。执教于西南师范大学，著述甚富，于古文字之考辨，造诣尤邃。暇则挥毫作书，古、篆、楷、行，罔不精工。其篆法深稳，独得渊穆之度。出其绪余，施于铁笔。印学自邓完白、吴攘之以下，日趋于躁，更下至以毁瓦直墁相矜尚。殊时世以同文尊秦法，而刻石铭功，铸印示信之法，则荡然无复遗存。先生篆书不减王虚舟、钱十兰，而治印则远绍吾子行，近迈王福庵，其学识有所不同也。

学友刘石博士，曾受业于先生，数年前

❶

一九九五年八月，启功著《徐无闻先生著作集序》。每页纵十九厘米，横二十六点五厘米

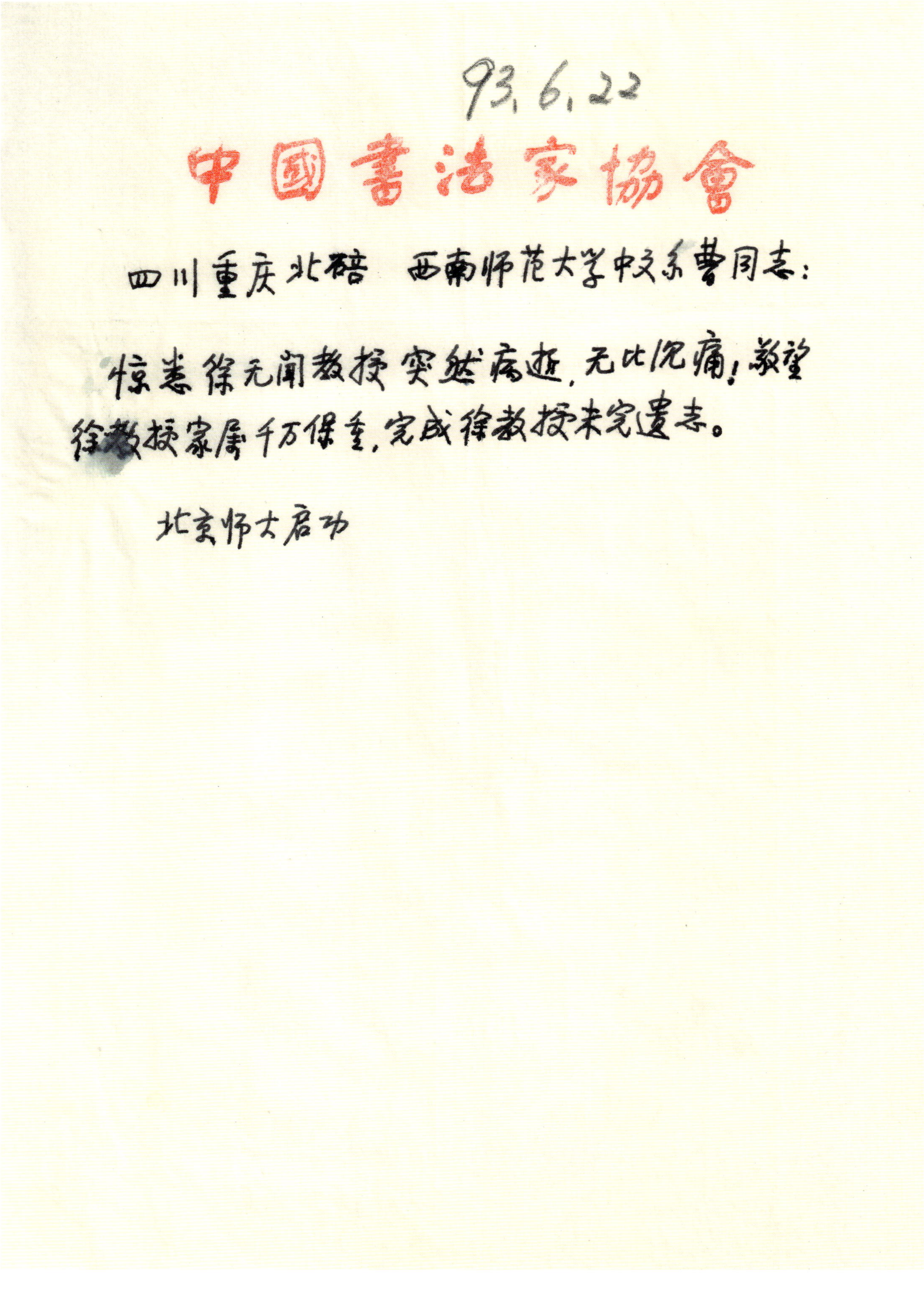

93.6.22

中國書法家協會

四川重庆北碚　西南师范大学中文系曹同志：

惊悉徐无闻教授突然病逝，无比沉痛！敬望徐教授家属千万保重，完成徐教授未完遗志。

北京师大启功

一九九三年六月二十二日，启功为徐无闻去世所发唁电。纵二十六厘米，横十八点五厘米

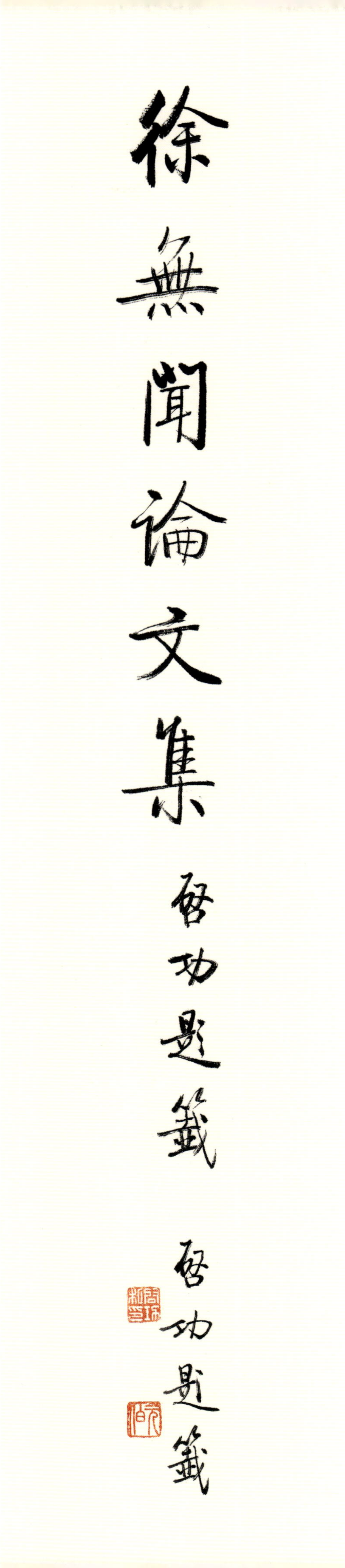

一九九五年八月，启功题“徐无闻论文集”签条。纵四十五厘米，横八点三厘米

徐无闻先生之墓

启功再拜敬题

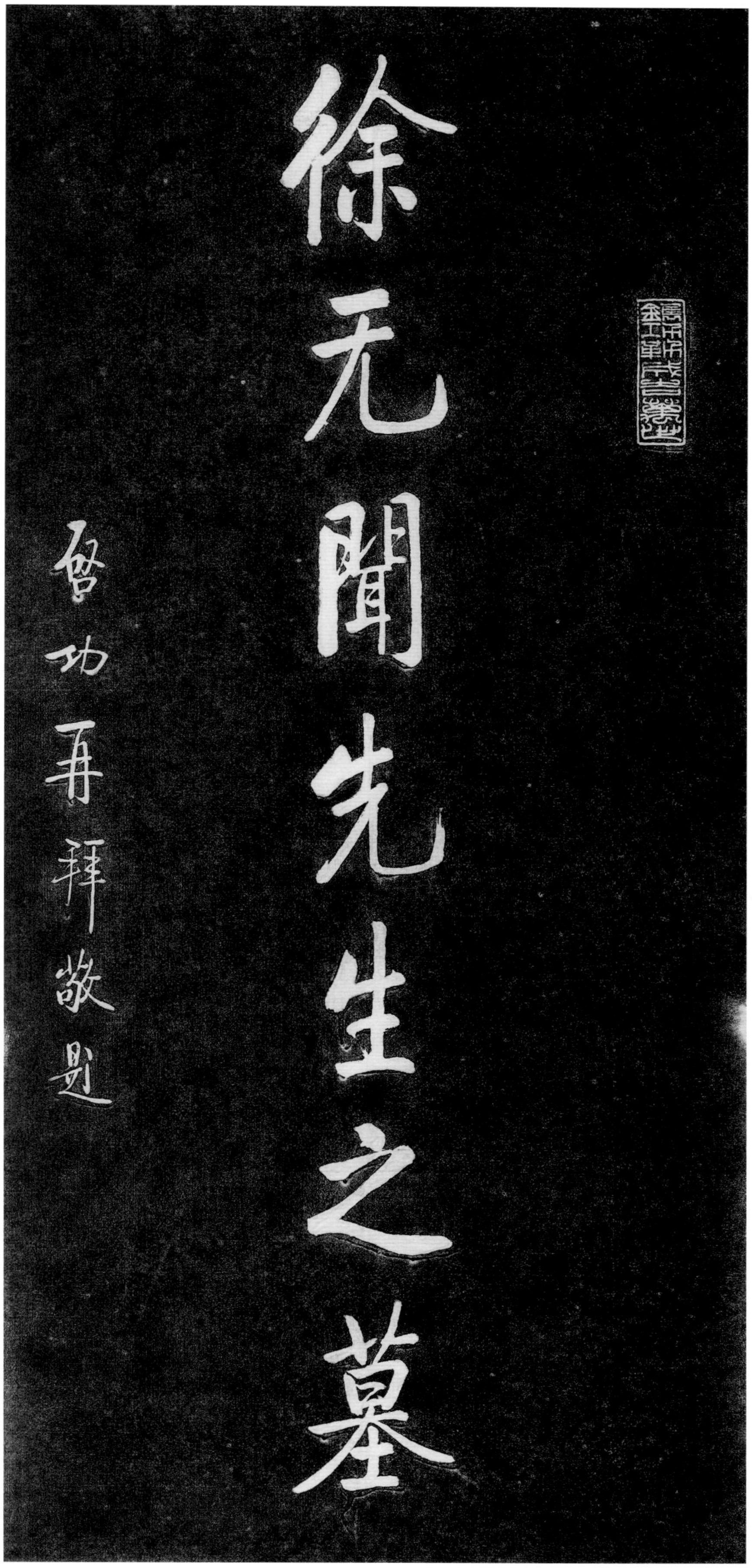

一九九五年八月，启功书“徐无闻先生之墓”。纵九十一厘米，横三十六厘米，
徐无闻家藏。附二〇二五年拓本。纵一百二十厘米，横五十九厘米

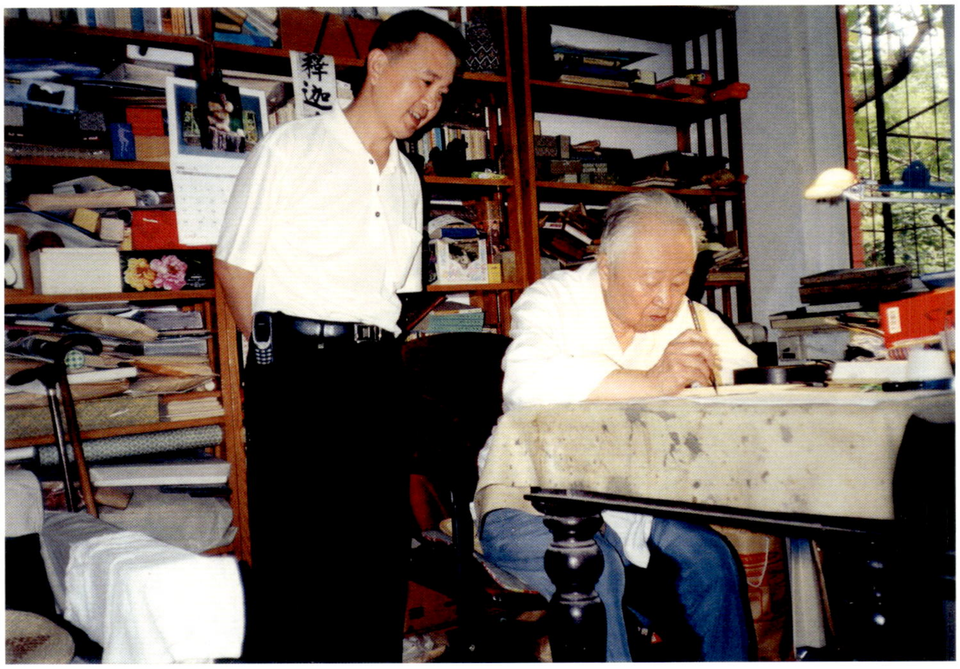

二〇〇三年七月，启功观徐无闻藏黄檩稿本《管窥集》，徐立在侧。每幅纵八点六厘米，横十二点六厘米

先达　欢笑情如旧

齐白石与启功

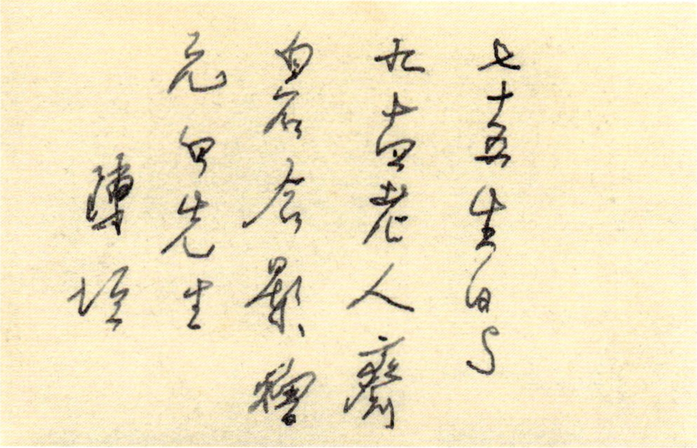

一九五四年十一月，齐白石与陈垣，陈垣题赠启功。
纵五点四厘米，横八点四厘米，启功家藏

齐白石生于一八六四年一月一日，卒于一九五七年九月十六日，名璜，字濒生，号白石，祖籍安徽宿州砀山，生于湖南湘潭。

《启功口述历史》：“我有一个远房的四叔祖，叫毓逖，他开棺材铺，曾给齐先生做过一口上等好寿材，因此和白石有交情。他专喜欢白石的画，认为凡画齐先生那路画的就能赚钱，而我家当时很穷，他就让我向齐先生学画。齐先生最佩服金农（冬心），什么都学他，尤其是字。金农喜欢称自己的号‘金吉金’，又进一步把两个‘金’字改用外来语‘苏伐罗’，于是变成‘苏伐罗吉苏伐罗’。我常开玩笑说，齐先生如果连称自己的名字也学金农的话，他应该叫‘齐——white——stone’。我最喜欢的是他那些充满童趣和乡土气息的作品。”

启功《记齐白石先生轶事》：“我还记得，当年我双手捧过先生面赐的那本《借山吟馆诗草》后，又听先生讲了如何学金冬心的画和字，我就问了一句：‘先生的诗也必学金冬心了。’先生说：‘金冬心的诗并不好，他的词好。’我当时只有一小套石印的《金冬心集》，里边没有词，我忙向先生请教到哪里去找冬心的词。先生回答说：‘他是博学鸿词啊!’”

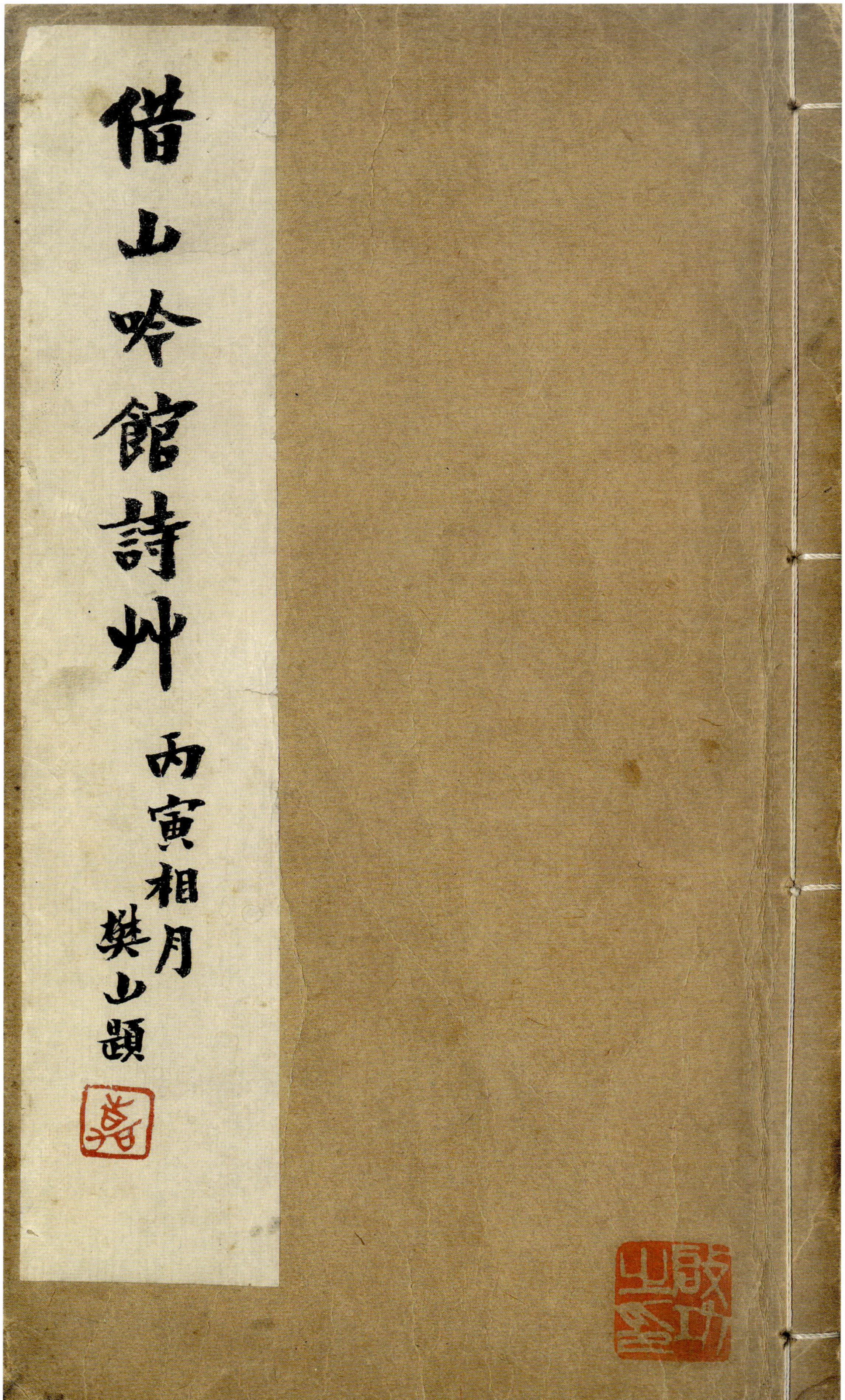

二十世纪三十年代，齐白石赠启功民国时期石印本《借山吟馆诗草》，
所钤“启功之印”为白石老人刻赠。每页纵二十五点八厘米，横十五点二厘米，启功家藏

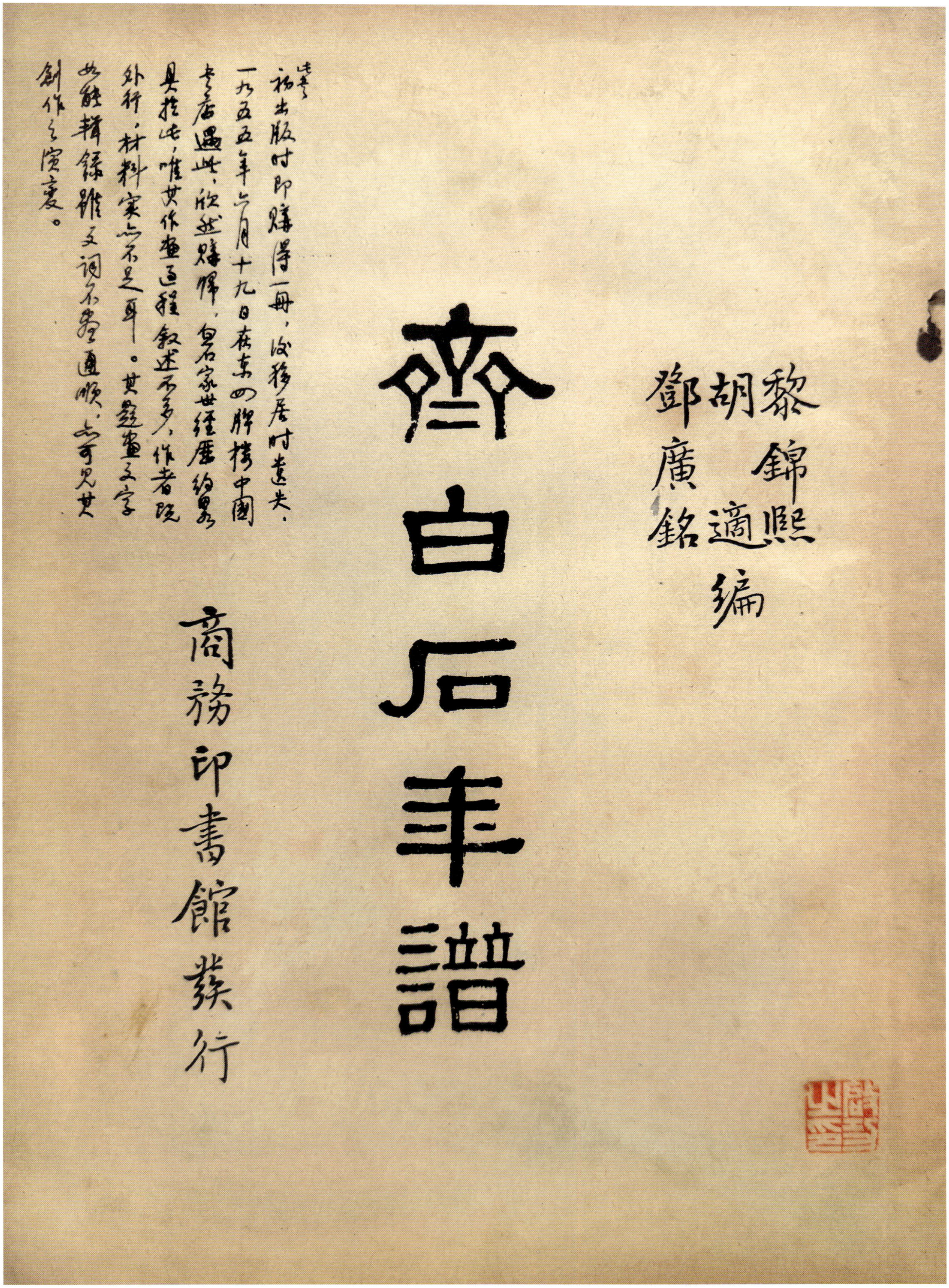

一九五五年六月十九日，启功购得黎锦熙、胡适、邓广铭编一九四九年三月商务印书馆影印本《齐白石年谱》，启功批校。

每页纵二十五点二厘米，横十九厘米，启功家藏

七歲老人 白石畫于京華

一九四七年，齐白石绘《群虾图》，启功题签，齐白石钤钢印。纵一百三十六厘米，横三十四点一厘米，启功家藏

西鐵栅屋

陈垣与启功

一九六九年十一月十九日，陈垣与启功。
纵五点八厘米，横五点六厘米，启功家藏

陈垣生于一八八〇年十一月十二日，卒于一九七一年六月二十一日，字援庵，广东新会人。

一九三三年九月，启功经傅增湘之介，得入励耘书屋。后三进辅仁，均赖陈垣极力推荐。陈垣不仅在教学实践上谆谆教诲，更在学术研究上倾囊相授，陈垣与启功师生之情长达三十九年。一九七一年六月二十一日，陈垣逝世，启功挽联悼曰：“依函丈卅九年，信有师生同父子;刊习作二三册，痛余文字答陶甄。”一九八〇年十一月十二日，在全国政协礼堂举行纪念陈垣校长诞生一百周年大会，会前两天，启功在小乘巷寓所以毛巾为笔跪地书写展标。后又著《夫子循循然善诱人——陈垣先生诞生百年纪念》。一九九一年十一月二十七日，启功以书画义卖所得款项人民币一百六十三万一千六百九十二元，设立以陈垣书斋命名的“励耘奖学助学基金”。

拔貢庚戌任錢塘縣光緒杭州府志以為舉人誤又此圖成於
李賡芸吳嵩梁題於辛亥袁子才題於壬子王夢樓亦嘗題
於壬子今作壬午乃道光二年夢樓卒二十年矣亦誤也梁山
舟將江屢倒作屢江亦偶誤吳嵩梁詩稱其公子古香能
能詩古香名照係嘉慶十四年己巳進士民國十七年端
午張生持圖請題並謂遍閱畫傳無考其名又不知江屢為何
許人也因為跋之如此　新會陳垣　右跋雪江屢柳浦宴遊圖

❷

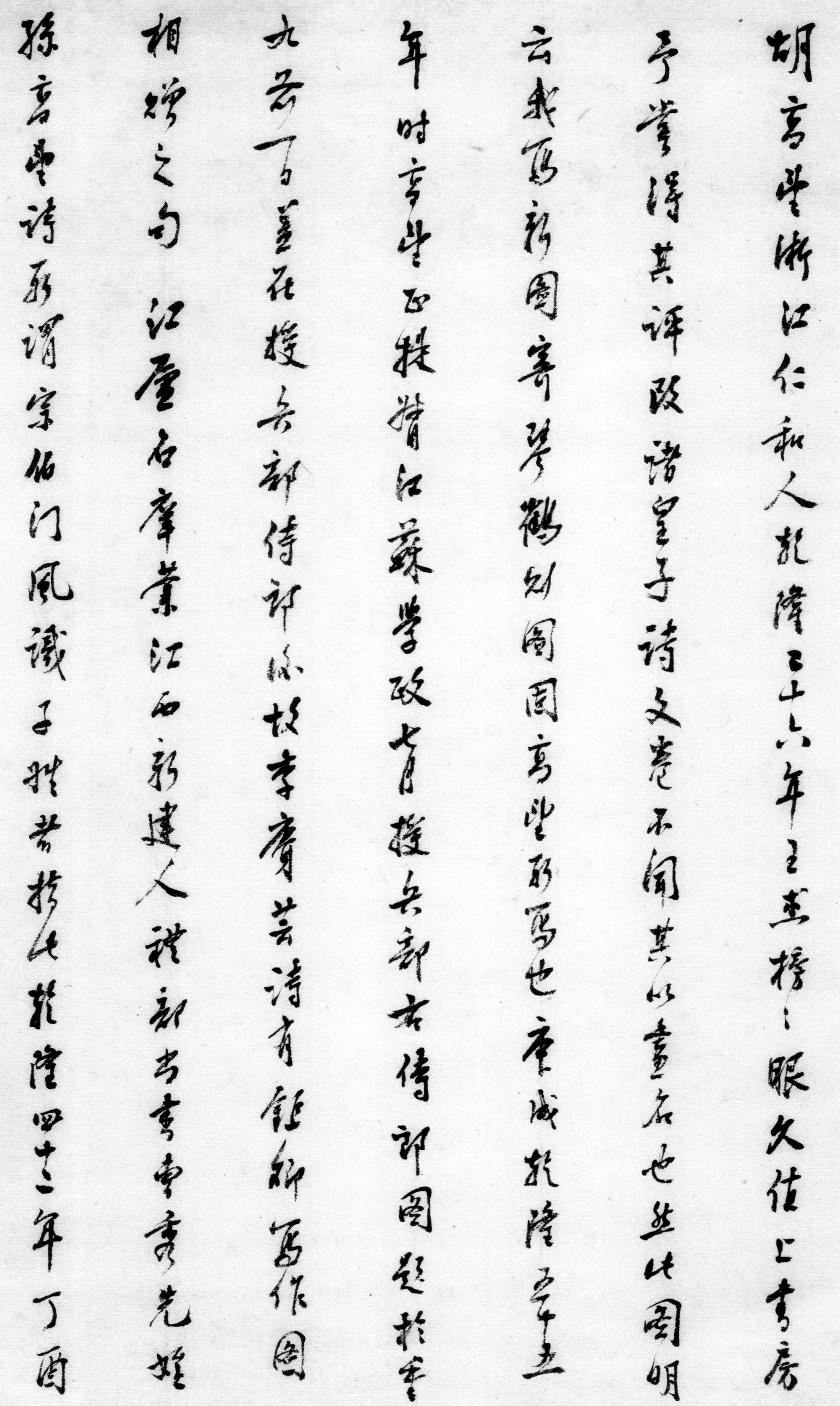

❶

民国三十七年（一九四八年）端午，陈垣题跋胡高望《曹江庐柳浦宴游图》。

每幅纵四十五点二厘米，横二十八点一厘米，启功家藏

一九八二年，启功题《励耘书屋问学记》签条。纵四厘米，横二十六厘米

溥儒与启功

二十世纪四十年代，溥儒与妻罗清媛在颐和园。纵八点一厘米，横十点七厘米

溥儒生于一八九六年九月二日，卒于一九六三年十一月十八日，字心畬，号羲皇上人、西山逸士，北京人。

其为清代恭忠亲王奕䜣之孙，奕䜣次子载滢之次子，载滢侧室项夫人所生。按姻亲关系论，滢贝勒号清素主人，夫人是敬懿太妃胞妹（益龄字菊农，赫舍里氏之女），启功祖母胞姊，心畬为启功表叔。故启功先祖毓隆（绍岑）与清素贝勒唱和文字颇多，时心翁尚在西山读书。

溥儒与启功相交在一九三二年，时启功二十一岁，在敬懿太妃丧事场合相遇。启功《溥心畬先生南渡前的艺术生涯》："总起来说我和心畬先生的关系，论宗族，他是溥字辈的，是我曾祖辈的远房长辈；论亲戚，他相当是我的表叔；论文学艺术，是我一位深承教诲的恩师。若讲最实际的关系，还是这末一条应该是最恰当的。"

二十世纪八九十年代，启功著《溥心畬先生事略》《敬记溥心畬先生》（后名为《溥心畬先生南渡前的艺术生涯》）。

二十世纪四十年代，溥儒绘《渡牛图》。直径二十一点四厘米，启功家藏

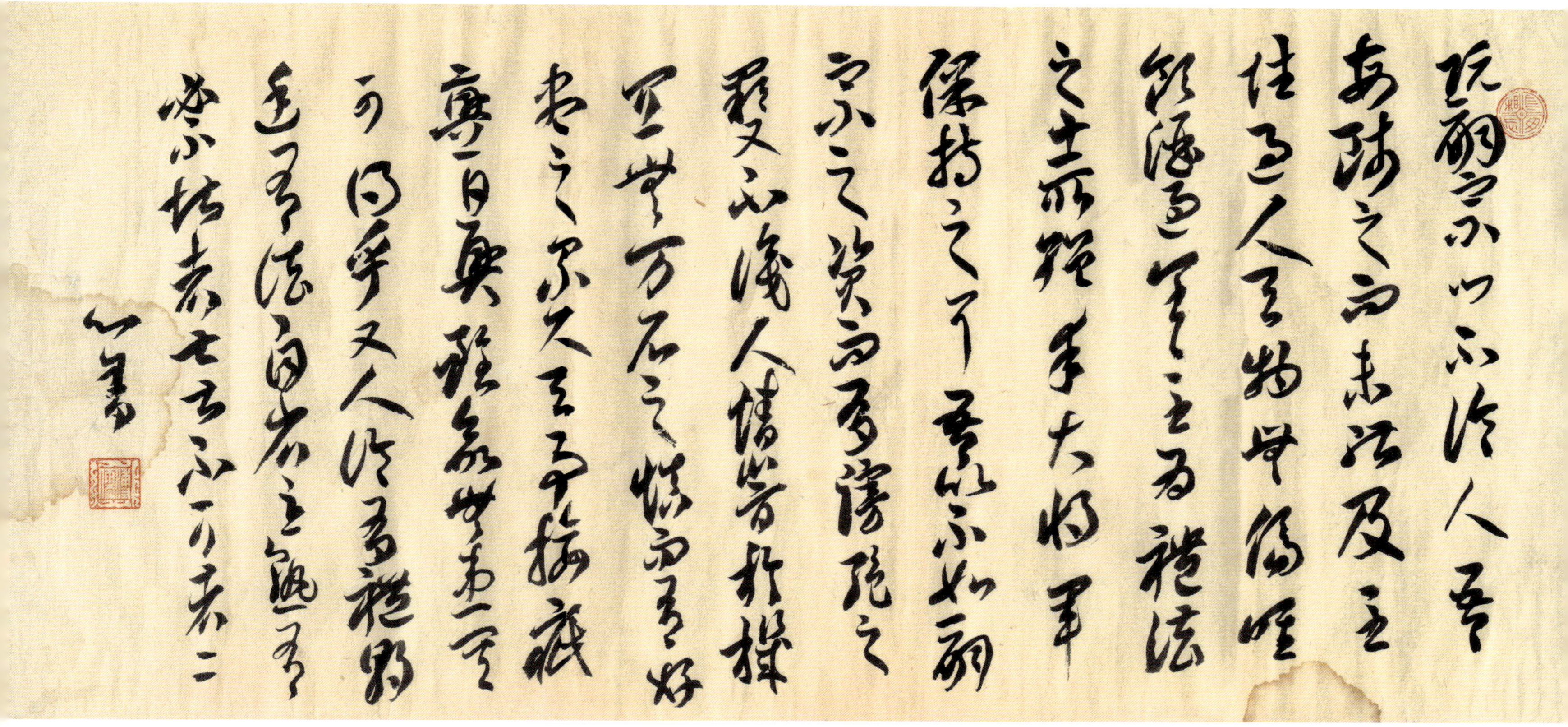

二十世纪四十年代，溥儒临李怀琳书《嵇康〈与山巨源绝交书〉》。纵二十四点八厘米，横五十五点八厘米

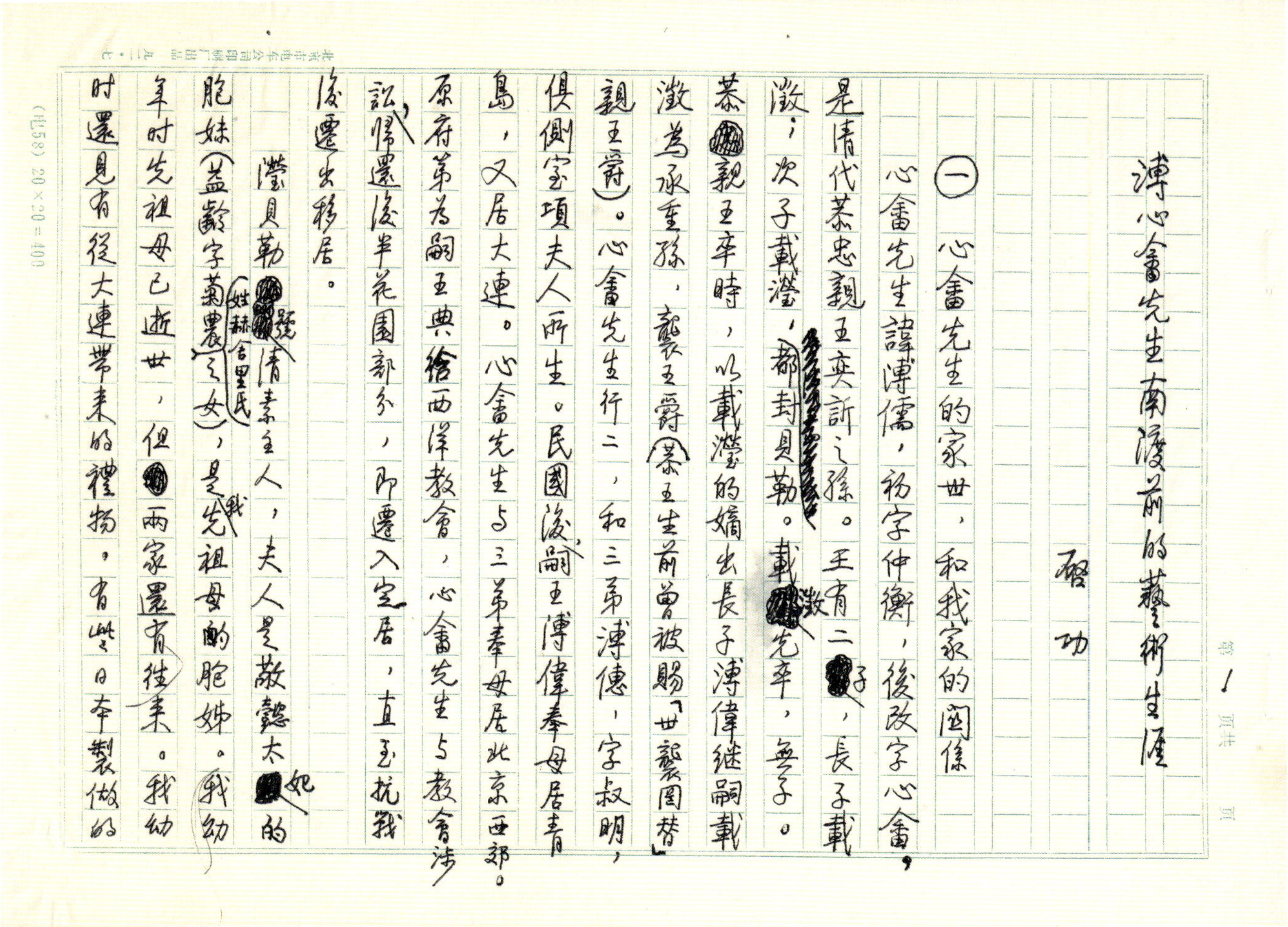

溥心畬先生南渡前的藝術生涯

啟功

（一）心畬先生的家世，和我家的關係

心畬先生諱溥儒，初字仲衡，後改字心畬，是清代恭忠親王奕訢之孫。王有二子，長子載澂，次子載瀅，都封貝勒。載澂先卒，無子。恭親王卒時，以載瀅的嫡出長子溥偉繼嗣載澂為承重孫，襲王爵（恭王生前曾被賜「世襲罔替」親王爵）。心畬先生行二，和三弟溥僡，字叔明，俱側室項夫人所生。民國後，嗣王溥偉奉母居青島，又居大連。心畬先生與三弟奉母居北京西郊。原府第為嗣王典給西洋教會，心畬先生與教會涉訟，歸還後半花園部分，即遷入定居，直至抗戰後遷出移居。

載瀅貝勒號清素主人，夫人是敬懿太妃的胞妹（益齡字菊農之女，姓赫舍里氏），是我先祖母的胞姊。我幼年時先祖母已逝世，但我兩家還有往來。我幼時還見有從大連帶來的禮物，有些日本製做的

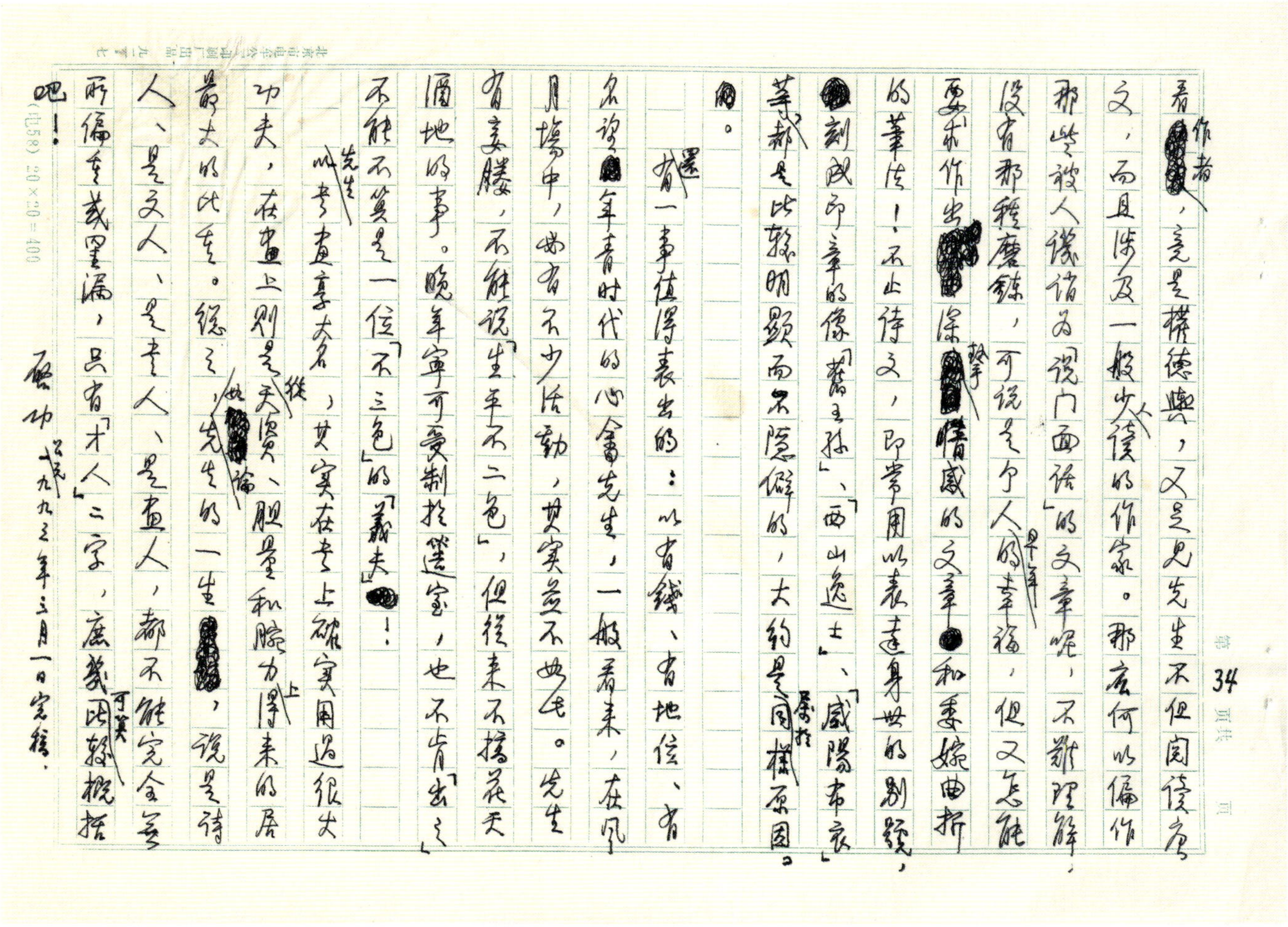

看作者，竟是權德輿，又是先生不但閱讀，而且涉及一般少人讀的作家。那麼何以偏作那些被人譏誚為「說門面話」的文章呢？不難理解：沒有那種磨鍊，可能是個人的幸福，但又怎能要求作出深情感的文章和委婉曲折的筆法！不止詩文，即常用以表達身世的別號，刻成印章的像「舊王孫」、「西山逸士」、「咸陽布衣」等等，都是比較明顯而不隱僻的，大約是同樣原因。

還有一事值得表出的：以有錢、有地位、有名望的青年時代的心畬先生，一般看來，在風月場中，必有不少活動，其實並不如此。先生有妾媵，不能說生平不二色，但從來不搞花天酒地的事。晚年寧可受制於從家，也不肯「出之」，不能不算是一位「不二色」的「義夫」！

先生以書畫享大名，其實在書上確實用過很大功夫，在畫上則是從天資、膽量和腕力得來的居多。總之，先生的一生，說是詩人、是文人、是書人、是畫人，都不能完全無所偏重或罣漏，只有「才人」二字，庶幾可以概括吧！

啟功 公元一九九三年三月一日完稿。

一九九三年三月一日，启功著《溥心畬先生南渡前的艺术生涯》。每页纵十八点八厘米，横二十六点四厘米

吴熙曾与启功

吴熙曾

吴熙曾生于一九〇三年，卒于一九七二年十一月，字镜汀，号镜湖，祖籍浙江绍兴，生于北京。

一九二七年，启功正式拜贾羲民为师，研习绘事。后又由贾老师介绍，拜师吴熙曾门下学画，师生情深。

《启功口述历史》：“吴老师的‘内行画’确实非常高明，他能研究透每种风格、每个人用笔的技法，如王原祁和王石谷的画都是怎样下笔的，他可以当场表演，随便抻过一张纸来，这样画几笔，那样画几笔，画出的山石树木就是王原祁的风格。再那样画几笔，这样画几笔就是王石谷的味道，还能用同样的方法表现出其他人的特点与习惯。这等于把画理的基本构成都解剖透了，有点现代科学讲究实证的味道，真不愧‘内行’中的‘内行’。这不但提高了我用笔技法的能力，而且对日后书画鉴定有深远的影响，因为看得多了，又懂得‘解剖学’的基本原理，便掌握了诀窍，一看画上的用笔，就知道这是不是那个人的风格，符合不符合那个人的习惯。”

二十世纪四十年代，吴熙曾绘《归去来图》。二十世纪八十年代，启功题识。纵三十五厘米，横二十七点六厘米，启功家藏

易忠箓与徐无闻

易忠箓，生于一八八六年二月十四日，卒于一九六九年三月一日，字均室，号稆匠、病因生、沧浪散人等，斋号有静偶轩、十清宧、沧浪一舸等，湖北潜江人。

一九〇五年官费派往日本早稻田大学留学，期间参加同盟会。归国后参加辛亥革命，后任湖北省立图书馆馆长。抗战伊始，应黎锦熙之邀，赴陕西城固西北联合大学任教授。抗战胜利，取道四川回乡，途经成都，为林山腴、庞石帚等好友相挽，遂留川大中文系任教。与并时名士多所往来，博学多闻，沙孟海至有“世间不可无易均室”之语。易均室著述颇丰，仅现今所见者有六十多种（篇），诗学著述方面有《稆园诗文稿》《隔云集》《稆园论画绝句诗》《八代诗选述旨》《唐诗选述旨》等；金石文字方面的则有《金石微初集》《古籀诠中》《寰宇贞石图分类目录》《说文部首形系》等；篆刻方面还有《文何印萃》《稆园印鲭》《锦里篆刻征存》《铁书最录》等。

一九四六年，青年徐无闻与易先生偶遇于旧书店，立谈甚契。一九四七年秋，经周菊吾携至易先生家中拜谒，遂得入室。二十余年间，易先生倾其所有，授业解惑，令徐无闻治学大进。其身后长物多交徐无闻保存整理并陆续出版。

徐无闻曾作诗怀念恩师云：“吾师易稆翁，清节拟青松。潜德俗难识，新诗穷后工。沧江悲夜月，锦里哭西风。愚拙非王粲，遗书感蔡邕。”

一九五六年夏月，易忠箓诸前辈在四川成都人民公园

二十世纪二十年代，李尹桑为易忠箓治“均室”。
印面纵一厘米，横一厘米，高四厘米，徐无闻家藏

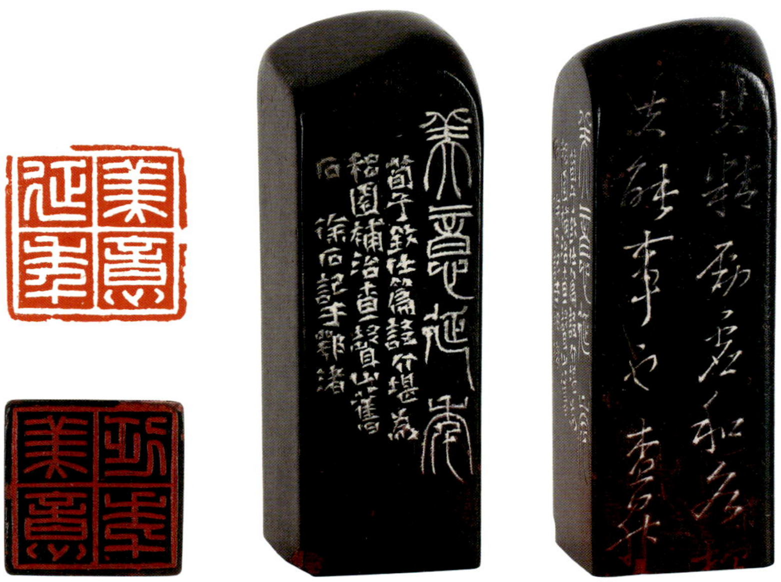

二十世纪三十年代，方介堪为易忠箓治“美意延年”，徐松安刻记。
印面纵二点四厘米，横二点四厘米，高七厘米，徐无闻家藏

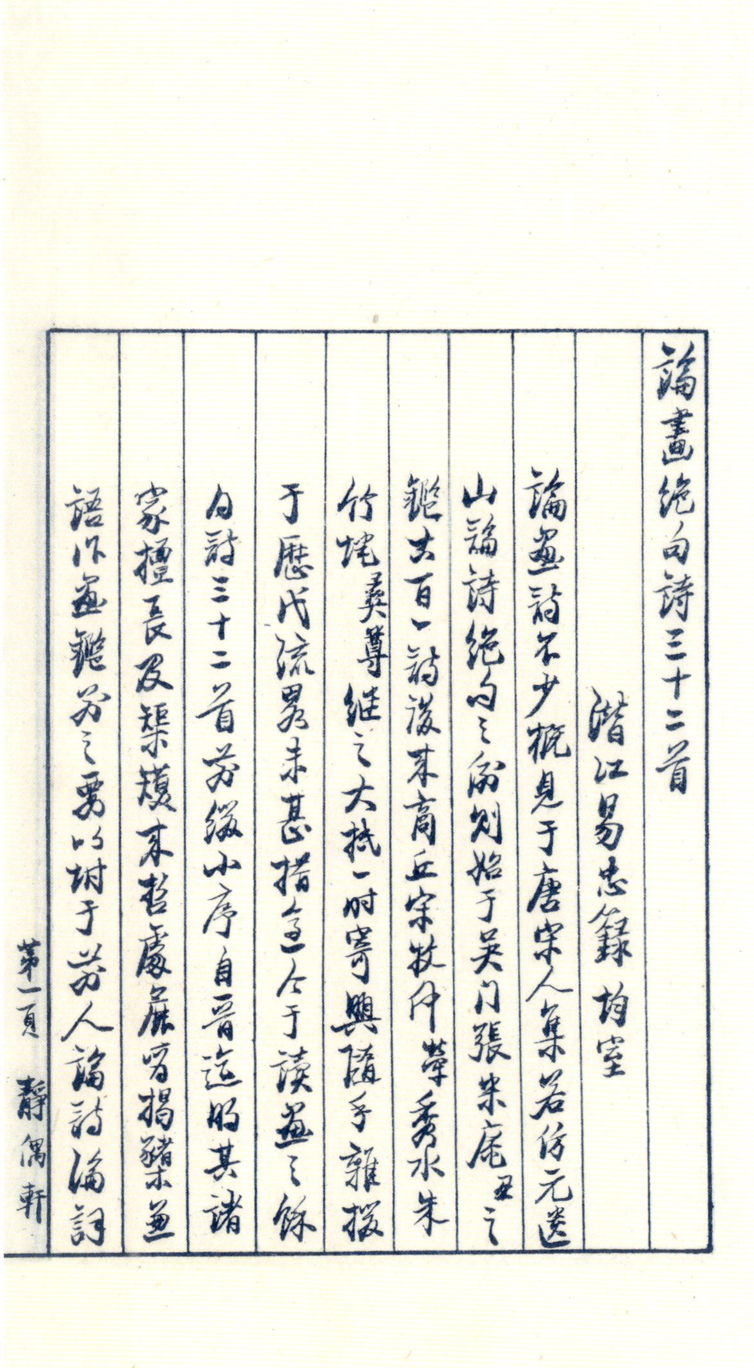

論畫絶句詩三十二首

潛江易忠籙　均室

論畫詩不少概見于唐宋人集若仿元遺
山論詩絶句之例始于吳門張米庵丑之
繼其百一詩後有商丘宋牧仲犖秀水朱
竹垞彝尊繼之大抵一時寄興隨手雜掇
于歷代流畧未甚措意今于讀畫之餘
自爲詩三十二首并綴小序自晉迄明其諸
家擅長及渠濩未發處略爲揭櫫並
語作畫繼芬之要以附于前人論詩論詩

第一頁　靜偶軒

❶

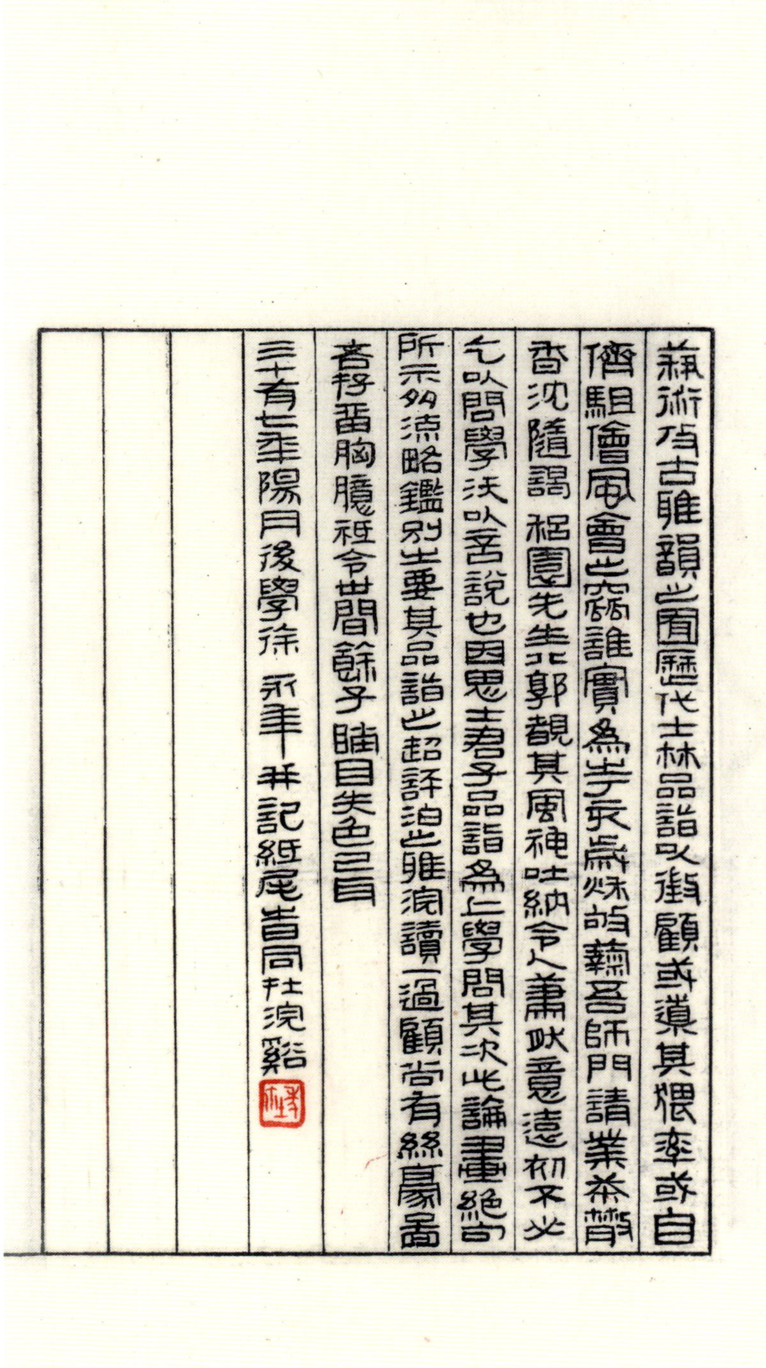

藝術有古雅韻之園歷代士林品詣以衡顧或導其猥率或自
儕駔儈風會之窮誰實爲之戊辰歲余以藝謁師門請業希覲
杳沈隨謁稆園先生于郭觀其風神吐納令人蕭然意遠初不必
乞以問學沃以吾說也因思古君子品詣爲上學問其次此論畫絶句
所示幼流略鑑別之要其品詣之超詣泊之雅洞讀一過顧尚有絲毫萬
者存吾胸臆視今世間餘子瞠目失色已
三十有七年陽月後學徐　元年　并記紙尾書同杜浣谿

❷

一九四八年，易忠箓出版木刻蓝印本《稆园论画绝句诗》，尾刻同年阳月徐无闻题跋。

每页纵二十一点七厘米，横十二厘米，徐无闻家藏

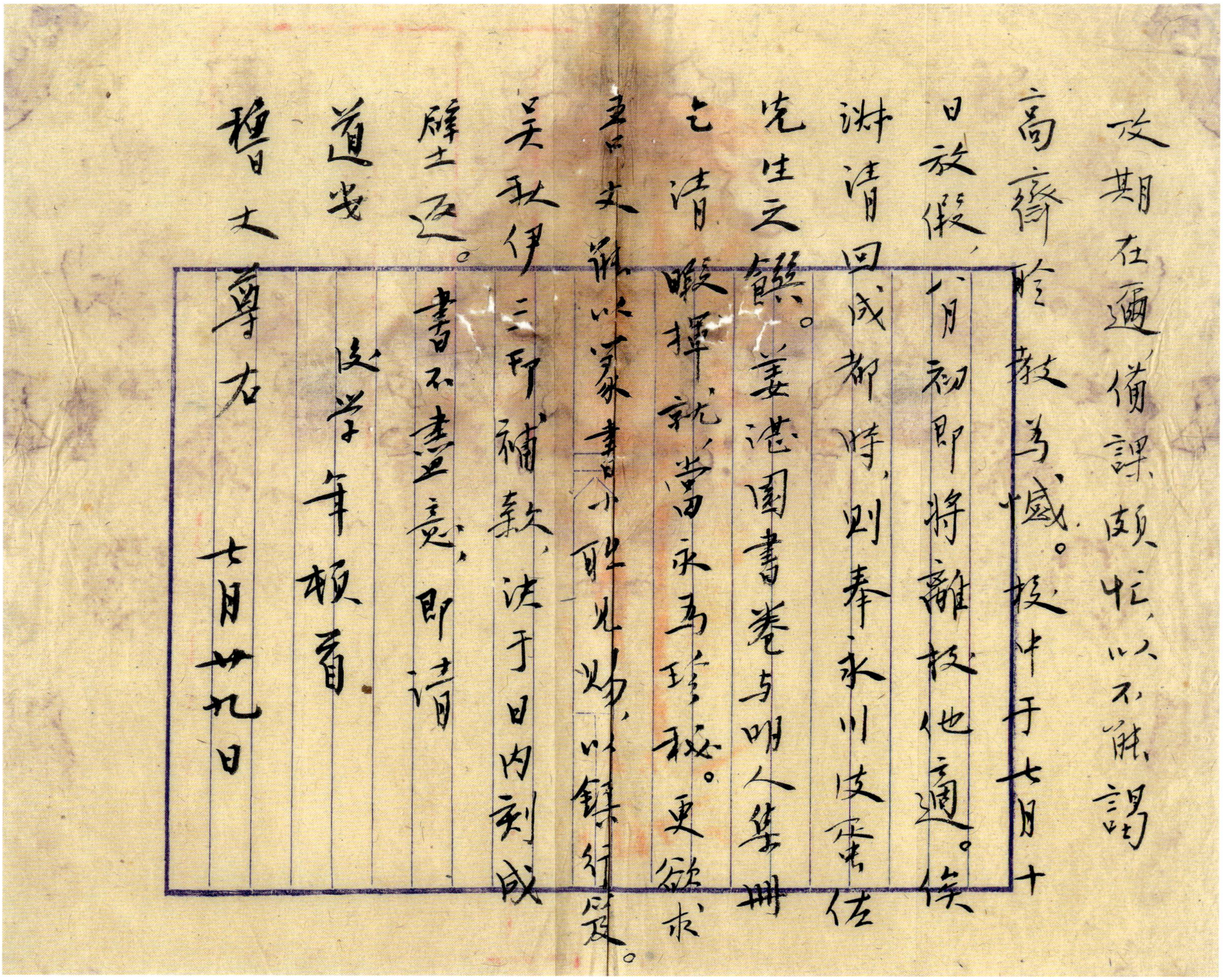
改期在邇，備課頗忙，以不獲謁
高齋聆
教為憾。校中于七月十
日放假，八月初即將離校他適。俟
渊清回成都時，則奉永川皮蛋佐
先生之饌。姜港園書卷与明人集冊
乞清暇揮就，當永為珍秘。更欲求
書丈能以篆書小聯見貺，以鎮行笈。
吴秋伊二印，補款，決于日內刻成
璧返。書不盡意，即請
道安
後学年頓首
稽丈尊右
七月廿九日

一九五四年七月二十九日，徐无闻致易忠箓函。纵二十一点三厘米，横二十七厘米，徐无闻家藏

丙午（一九六六年）春，施孝长为易忠箓治“旅叟行年八十”。
印面纵一点七厘米，横一点七厘米，高三点八厘米，徐无闻家藏

丁未（一九七六年）岁暮，徐无闻为易忠箓治“以行为真”。
印面纵二点一厘米，横二点一厘米，高五点五厘米，徐无闻家藏

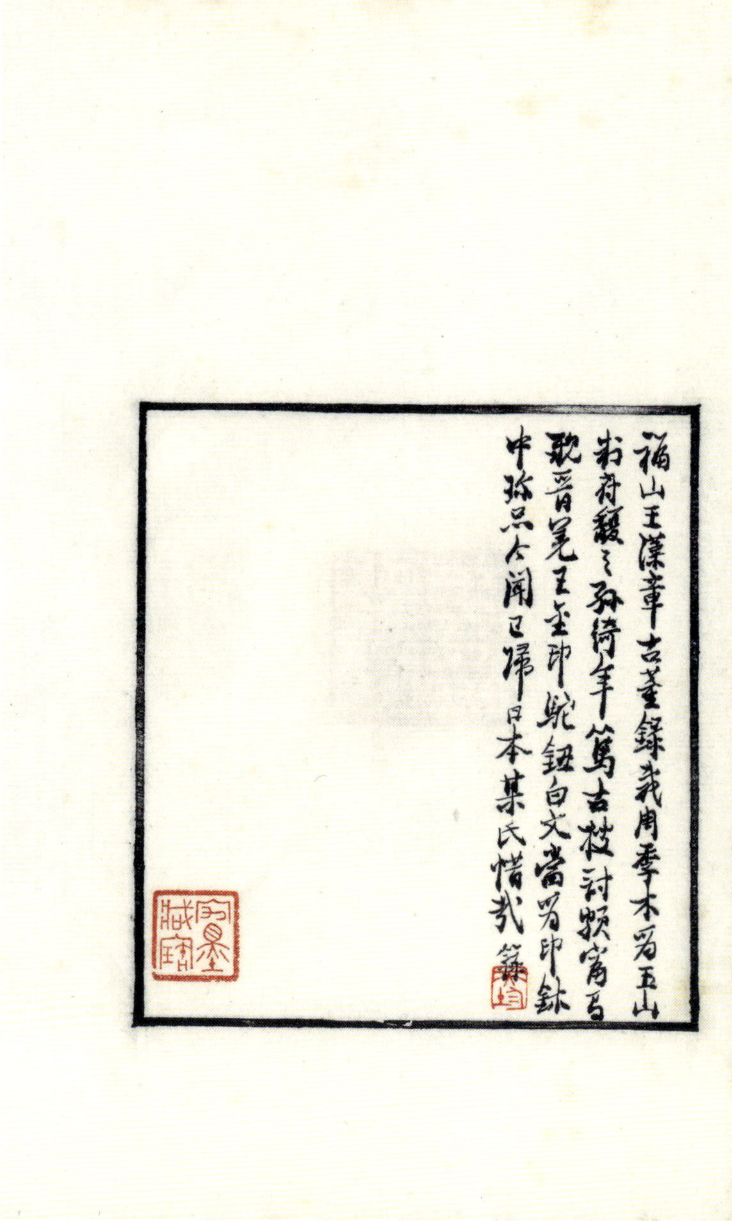

❷

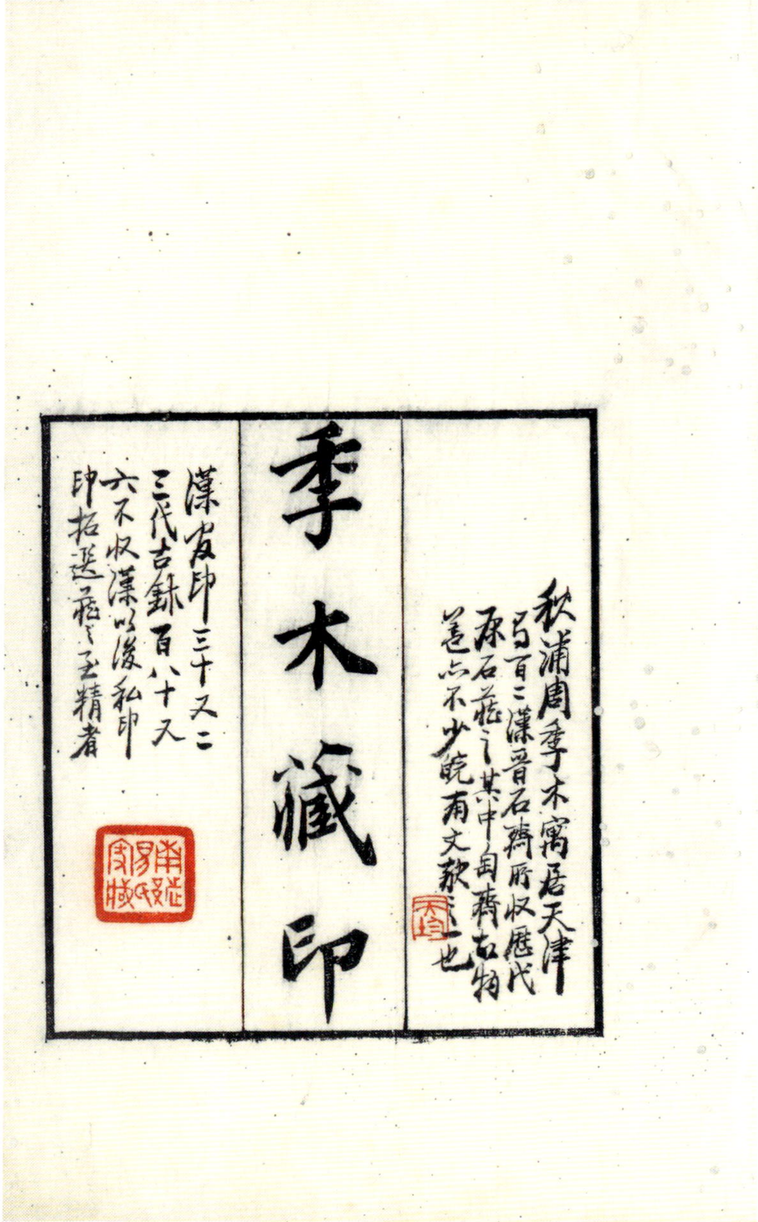

❶

二十世纪六十年代，易忠箓题跋民国时期钤印本周季木《季木藏印》。每页纵十六点三厘米，横十厘米

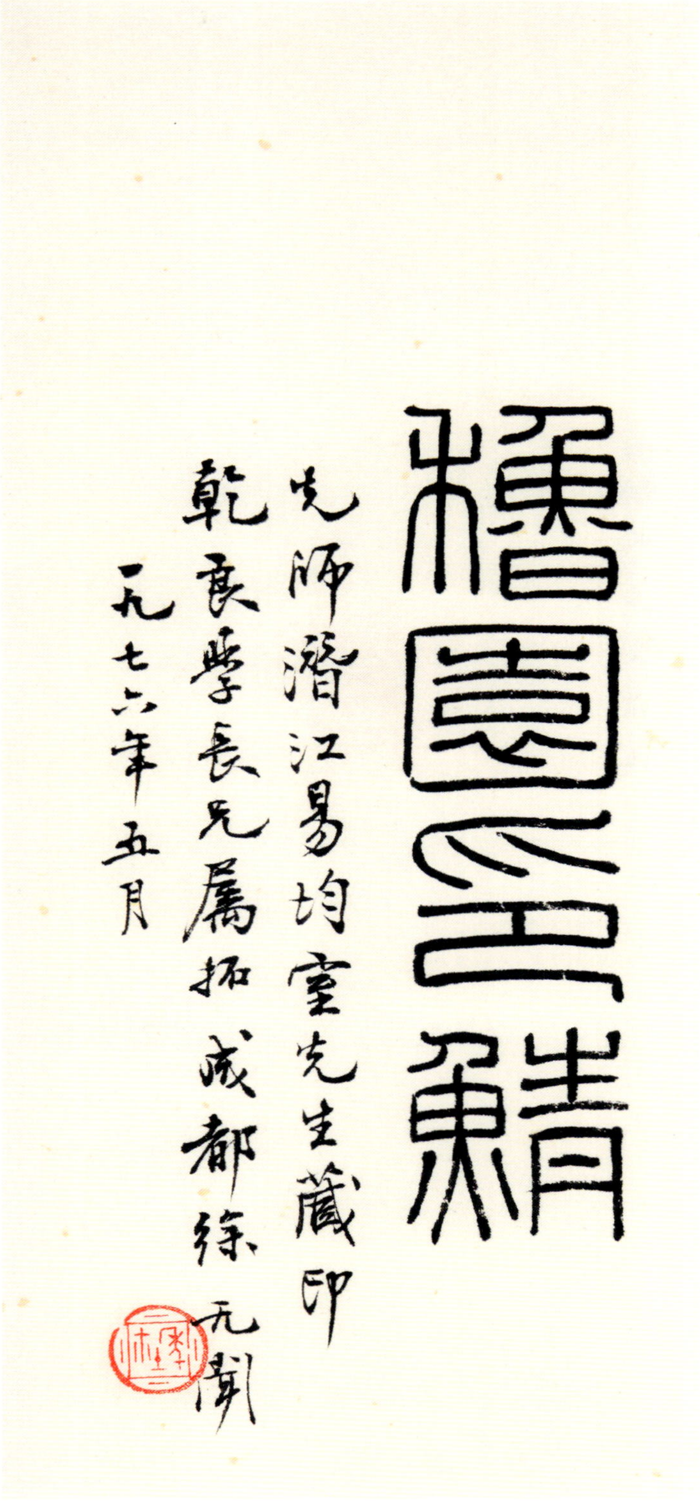

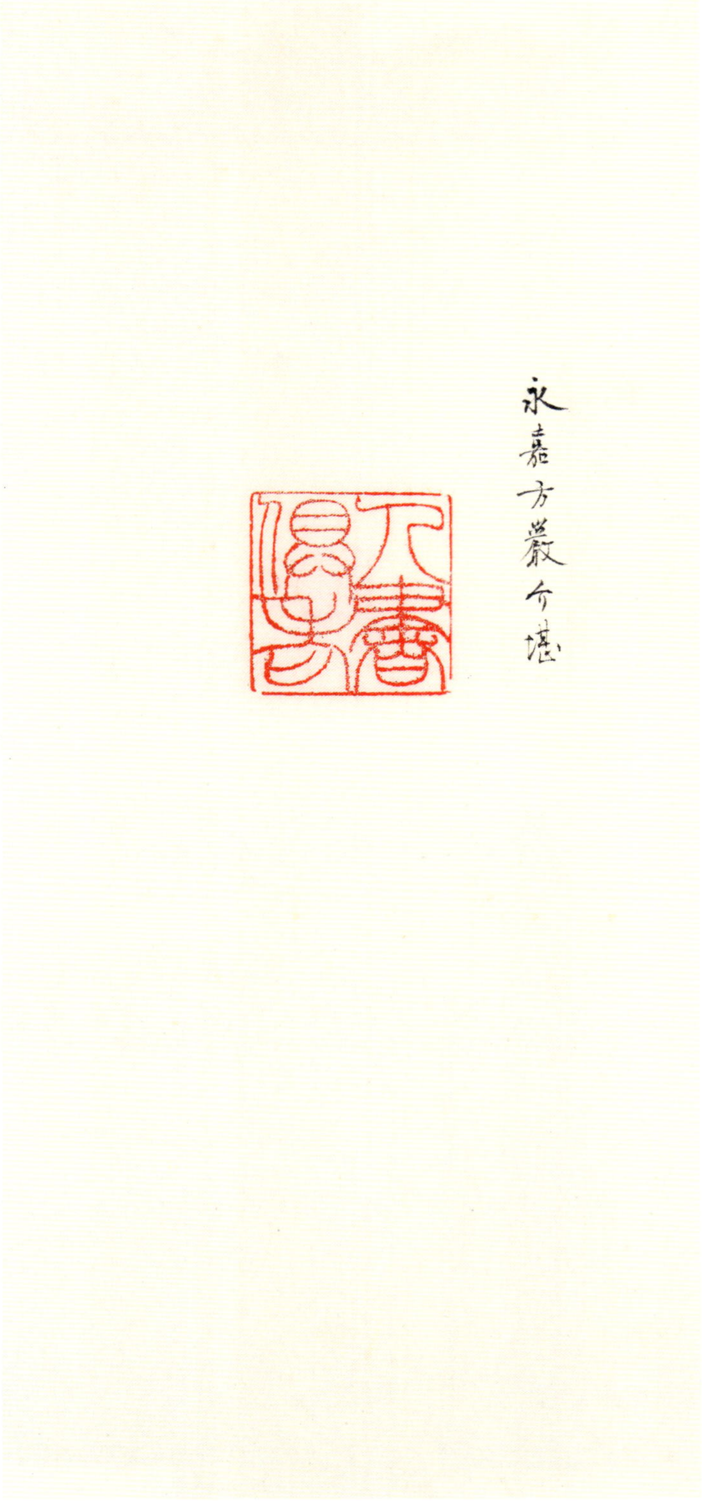

❷ ❶

一九七六年五月，徐无闻拓易忠箓藏印《穞园印鲭》。每页纵十八点五厘米，横九点八厘米

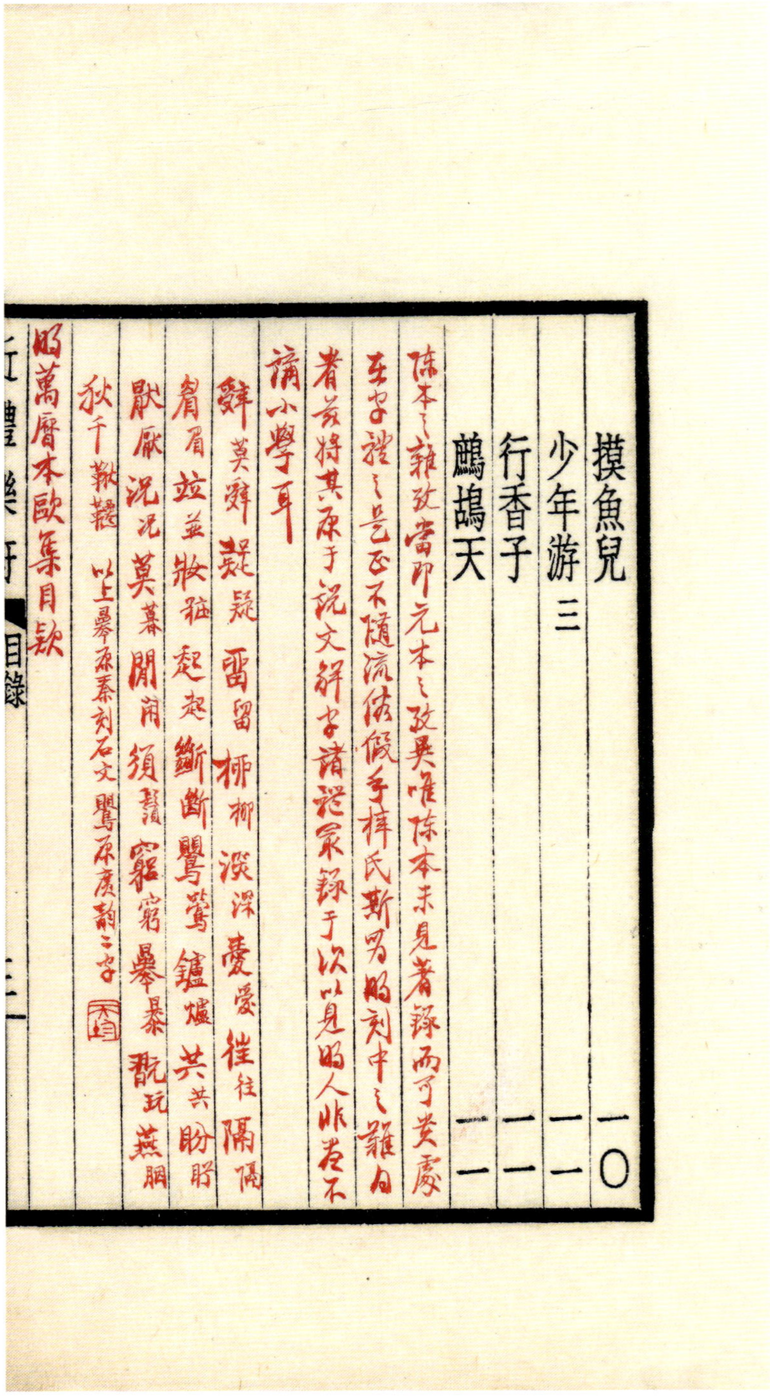

❸

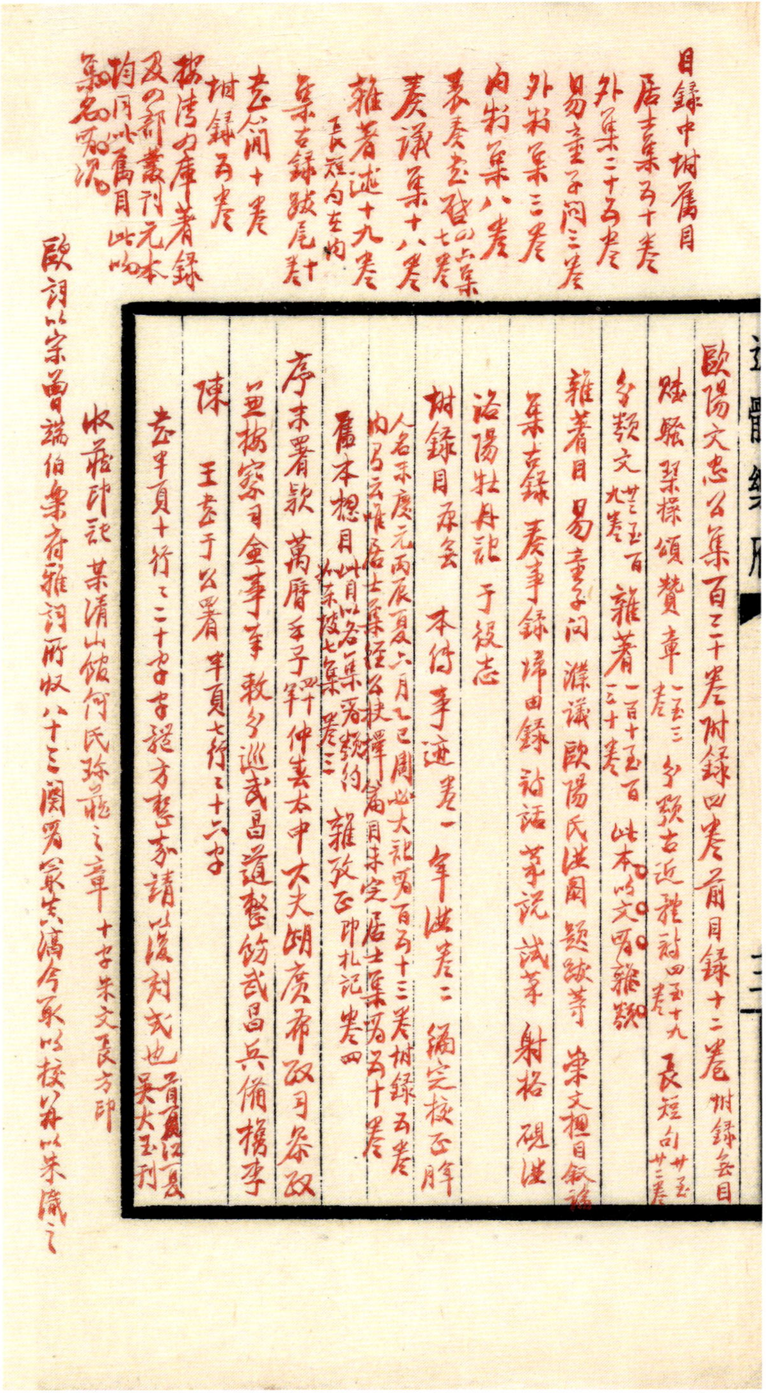

❹

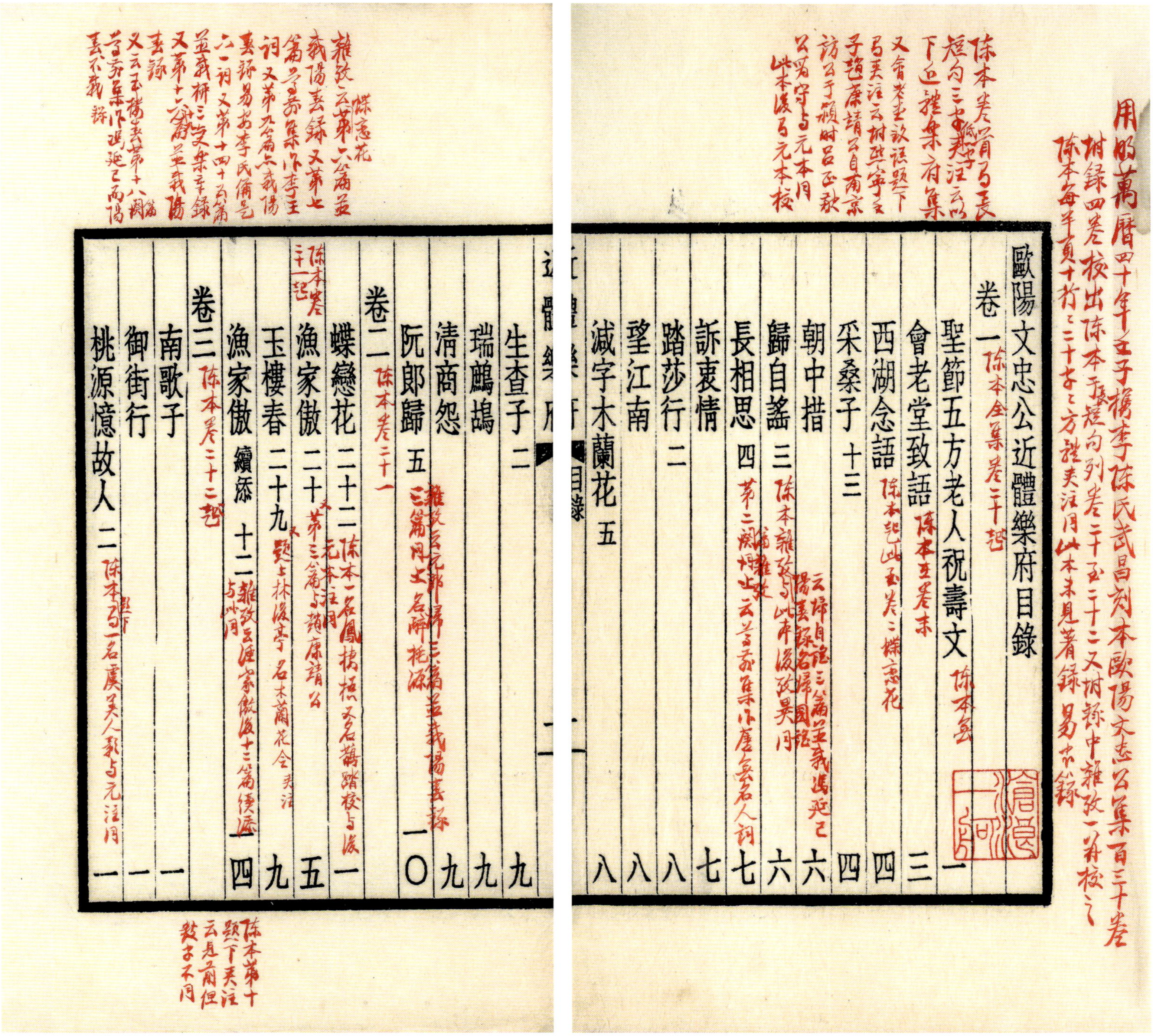

歐陽文忠公近體樂府目錄

卷一

聖節五方老人祝壽文	一
會老堂致語	三
西湖念語	四
采桑子 十三	四
朝中措	六
歸自謠 三	六
長相思 四	七
訴衷情	七
踏莎行 二	八
望江南	八
減字木蘭花 五	八

近體樂府 目錄 一

生查子 二	九
瑞鷓鴣	九
清商怨	九
阮郎歸 五	一〇

卷二

蝶戀花 二十二	一
漁家傲 二十	五
玉樓春 二十九	九
漁家傲 續添 十二	一四

卷三

南歌子	一
御街行	一
桃源憶故人 二	一

❷ ❶

二十世纪六十年代，易忠箓批校民国时期商务印书馆金属版影印本《欧阳文忠公近体乐府》。每页纵二十厘米，横十一厘米，徐无闻家藏

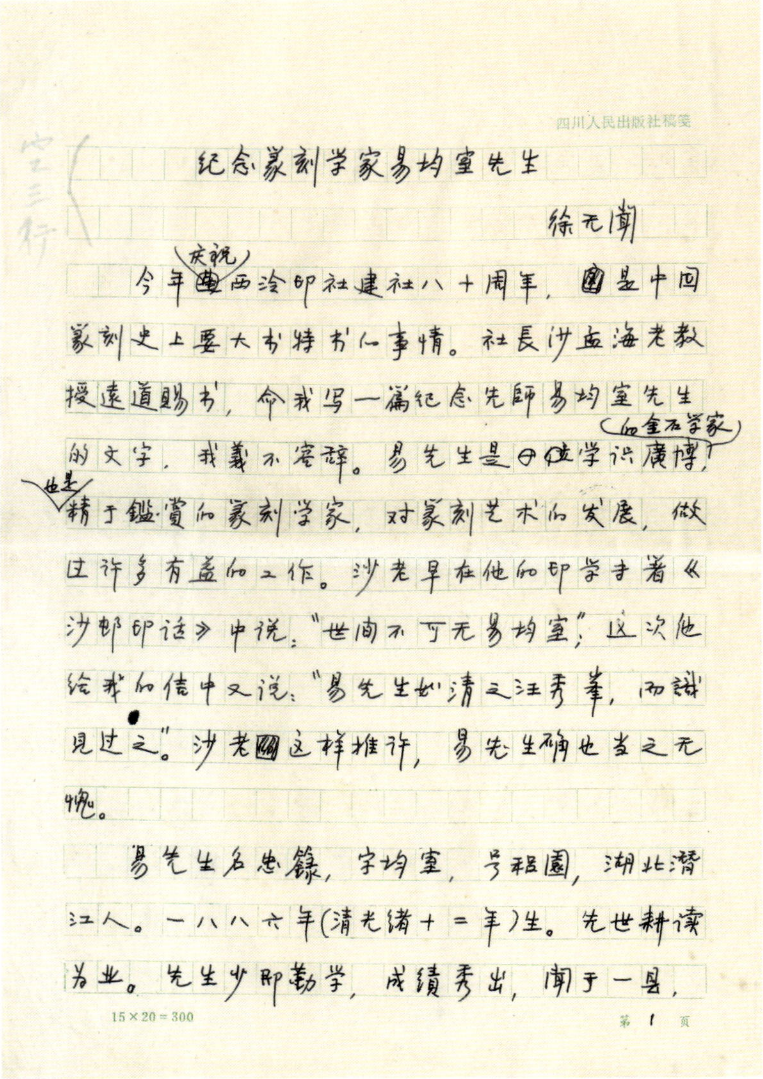

❶

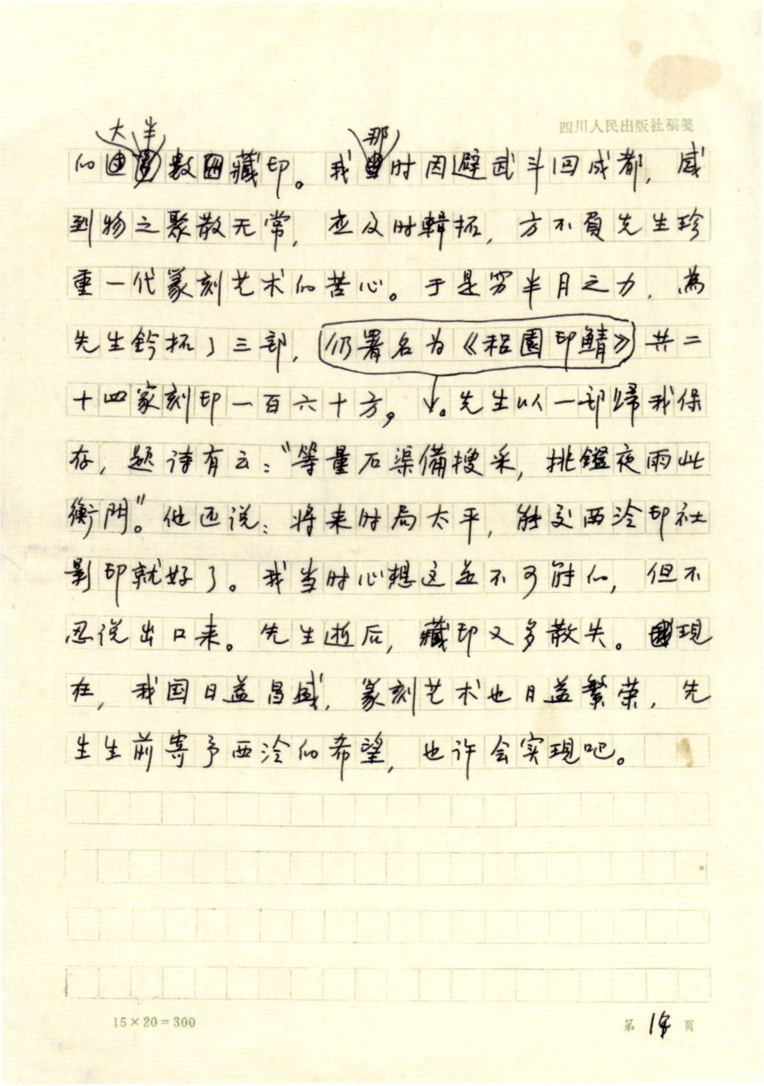

❷

一九八三年，徐无闻著《纪念篆刻学家易均室先生》。每页纵二十六点四厘米，横十八点六厘米，徐无闻家藏

徐寿与徐无闻

徐寿

徐寿生于一九〇四年三月十七日，卒于一九八八年九月四日。字益生，号鸿冥，斋号歌商颂室、螺砚草堂等，晚号双无斋，玉局野叟等，徐无闻之父。

鸿冥翁少家贫，依母课读，《四书》《五经》《文选》尽熟，又旁及金石碑帖、书法篆刻。十六岁乃设帐为童子师，一九二八年—一九三九年，先后在川军中任文书，又任成都佛学院国文教员，旋又在南充、广安、乐山、内江、邛崃等地任地方政府文员，一九四一年——一九四八年，任成都汇通银行见习班国文教员。一九四九年后退隐，埋首读书。

鸿冥翁因徐无闻早产，望其康健，名之永年。永年少从父学，获知四部流别之学及诗词古文作法，兼习书法、篆刻，兴味特浓。稍长，鸿冥翁又携其遍访蜀中鸿学大儒，令饱览名家金石书画，视野遂开，基础遂厚。

父子同好读书、喜金石、爱字画、精鉴赏、擅书法、长篆刻。略不同者，父以读书写字为乐。子则读书写字外，勤于著述。父之交游，主要为蜀中名流，子则行万里路，与全国名家多所往来。

二十世纪二十年代末，徐寿治“徐寿私印”。印面纵二点四厘米，横二点四厘米，高五厘米，徐无闻家藏

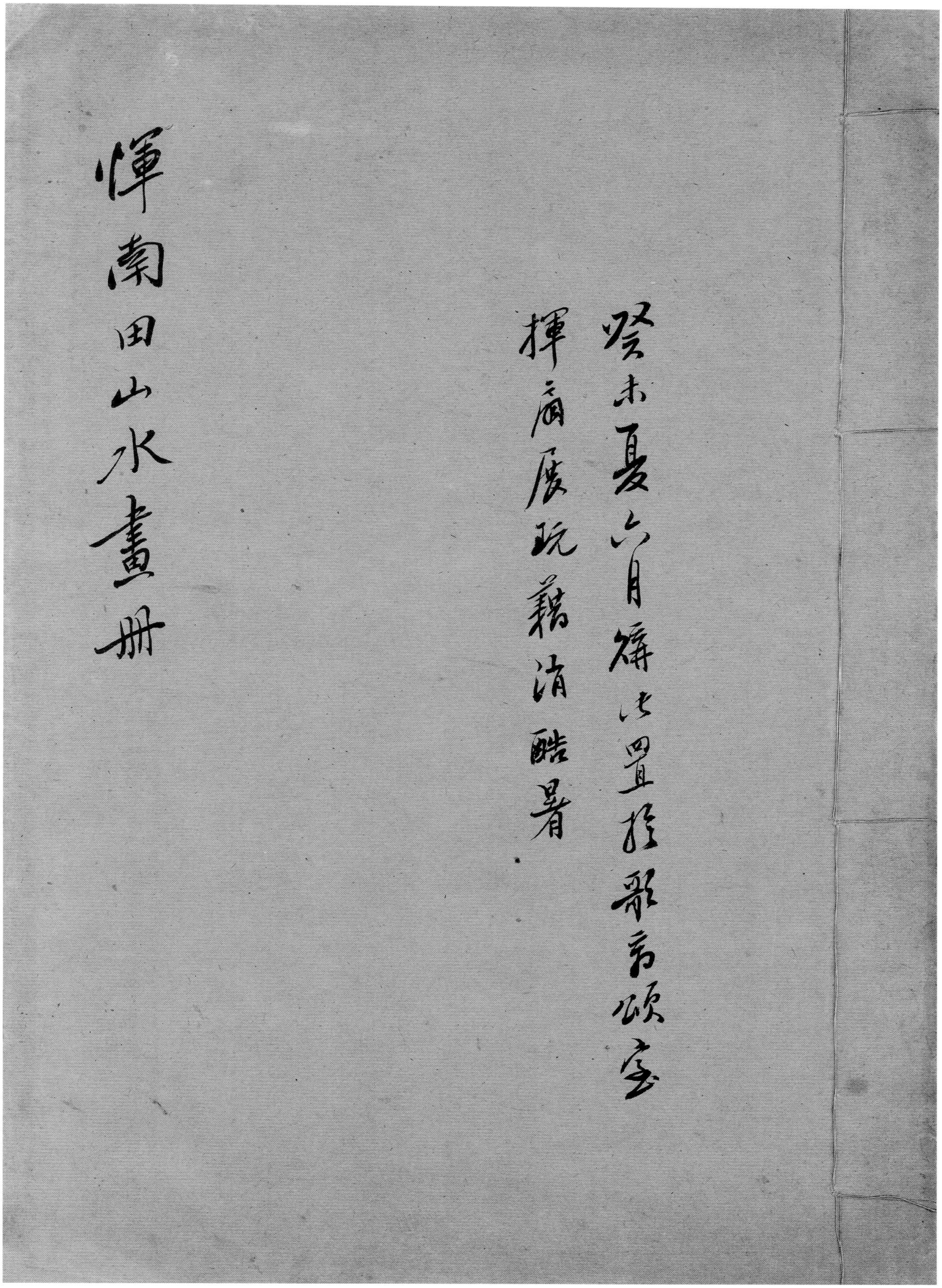

癸未（一九四三年）夏六月，徐寿题签、题识民国时期上海有正书局珂罗版影印本《恽南田山水画册》。

每页纵三十五点五厘米，横二十五点五厘米

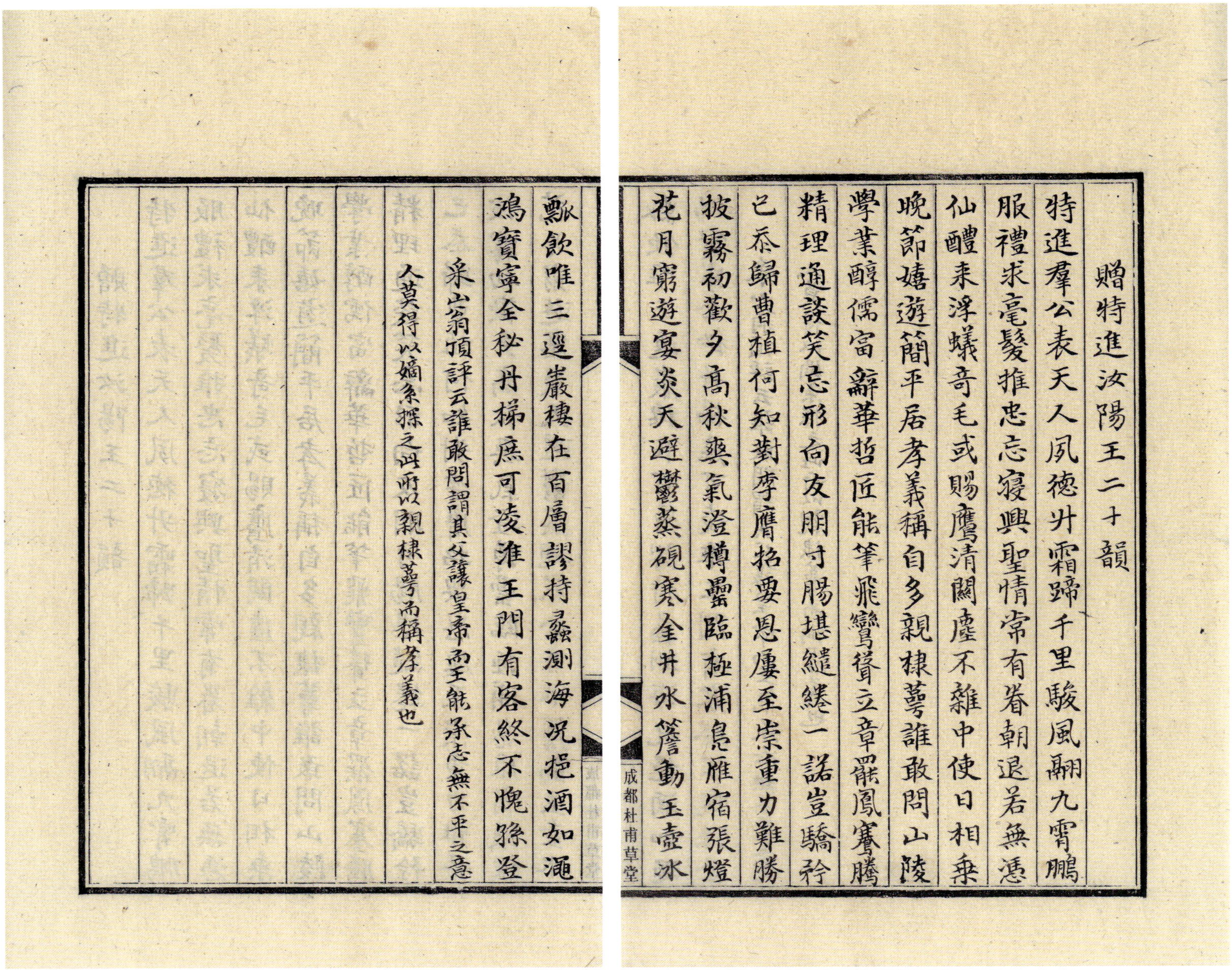
成都杜甫草堂

贈特進汝陽王二十韻

特進羣公表天人夙德升霜蹄千里駿風翮九霄鵬
服禮求毫髮推忠忘寢興聖情常有眷朝退若無憑
仙醴來浮蟻奇毛或賜鷹清關塵不雜中使日相乘
晚節嬉遊簡平居孝義稱自多親棣蕚誰敢問山陵
學業醇儒富辭華哲匠能筆飛鸞聳立章罷鳳騫騰
精理通談笑忘形向友朋寸腸堪繾綣一諾豈驕矜
已忝歸曹植何知對李膺招要恩屢至崇重力難勝
披霧初歡夕高秋爽氣澄樽罍臨極浦鳧雁宿張燈
花月窮遊宴炎天避鬱蒸硯寒金井水簷動玉壺冰
瓢飲唯三逕巖棲在百層謬持蠡測海況挹酒如澠
鴻寶寧全秘丹梯庶可凌淮王門有客終不愧孫登
采山翁頂評云誰敢問謂其父讓皇帝而王能承志無不平之意
人莫得以嫡系擠之此所以親棣蕚而稱孝義也

❷ ❶

二十世纪五十年代末六十年代初，徐寿抄《杜诗集评》。每页纵二十六厘米，横十七厘米，徐无闻家藏

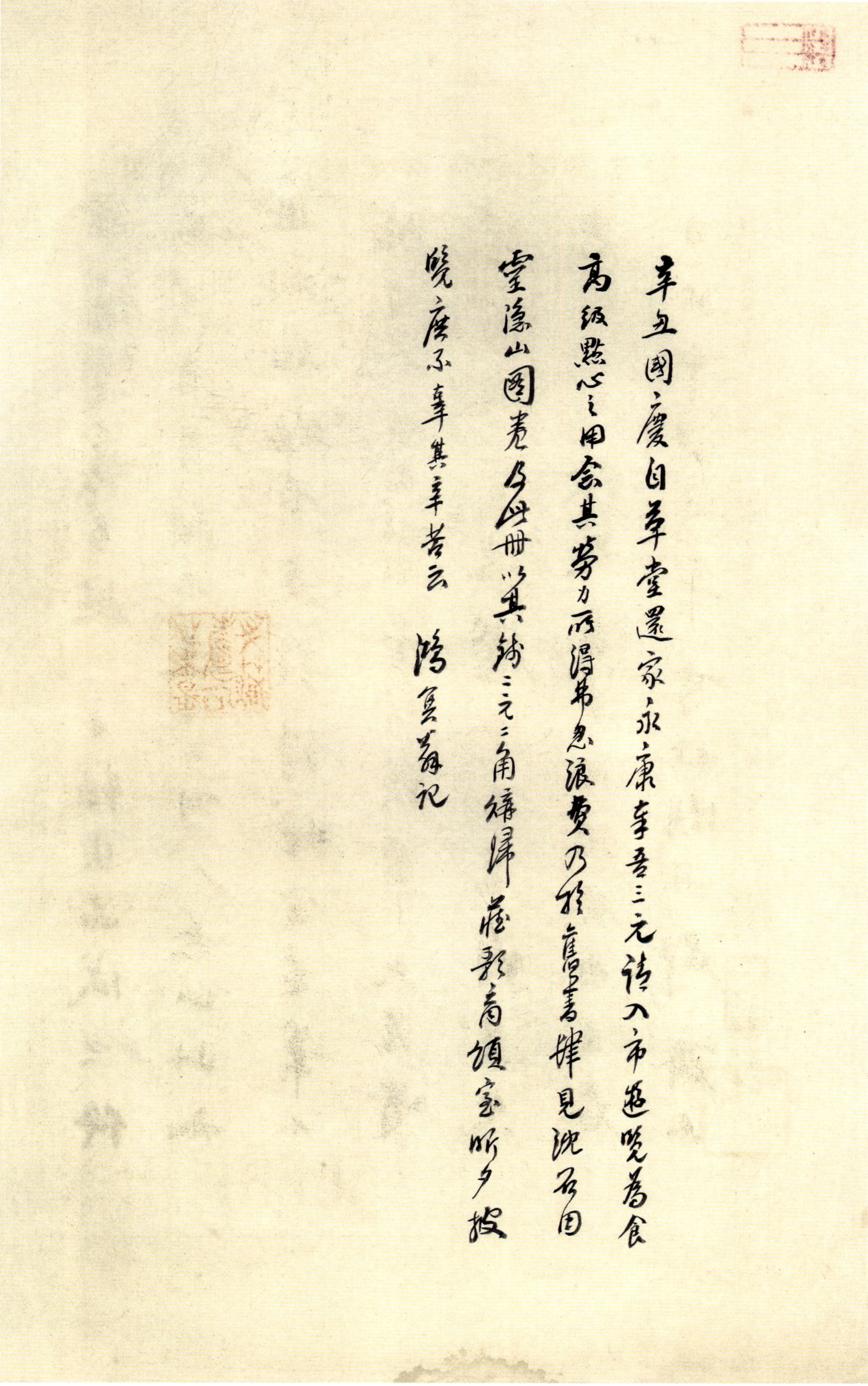

辛丑（一九六一年）国庆，徐寿题跋民国时期上海有正书局珂罗版影印本《王奉常仿古山水册》。

每页纵三十八厘米，横二十五点五厘米

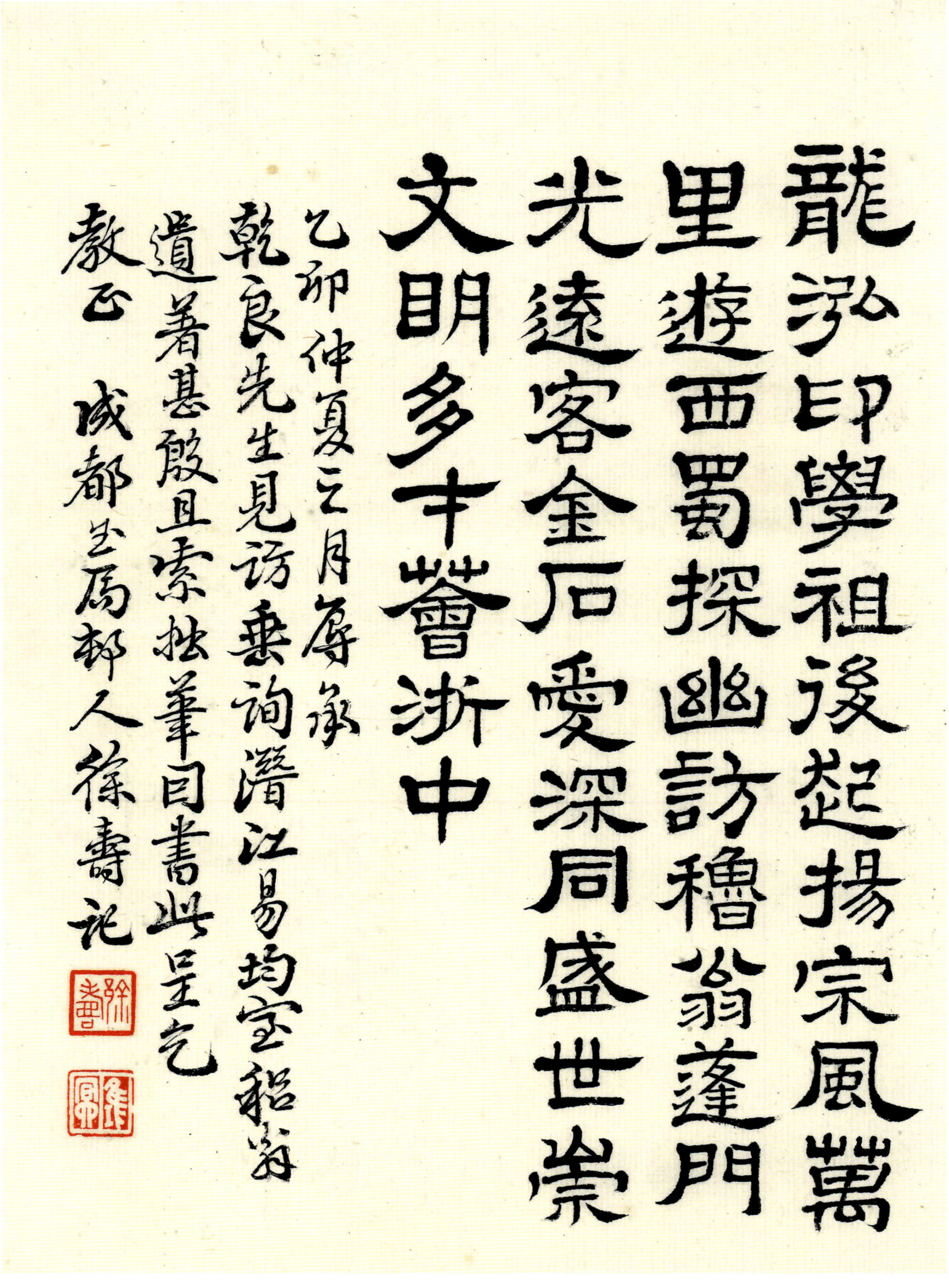

乙卯（一九七五年）仲夏之月，徐寿书自作五言诗。纵二十三厘米，横十七厘米

施蛰存与徐无闻

施蛰存

施蛰存生于一九〇五年十二月三日，卒于二〇〇三年十一月九日，名舍，字蛰存，号北山，以字行。生于浙江杭州，后迁居上海松江，民国时期开创新感觉小说流派，现代文学史代表作家。

一九五二年任华东师大中文系教授，从事西洋文学翻译、古典文学研究、金石碑版考释和文艺创作，号为“四窗”。一九九三年获“上海文学艺术杰出贡献奖”。

与徐无闻交往始于二十世纪八十年代末，书信往还外，又邀徐无闻赴沪晤面，所谈不出金石碑版之学。曾谋合作《汉碑图录》，惜未及措手。

徐无闻曾以徐氏玉箸书自作竞病诗二首相赠，其一云：“海内有尊宿，著书寸阴竞。唯期益后人，不忧老与病。”其二云：“仰望北山翁，高怀欧赵竞。金石乐延年，期颐当无病。”

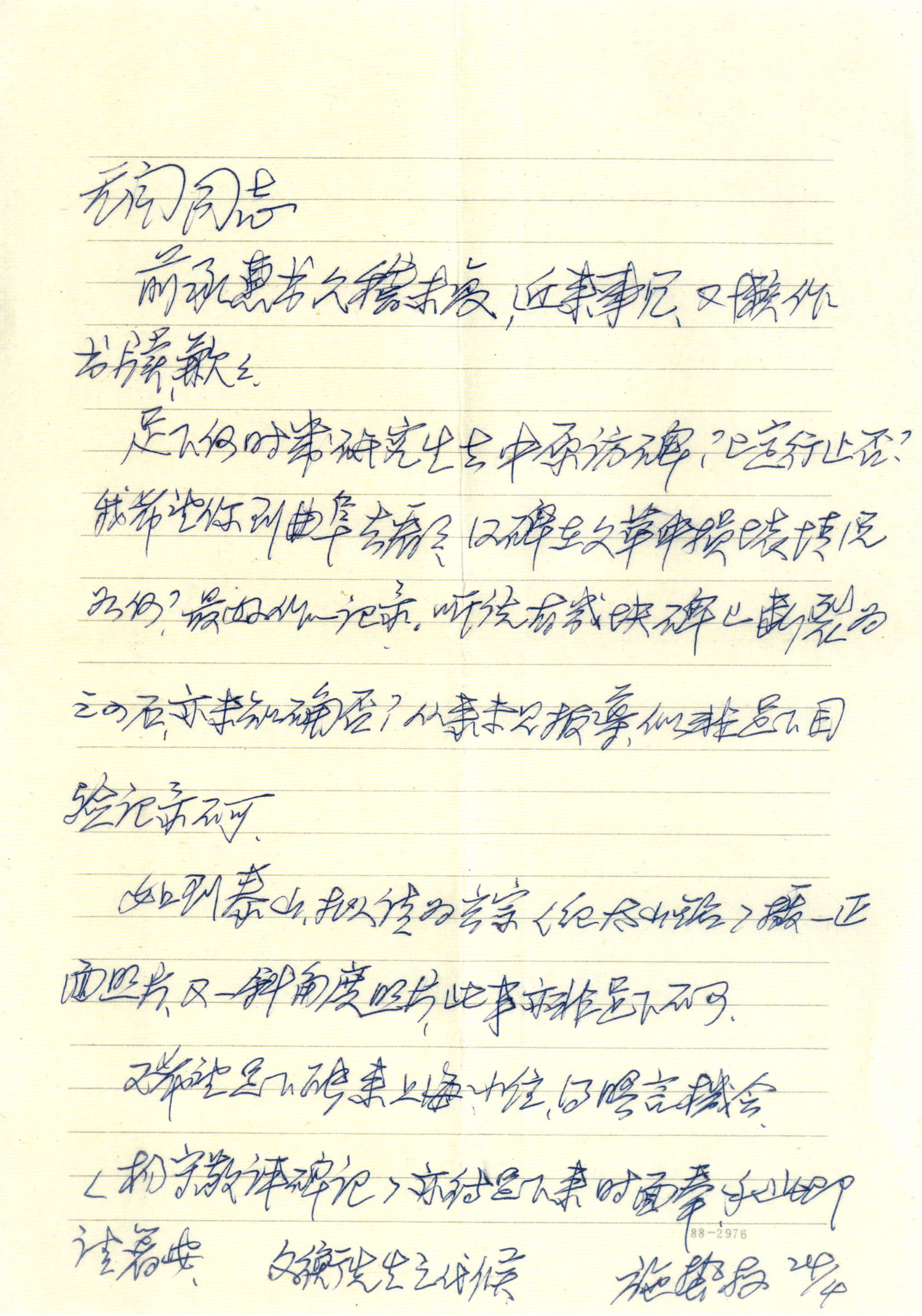
无闻同志：

前承惠书，久稽未复，近来事冗，又懒作书，方歉歉。

足下何时带研究生去中原访碑，已定行止否？我希望你到曲阜去看看，汉碑在文革中损坏情况如何？最好作一记录。听说有武氏祠汉碑已毁裂为二、四石，亦未知确否？从来未见报导，似非足下目验记录不可。

如到泰山，拟请为我拍《纪泰山铭》摄一正面照片，又一斜角度照片，此事亦非足下不可。

又希望足下能来上海一住，可以晤言几会。

《杨守敬评碑记》亦待足下来时面奉。即请

著安。文嫂先生已代候。施蛰存 24/4

88-2976

一九八九年四月二十四日，施蛰存复徐无闻函。纵二十四点八厘米，横十七点二厘米，徐无闻家藏

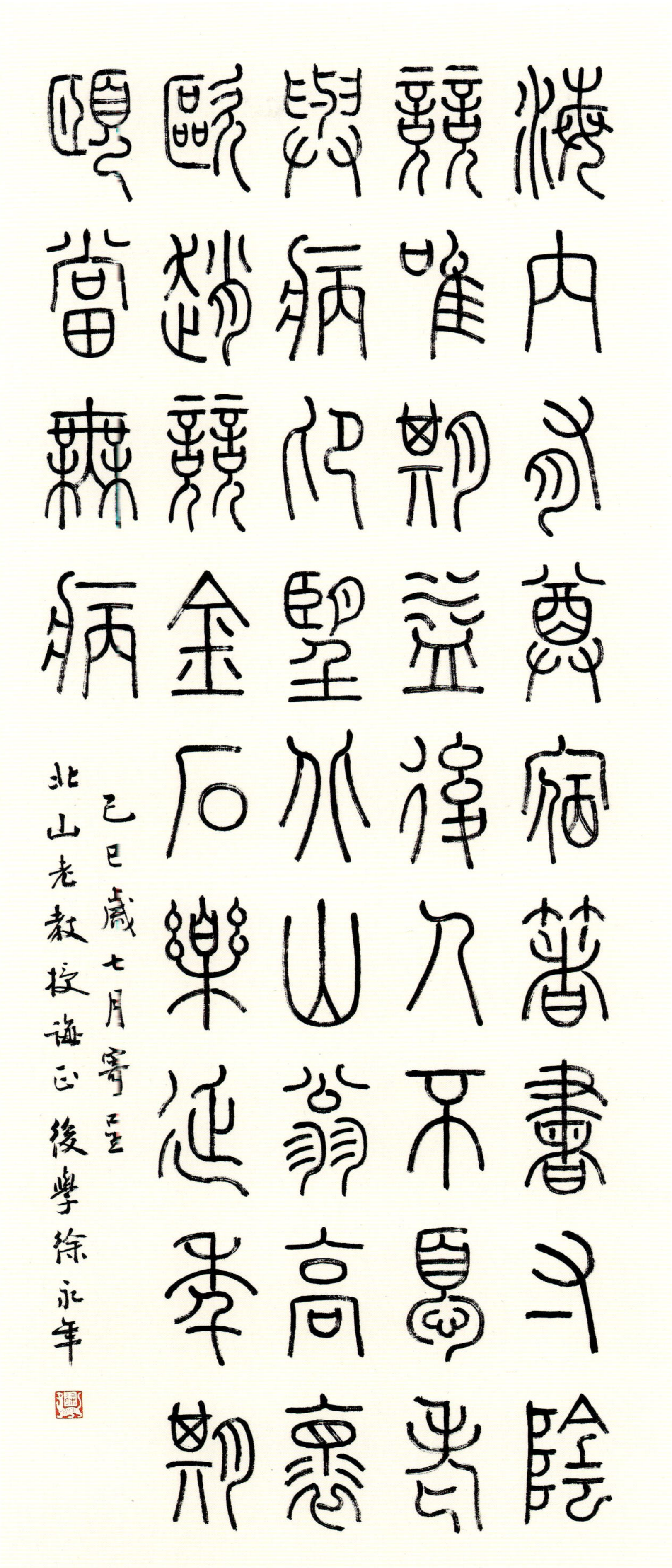

己巳（一九八九年）岁七月，徐无闻赠施蛰存诗并书。纵八十一厘米，横三十四点二厘米

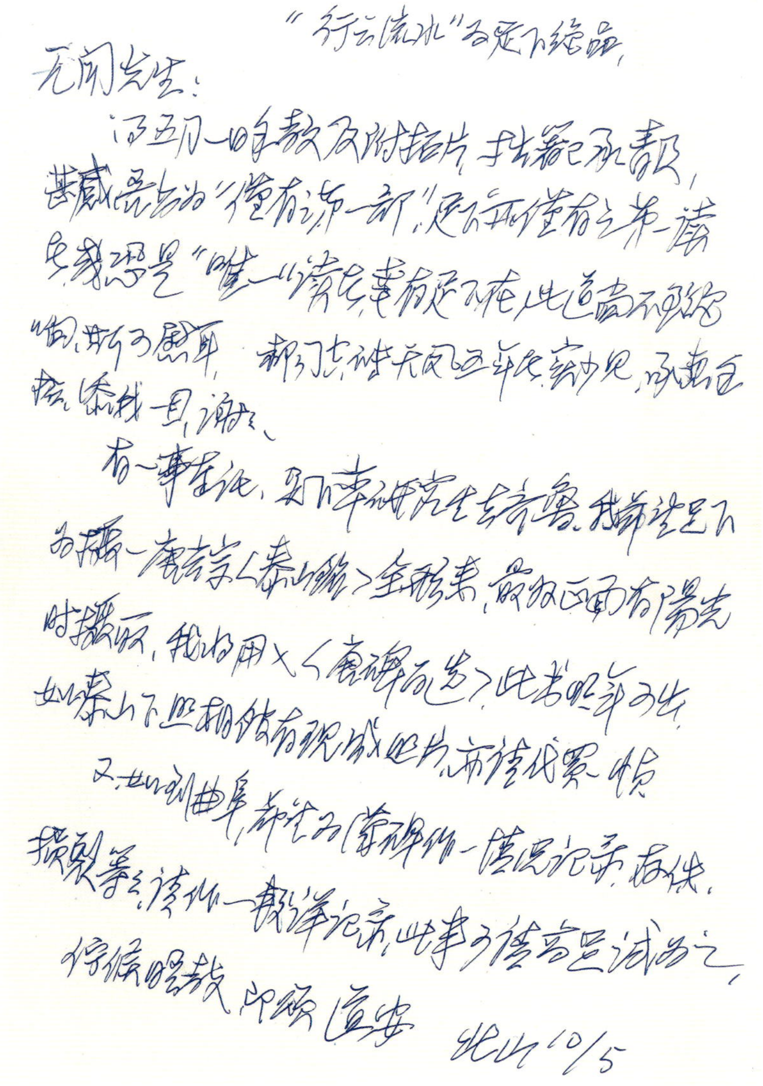

"行云流水"为足下绝品，

无闻先生：

顷五月一日手教及附照片，均已承寄，甚感。足下所谓"仅有之一部"，足下所藏仅有之第一卷，只我恐是"唯一"读古书者有足下，在此道尚不多，偶然可感耳。新门先生去年病故，实为少见，承惠全拓，添我一目，谢谢。

有一事奉托，贵门李和先生去济鲁，我前请足下为摄一唐玄宗《泰山铭》全形素，最好正面有阳光时摄取，我将用之《唐碑百选》，此书明年可出。如泰山下照相馆有现成照片，亦请代买一帧。

又如到曲阜，亦请为孔庙碑作一简单记录，存供摄影等之读作一较详记录，此事可请高足试为之。

伫候嘉教，即颂道安

北山 10/5

❶

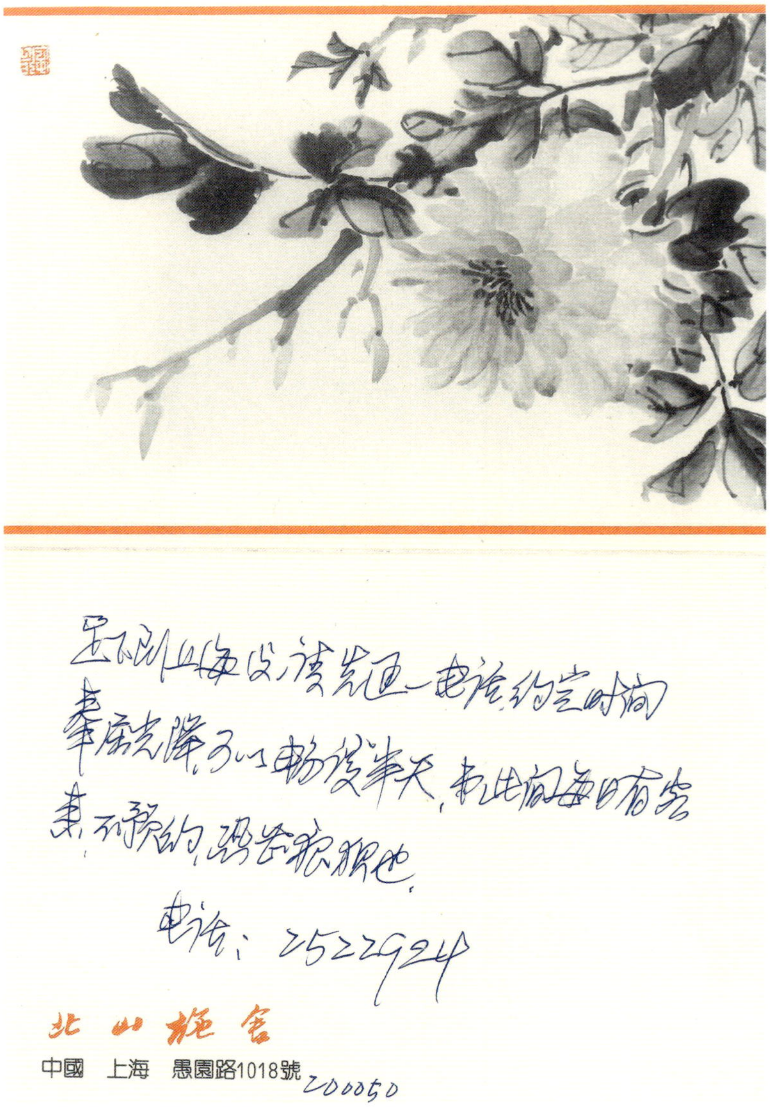

足下到上海后，请先通一电话，约定时间奉屈光降，可以畅谈半天。我此间每日有客来，不预约，恐会扑空也。

电话：2522924

北山樓舍

中國 上海 愚園路1018號 200050

❷

二十世纪八十年代，施蛰存复徐无闻函。纵二十点七厘米，横十四厘米，徐无闻家藏

周菊吾与徐无闻

二十世纪五十年代，易忠箓、余中英、周菊吾、徐寿（自左至右）在杜甫草堂

周菊吾生于一九一二年，卒于一九六八年，祖籍广东梅县，世居成都。

周菊吾求学四川大学，亲炙林山腴、向仙乔、庞石帚等名师，毕业留校任教。擅诗词，嗜古墨，好篆刻，尤精于元朱文，深得方介堪、沙孟海称颂。身后有徐无闻、周同甫所编《周菊吾印存》传世。与徐无闻之父鸿冥翁因篆刻结缘，甚为投契。鸿冥翁早年宦游川南，常托周菊吾协助辅导徐无闻的学业，并授徐无闻治印之艺，终身无间。周菊吾晚年饱受冲击，卧病在床，徐无闻于冷摊中寻得其旧砚，奉送至病榻前，菊老大为感动。

徐无闻有诗云："先生不偶世，黄菊挺秋霜。学富耽书淫，才高更酒狂。石荒妙篆绝，砚破清词亡。平生荷推奖，教泽岂能忘。"

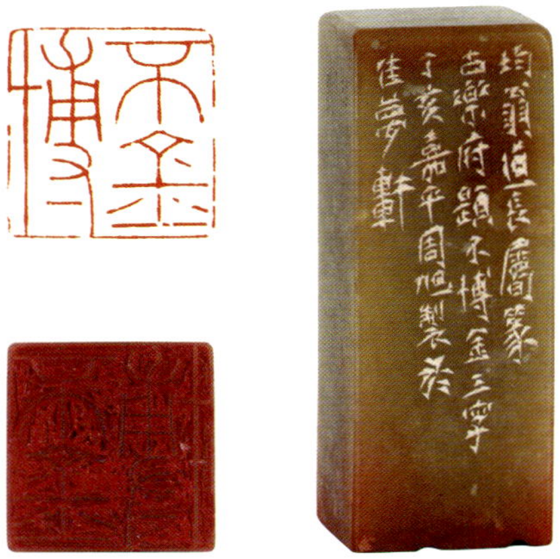

丁亥（一九四七年）嘉平，周菊吾治“不博金”。印面纵二厘米，横二厘米，高五点五厘米，徐无闻家藏

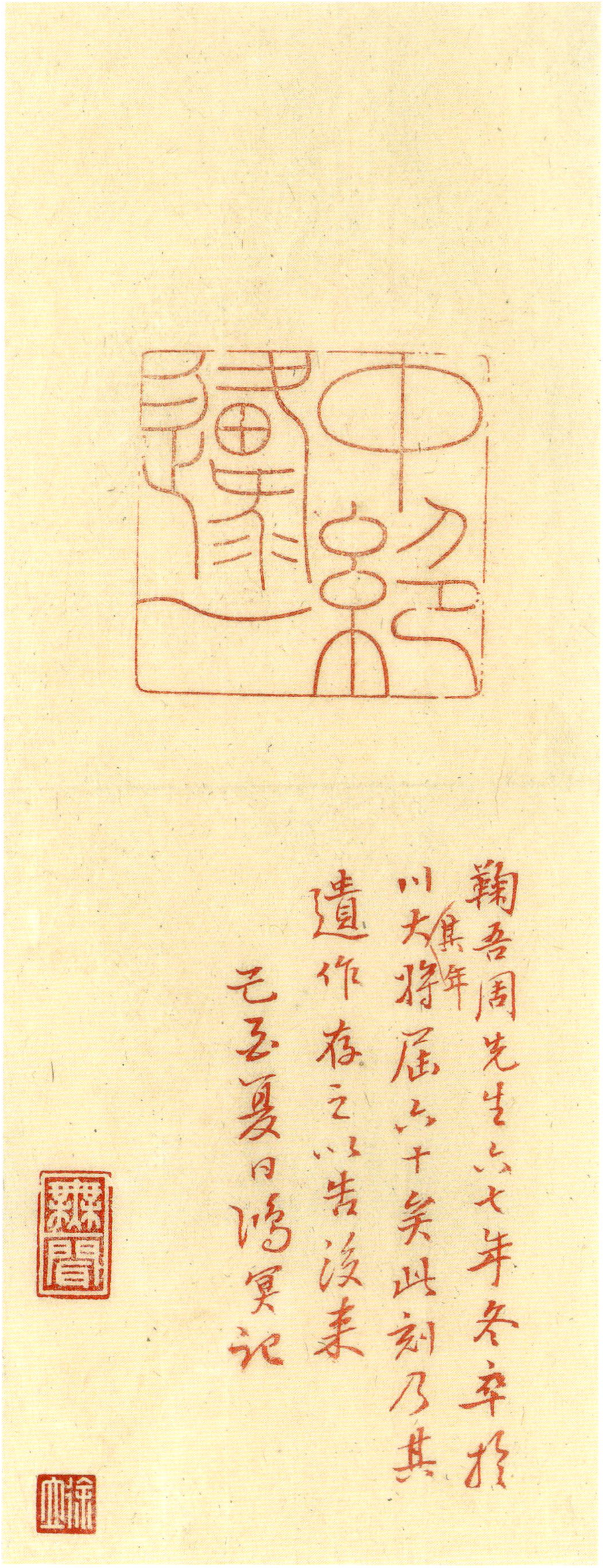

己酉（一九六九年）夏日，徐寿题周菊吾所治“中原一绝”。纵二十三厘米，横九厘米，徐无闻家藏

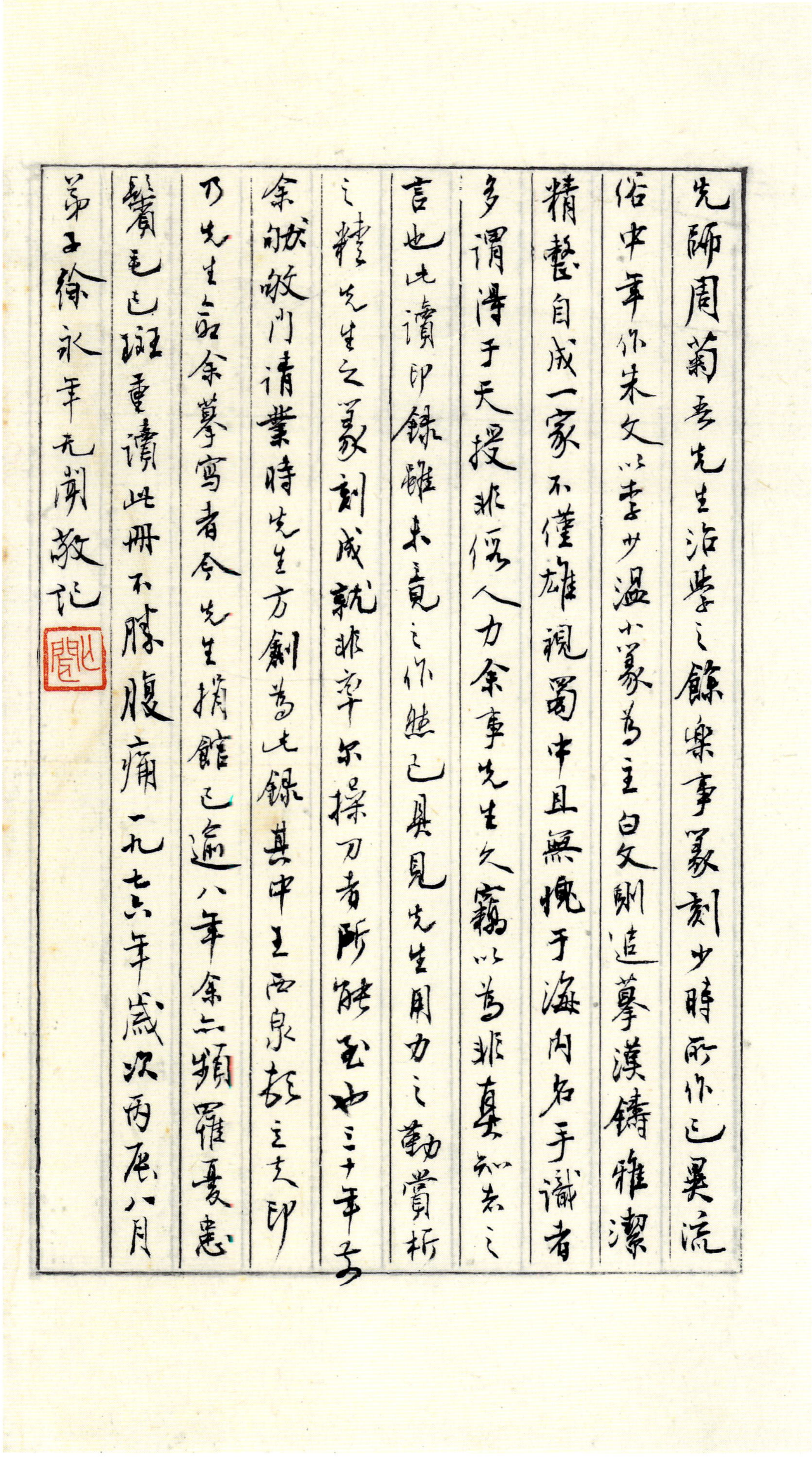
先師周菊吾先生治學之餘樂事篆刻少時所作已異流俗中年作朱文以李少温小篆為主白文則追摹漢鑄雅潔精整自成一家不僅雄視蜀中且無愧于海内名手識者多謂得于天授非僅人力余事先生久竊以為非真知者之言也此讀印録雖未竟之作然已具見先生用力之勤賞析之精先生之篆刻成就非卒尔操刀者所能致也三十年前余始敂門請業時先生方創為此録其中王西泉故交印乃先生命余摹寫者今先生捐館已逾八年余亦頻罹憂患鬢毛已斑重讀此冊不勝腹痛一九七六年歲次丙辰八月弟子徐永年无聞敬記

一九七六年岁次丙辰八月，徐无闻题跋周菊吾《读印录》。纵三十二厘米，横十四厘米

年譜會箋作寄懷韋蟾
在四卷五十三頁

李義山詩集 目錄 卷中

4

3

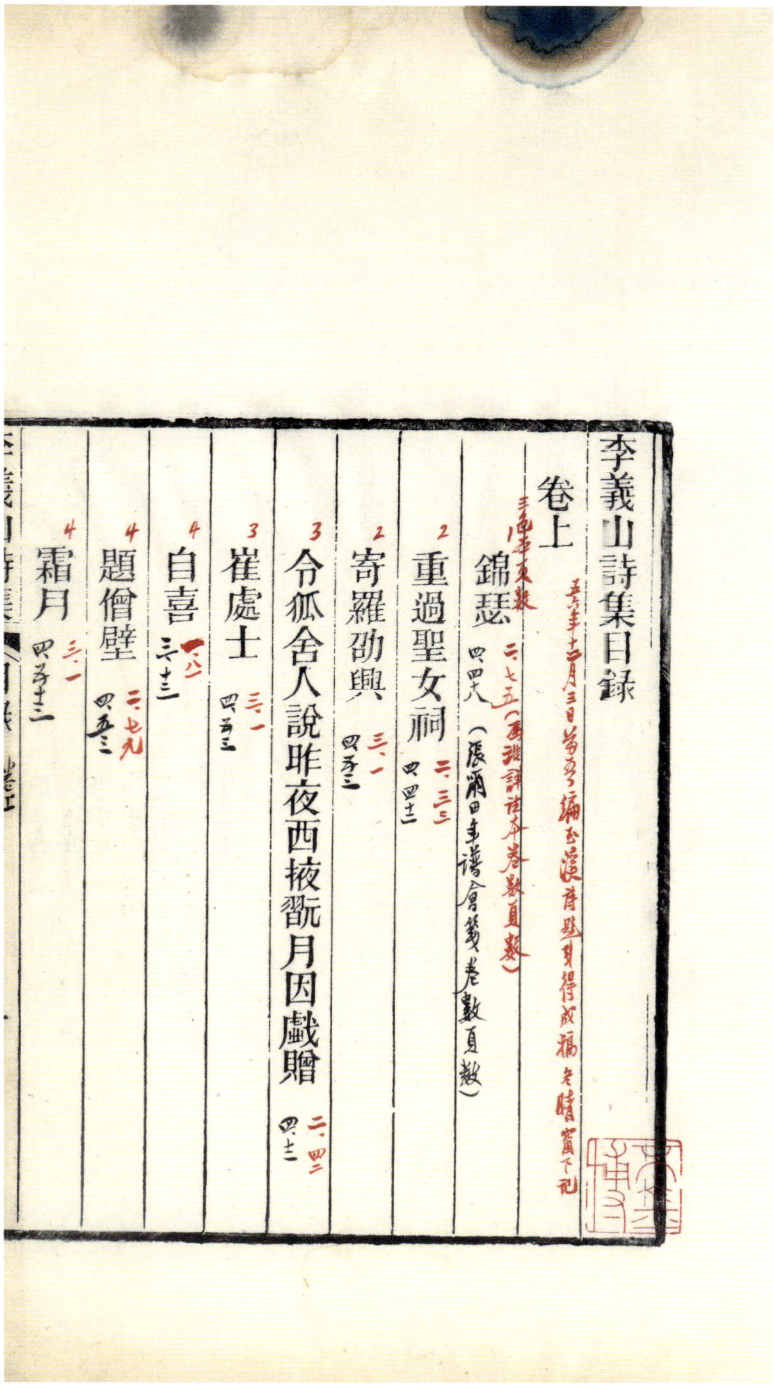
李義山詩集目録

卷上

錦瑟

重過聖女祠

寄羅劭興

令狐舍人說昨夜西掖翫月因戲贈

崔處士

自喜

題僧壁

霜月

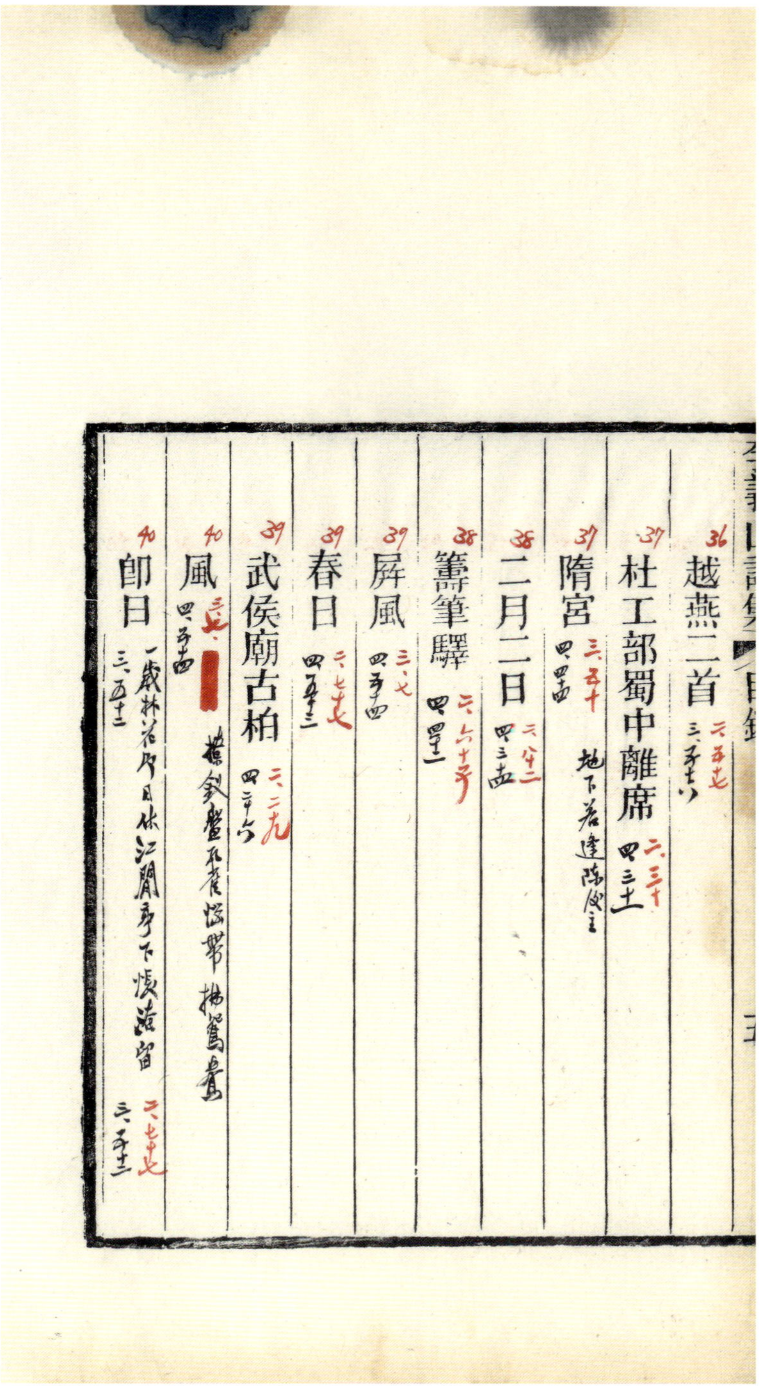
李義山詩集　目録　卷上　五

越燕二首

杜工部蜀中離席

隋宮

二月二日

籌筆驛

屏風

春日

武侯廟古柏

風

即日

❷ ❶

二十世纪六十年代，周菊吾批校同治刻本《李义山诗集辑评》。每页纵十五点五厘米，横八点八厘米，徐无闻家藏

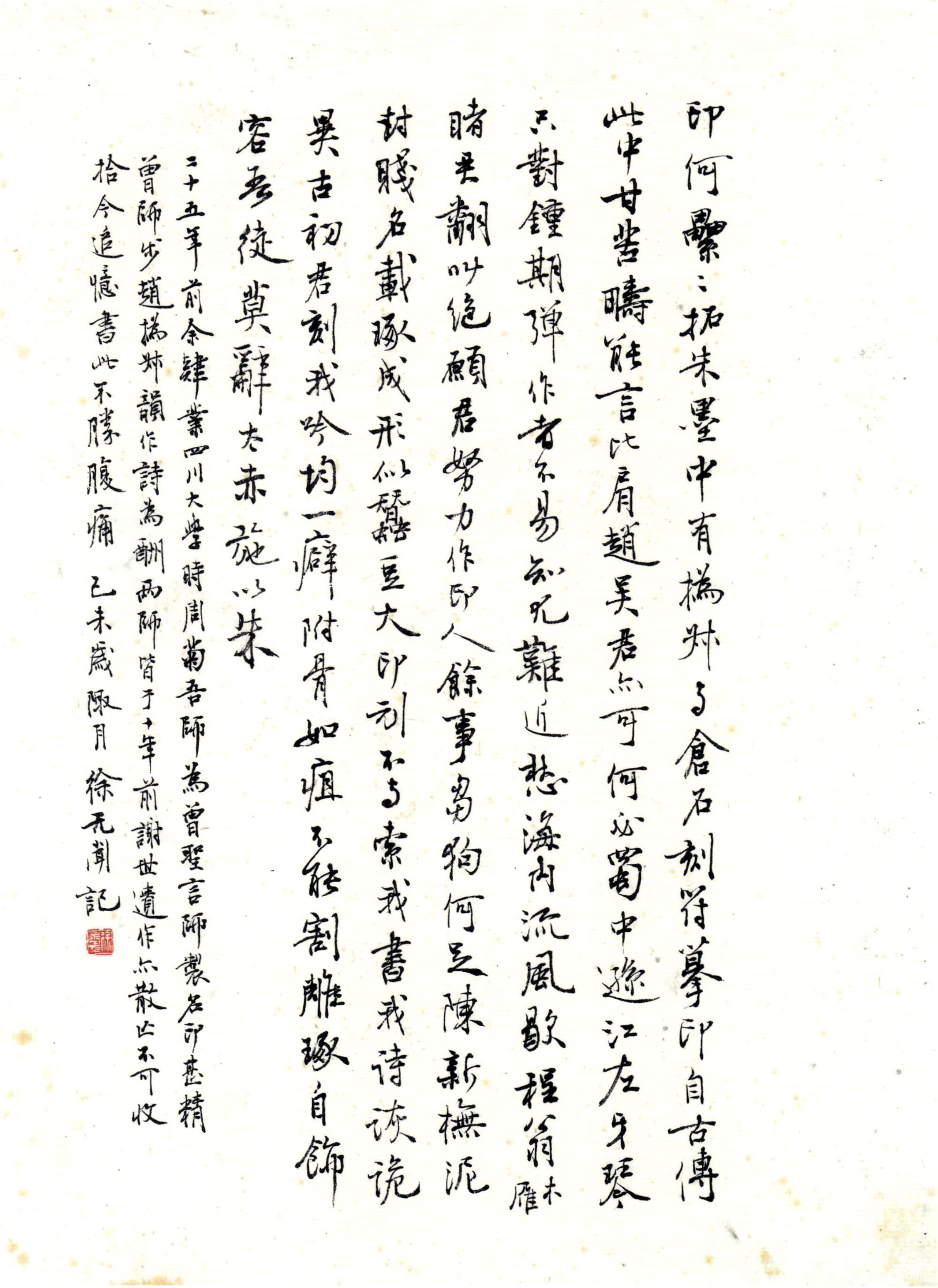

己未（一九七九年）岁陬月，徐无闻书曾圣言步赵之谦韵为周菊吾作七言诗。纵二十三厘米，横十七厘米

沈尹默与启功、徐无闻

一九六三年，沈尹默在书房。乐秀镐摄

沈尹默生于一八八三年六月十一日，卒于一九七一年六月一日，字中，号秋明、匏瓜。祖籍浙江湖州吴兴，生于陕西安康汉阴。

沈尹默、启功之交，约始于二十世纪三十年代。《启功口述历史》："和我学画时正式拜过很多名师不同，我在学书法时，主要靠自己的努力，能称得上以老师的名义向他请教的并不多，近现代书法大师沈尹默（字秋明）算一个。他也是老辅仁的人，所以有往多交往的机会。他曾为我手书'执笔五字法'，并当面为我讲解、示范，还对我奖掖有加，夸奖过我的书法，这对我是莫大的鼓励。"

徐无闻《记从沈尹默老人学书法》："三十几年来，我请教过的前辈中，沈尹默先生给我的印象最深。请教的时间不长，受益很大，久久不忘。一九六三年夏，我去上海向郭绍虞先生学习古代文论，复旦大学不能住，只好住在亲戚黄君家里。黄君知道我喜欢写字，很敬仰沈尹默先生，便说他认识沈老，他和沈师母褚保权先生同在一个民盟小组，很熟。如果我想见沈老，他便去约个时间。三四天后的一个下午，我随黄君到沈老家去。沈老两次的亲切教诲，我铭记在心，久久不忘。我当年回川不久，为了表示对老先生的谢忱，刻了一方印，'尹默长年'四个字，き请黄君转奉沈老，沈老很高兴，叫转告我，在工作之余，多写写字，他相信我会有成就。一九六五年，沈老又寄了一本宣纸特印的他手写的著作——《历代名家学书经验谈辑要释义》赠我。沈老对后辈的期望是何等的殷切呵!"

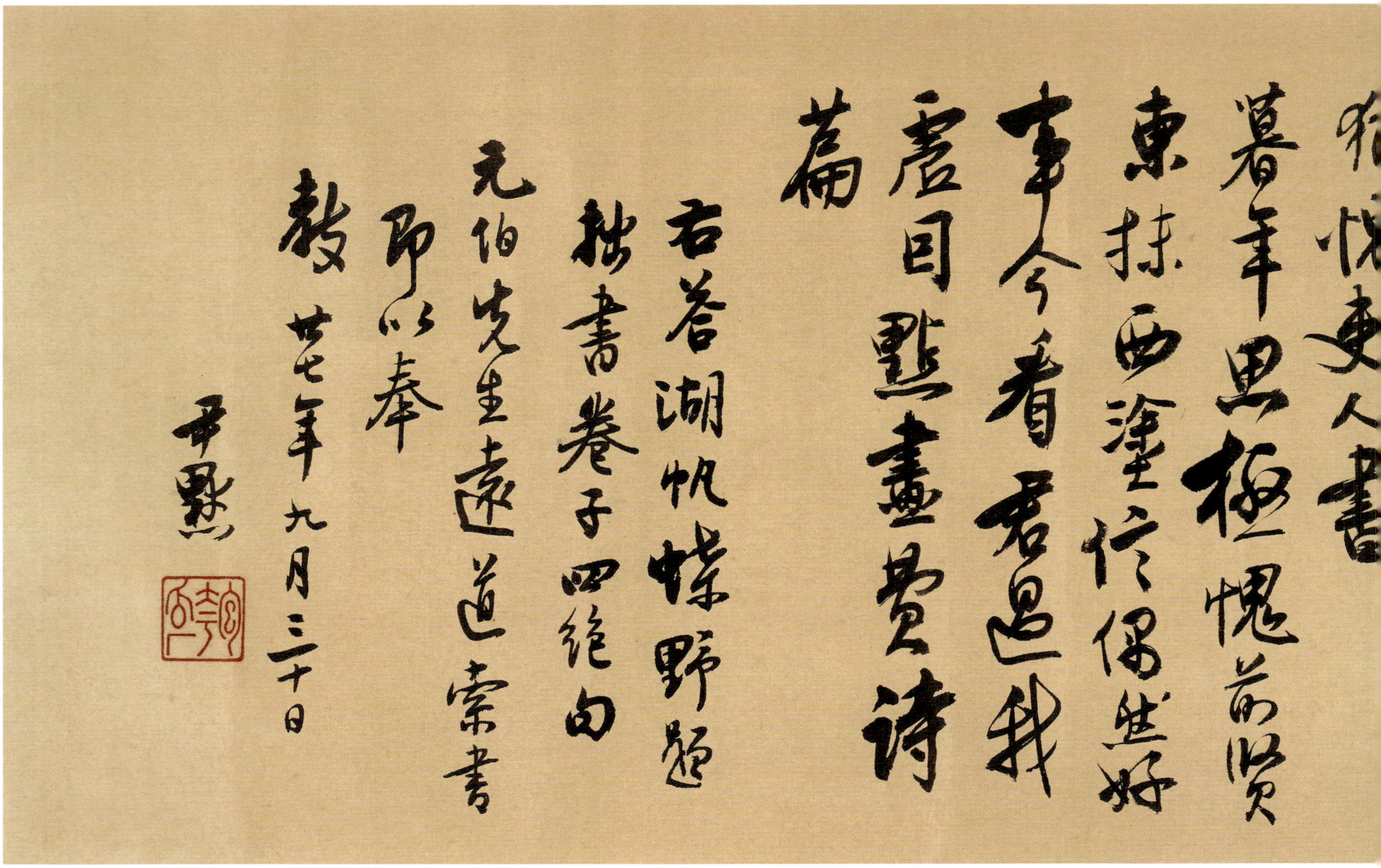
猶憐吏人書
暮年思極愧前賢
東抹西塗信偶然好
事今看君過我
虛目點畫費詩
篇
右答湖帆蝶野題
拙書卷子四絕句
元伯先生遠道索書
即以奉
教 廿七年九月三十日
尹默

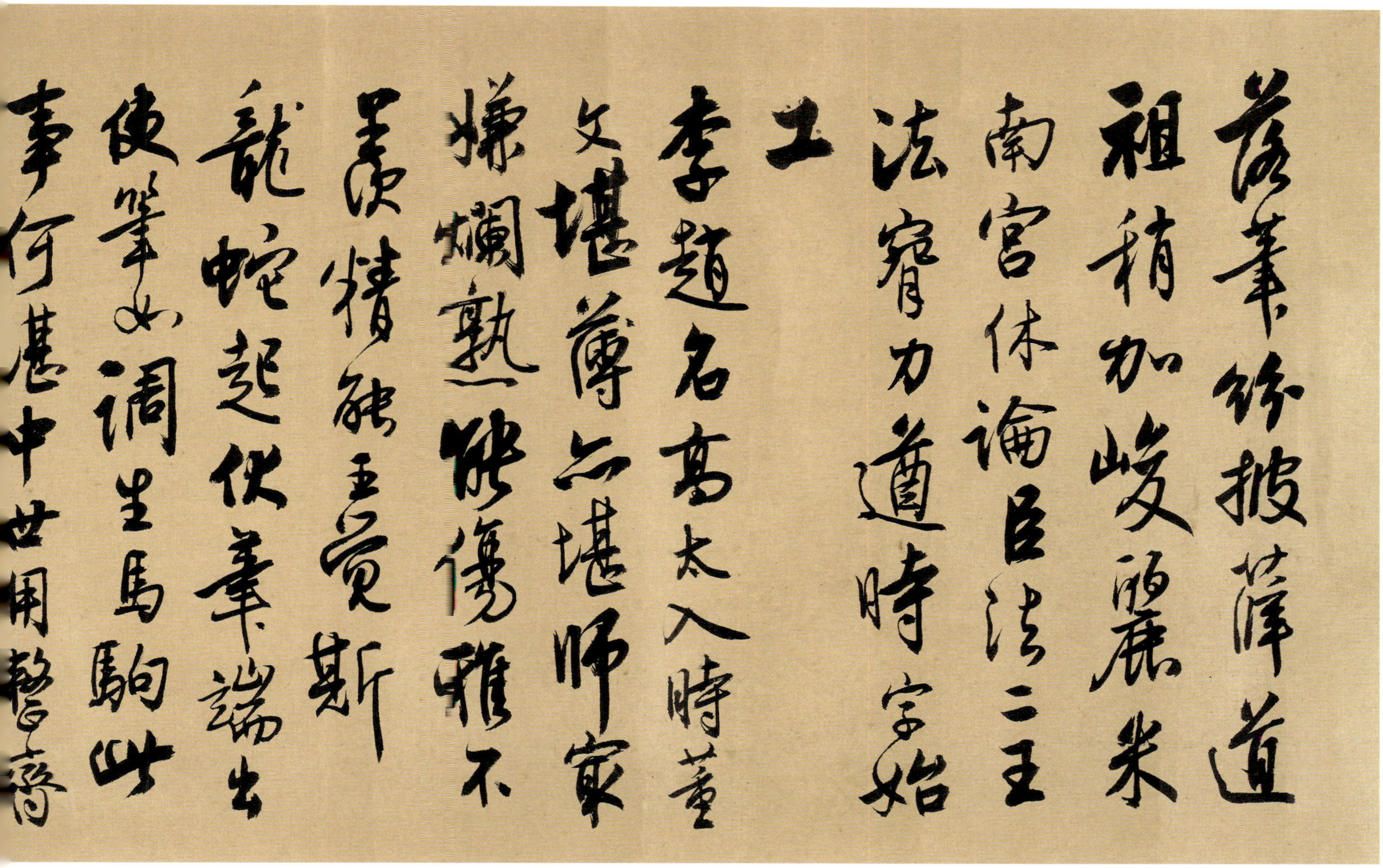

一九三八年九月三十日，沈尹默为启功书《答湖帆蝶野题拙书卷子四绝句》，启功题签。纵二十八点二厘米，横八十五厘米，启功家藏

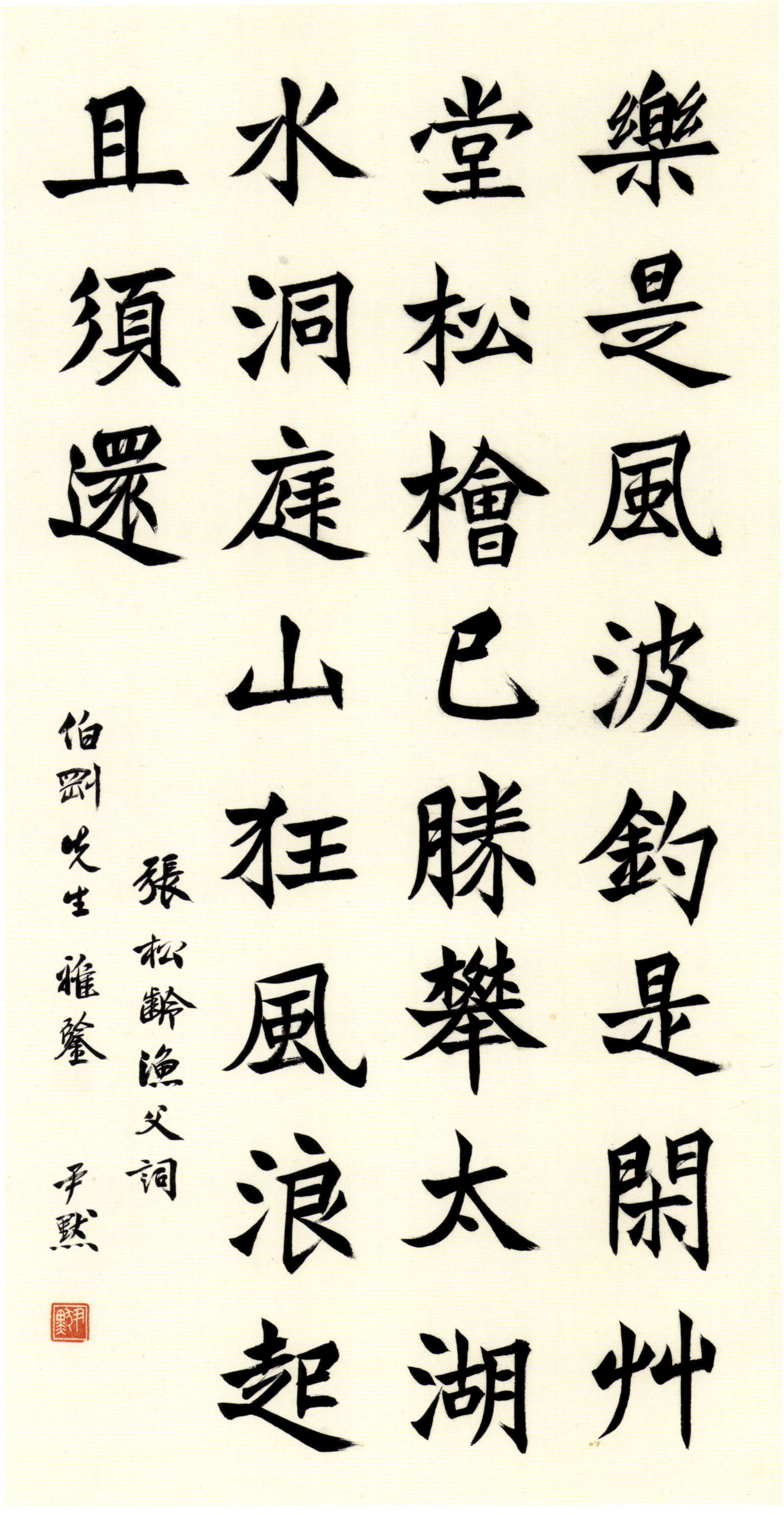

二十世纪三十年代，沈尹默书张松龄《和答弟志和渔父歌》。纵七十六厘米，横四十厘米

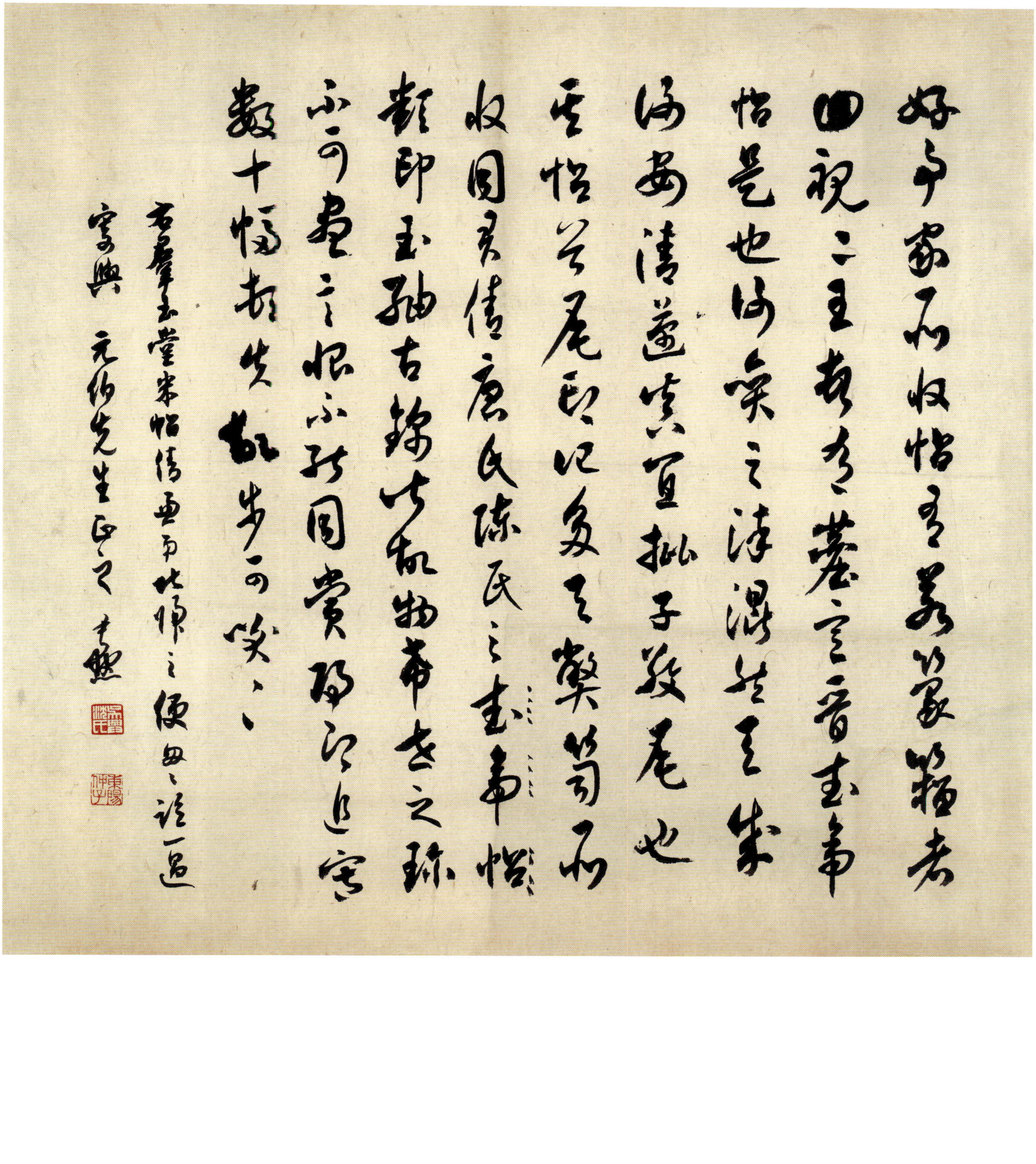

一九四五年九月，沈尹默为启功临《群玉堂米帖》。纵四十六点二厘米，横五十厘米，启功家藏

句芝奉辟形表丹青
聲流金石玄風誰纂
允屬賢明翟衣絶志
鶴御依情栖心大道
投蹟長生三山可陟
九轉方成靈化人間
高

令昕近日學書略有進境以此臨本
獎之癸未春日子默

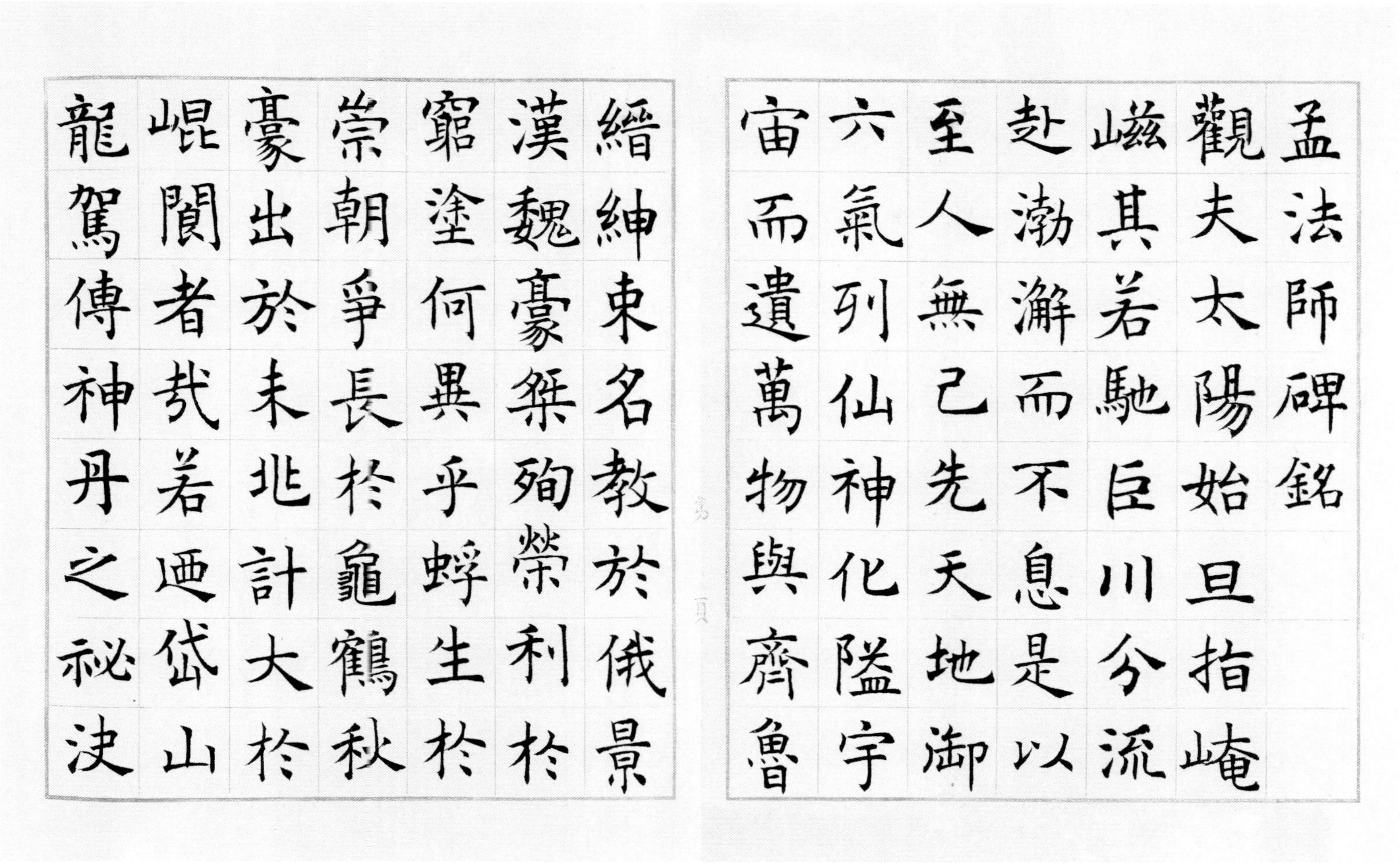

癸未（一九四三年）春日，沈尹默为沈令昕临《孟法师碑》。每半开镜心纵三十二点二厘米，横二十六点七厘米

右入蜀以來所為長短句
子由必欲得之，因為書此冊，聊
用為折酒錢，但足供他人觀之
未必有意思也。弟[illegible]

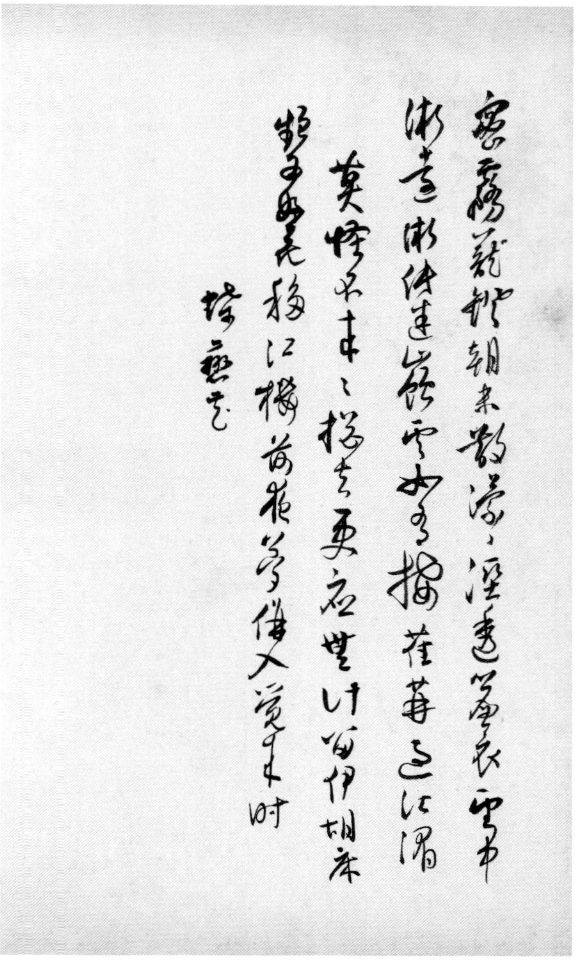

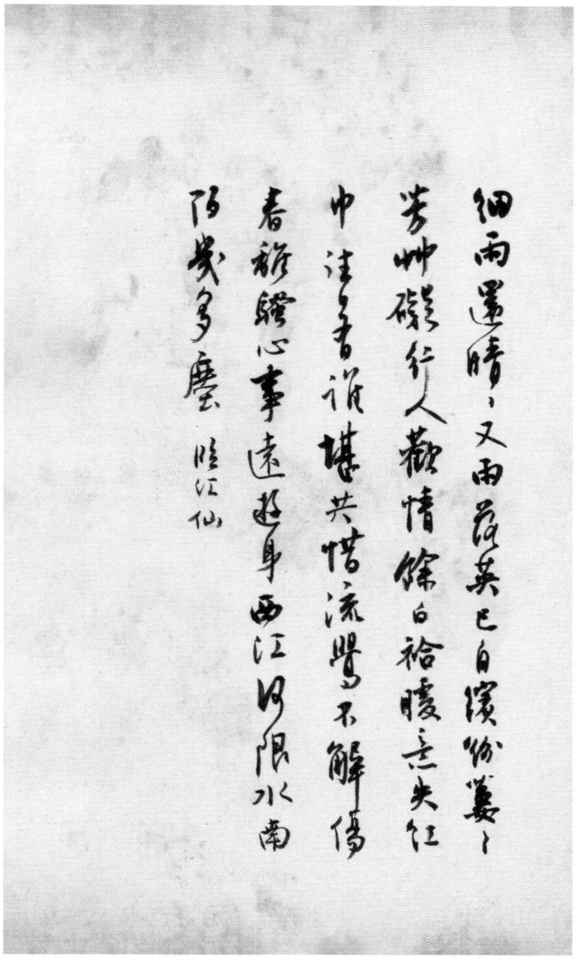

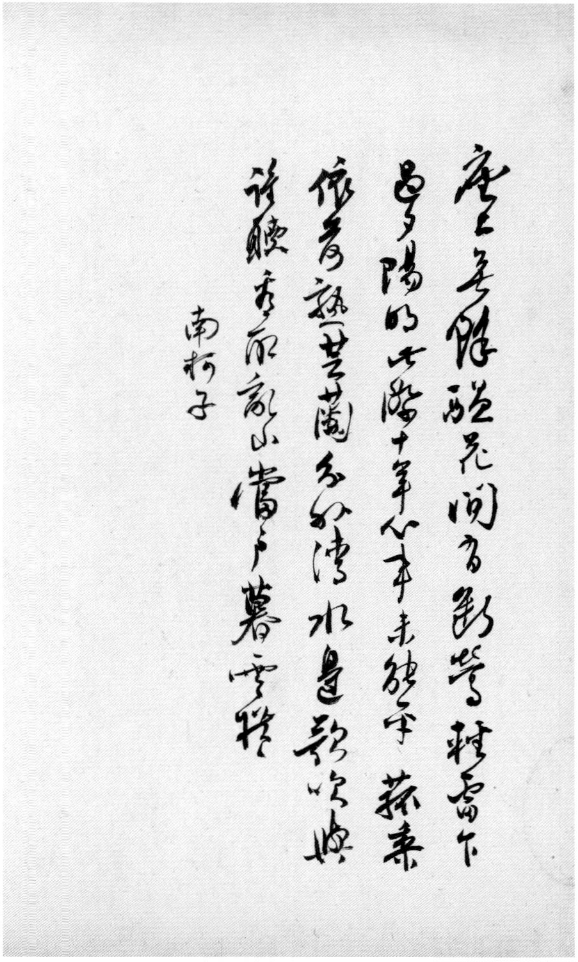

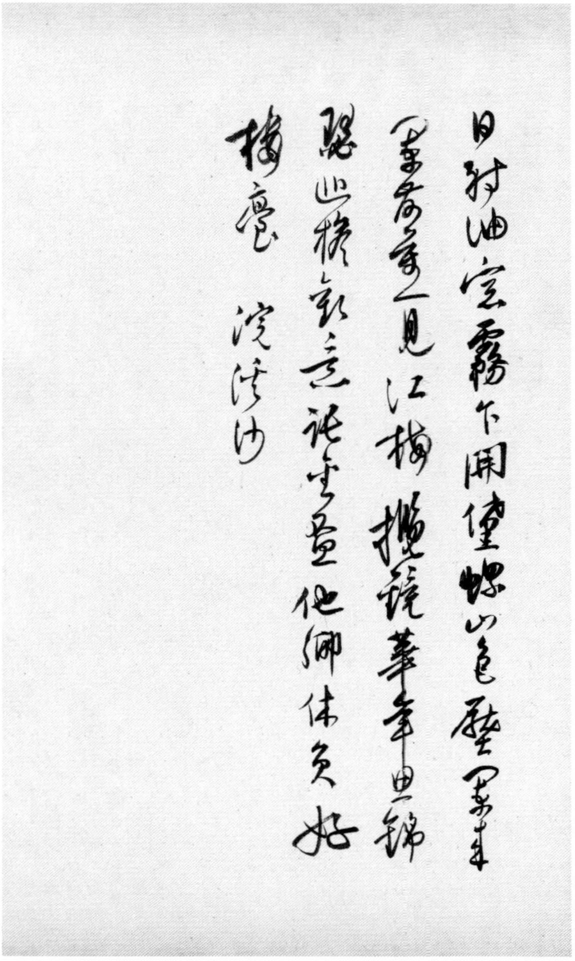

一九四四年—一九四五年，沈尹默书《入蜀词》。一九五九年，徐无闻得于重庆。每半开纵二十九点九厘米，横十八厘米

鷓鴣天

四月山居物候移，子規聲裏囀黃鸝。水紋乍展琉璃簟，樹色還分翡翠幃。白團扇，夾羅衣，新情悵觸舊歌詞。無多風雨和雲散，又遣輕寒上鬢絲。

玉樓春

亭亭綠葉擎紅朵，水面日長無計那。莫憑涼意顧西風，蓮子成時花已墮。笑筵肯放芳樽過，雪藕調冰歡亦頗。赤欄橋畔舊年人，檢點當無一箇。

小重山

紅是相思綠是愁，徘徊花樹下，未能休。幾番客裏罷春遊。梅雨後，涼意在簾鉤。老去減風流，縱教逢舊燕，也應羞。江山如此一凝眸。山隱隱，江水自悠悠。

③

蝶戀花

鎮日相思無處著，江檻花欄，一例成蕭索。薄酒一盃聊自酌，明明圓月當簾幙。萬事休休還莫莫，聽雨聽風，已是春歸卻。縱使春歸應有約，明年江上看紅藥。

青玉案

翠禽兩兩珍叢底。卻不道，情如此。醇酒著人春夢裏。雨窗初暝，風簾還起，醒醉都無意。望中可有青鸞使，客舍光陰似流水。珍重江南書一紙。遠山重疊，連雲千里，黯黯生離思。

水龍吟

一椽準擬幽棲，野煙漠漠連林表。徘迴地僻，暗塵還惹，層巒自繞。花糝融泥，鶯歌斷雨，但餘芳草。算西南浪迹，清遊未試，春又去，人空老。極目關河古道，儘沈吟，這番懷抱。故人不見，闌干依舊

④

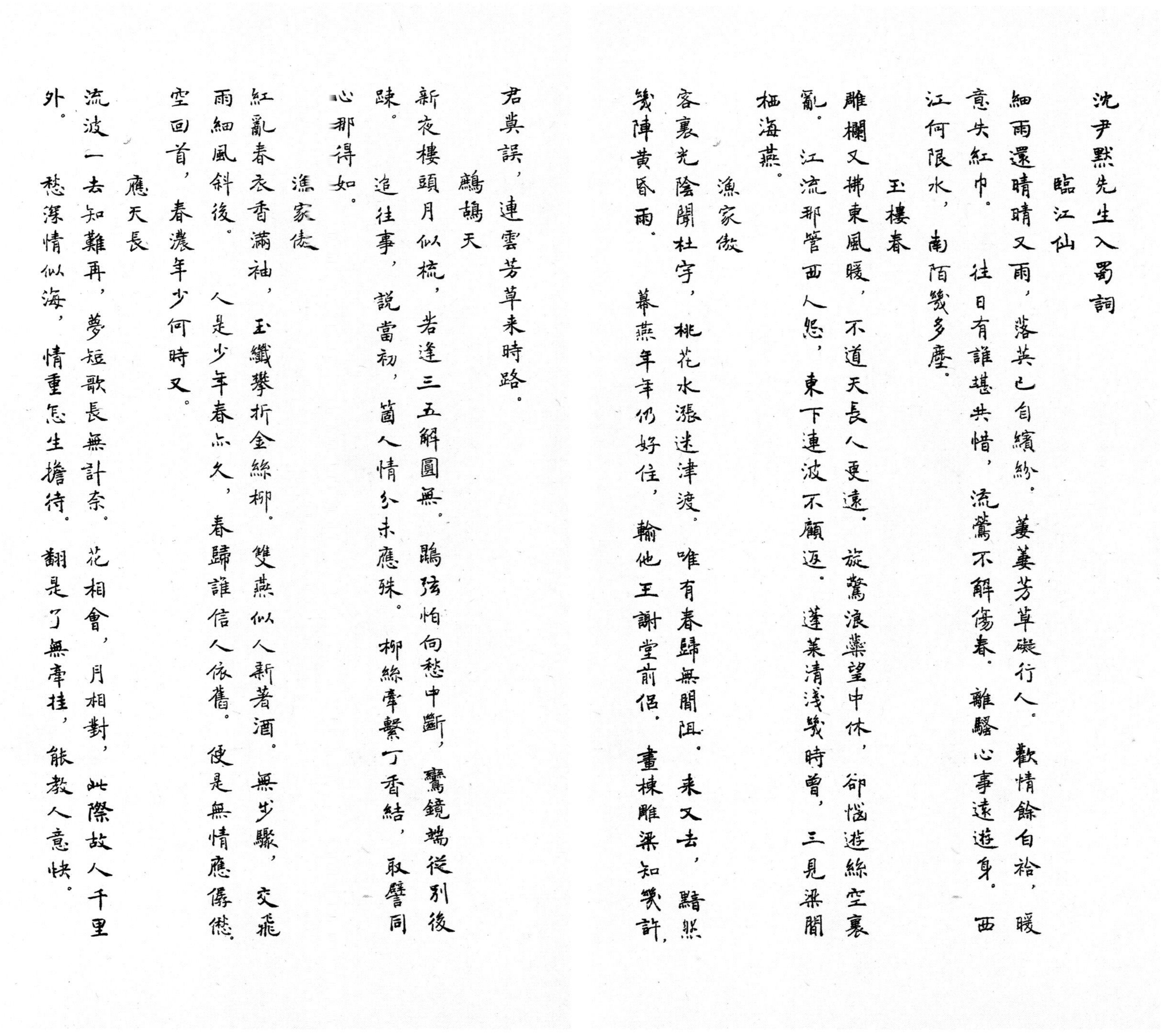
沈尹默先生入蜀詞

臨江仙

細雨還晴晴又雨，落英已自繽紛。萋萋芳草礙行人。歡情餘白袷，暖意失紅巾。往日有誰堪共惜，流鶯不解傷春。離騷心事遠遊身。西江何限水，南陌幾多塵。

玉樓春

雕欄又拂東風暖，不道天長人更遠。旋驚浪蘂望中休，卻惱遊絲空裏亂。江流那管西人怨，東下連波不顧返。蓬萊清淺幾時曾，三見梁間栖海燕。

漁家傲

客裏光陰閒杜宇，桃花水漲迷津渡。唯有春歸無間阻。來又去，黯然幾陣黃昏雨。暮燕年年仍好住，輸他王謝堂前侶。畫棟雕梁知幾許，君莫誤，連雲芳草來時路。

鷓鴣天

新夜樓頭月似梳，若逢三五解圓無。鵾弦怕向愁中斷，鸞鏡端從別後踈。追往事，說當初，箇人情分未應殊。柳絲牽繫丁香結，取譬同心那得如。

漁家傲

紅亂春衣香滿袖，玉纖攀折金絲柳。雙燕似人新著酒。無步驟，交飛雨細風斜後。人是少年春亦久，春歸誰信人依舊。便是無情應僝僽。空回首，春濃年少何時又。

應天長

流波一去知難再，夢短歌長無計奈。花相會，月相對，此際故人千里外。愁深情似海，情重怎生擔待。翻是了無牽挂，能教人意快。

❷ ❶

一九八四年，徐元闻书《沈尹默先生入蜀词》。每半开纵二十八点八厘米，横十六点三厘米

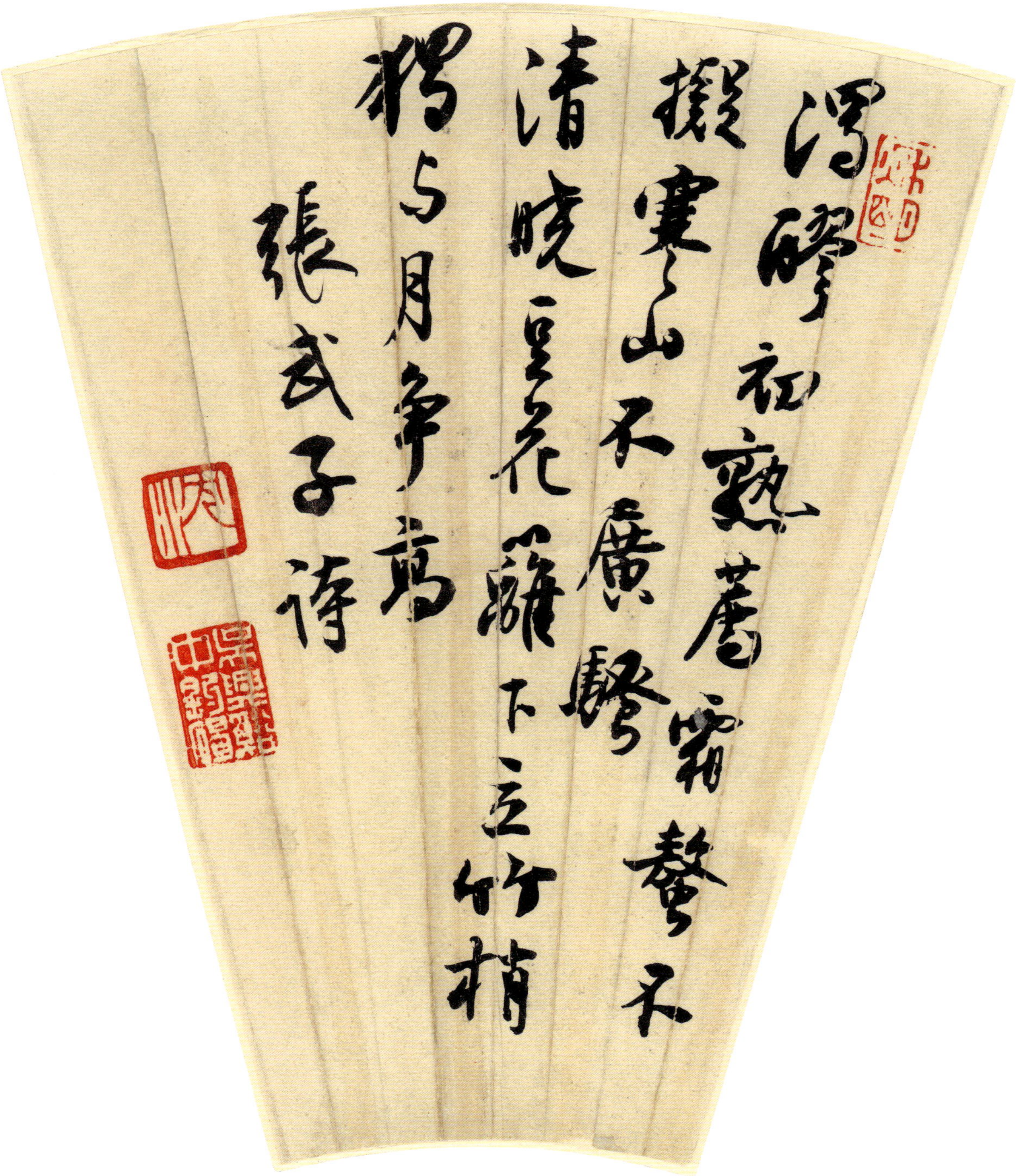

约一九四九年，沈尹默书张良臣《酒熟》。纵十七点五厘米，横十五点五厘米

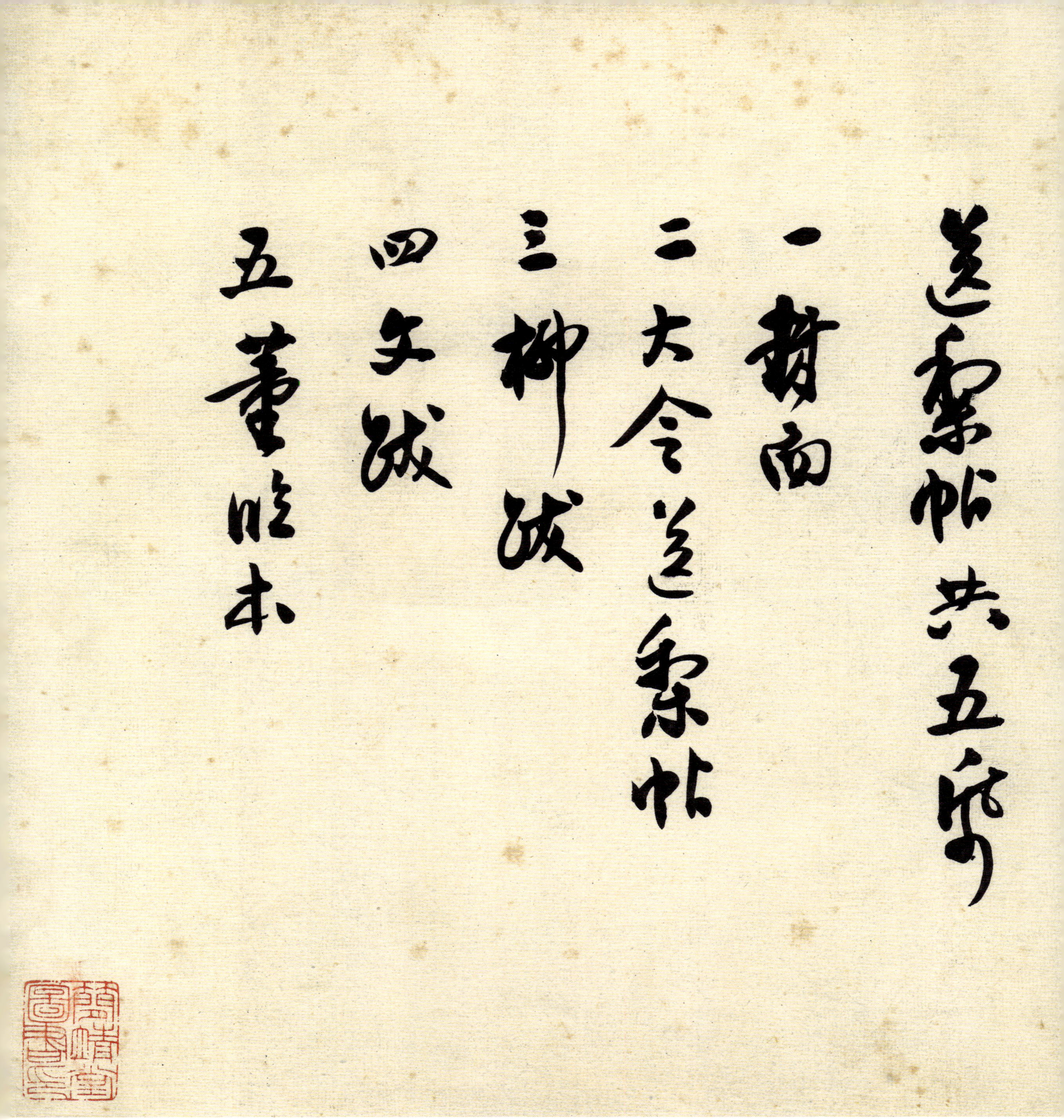

二十世纪四十年代，沈尹默赠启功民国时期照片王献之《送梨帖》，封面沈尹默题字。
封面纵三十一点八厘米，横二十五点八厘米，启功家藏

壇雨細偏宜竹風多好下簾

相惜復何嫌不見吟邊苔相

千尖凌啜漣裊也得底須墻

竿下簾東夢看過看西難

子二首和答榆生見贈之作

屬書即正之　甲午春季遐

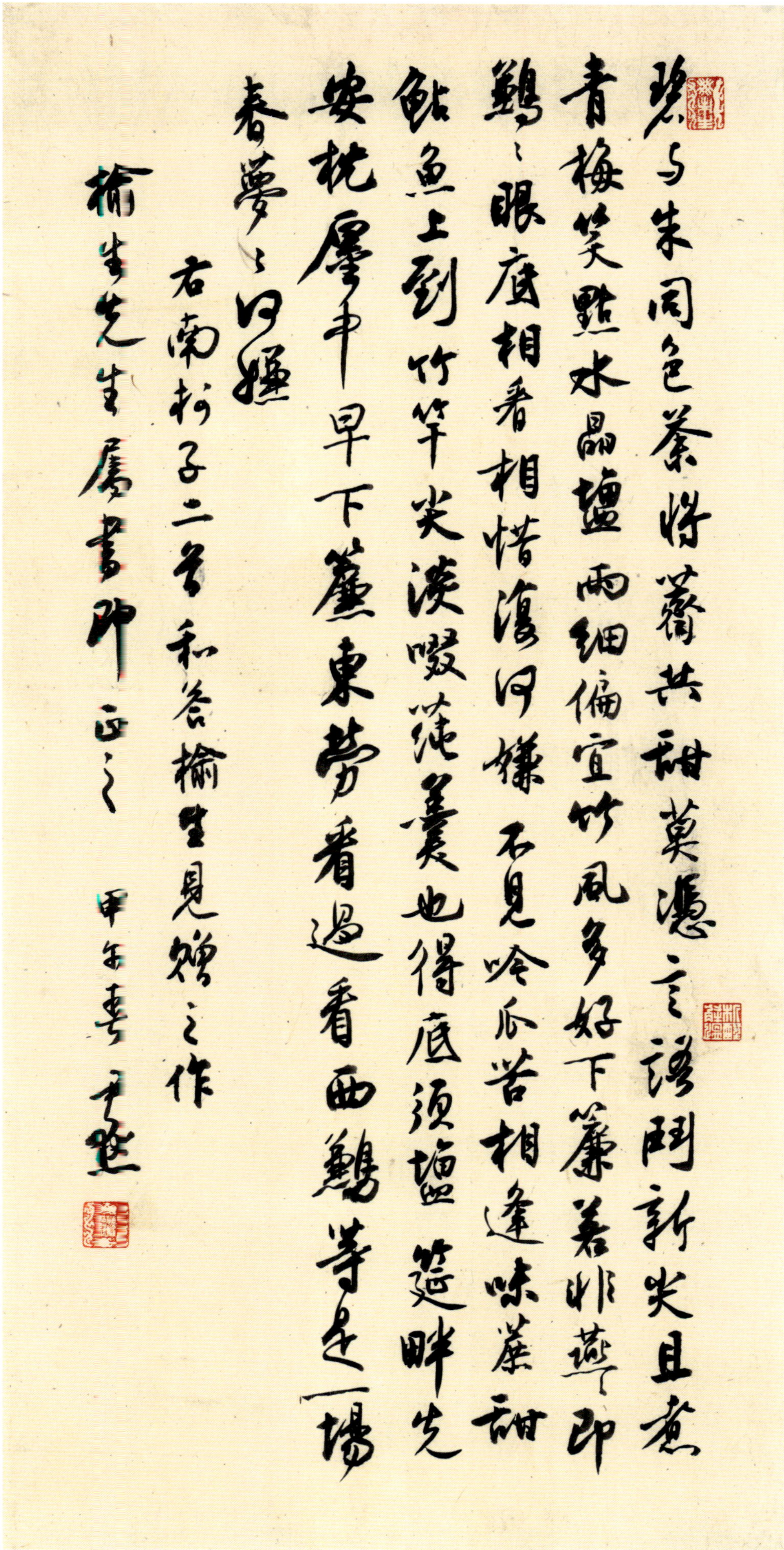

甲午（一九五四年）春，沈尹默为龙榆生书《南柯子》二首和答榆生见赠。纵六十二点一厘米，横三十一点八厘米

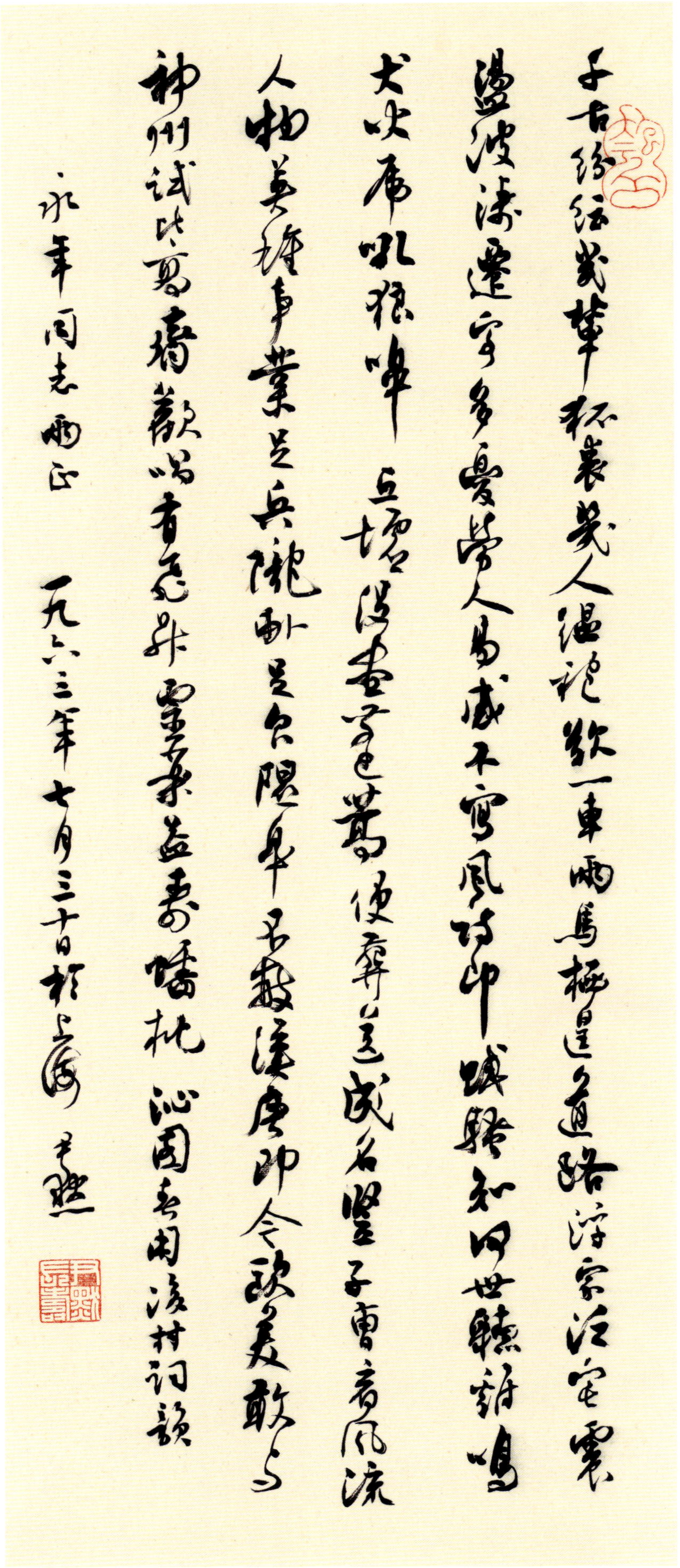

一九六三年七月三十日，沈尹默为徐无闻书《沁园春　用后村词韵》。丁卯（一九八七年）中秋，徐无闻题签。纵六十四厘米，横二十八厘米

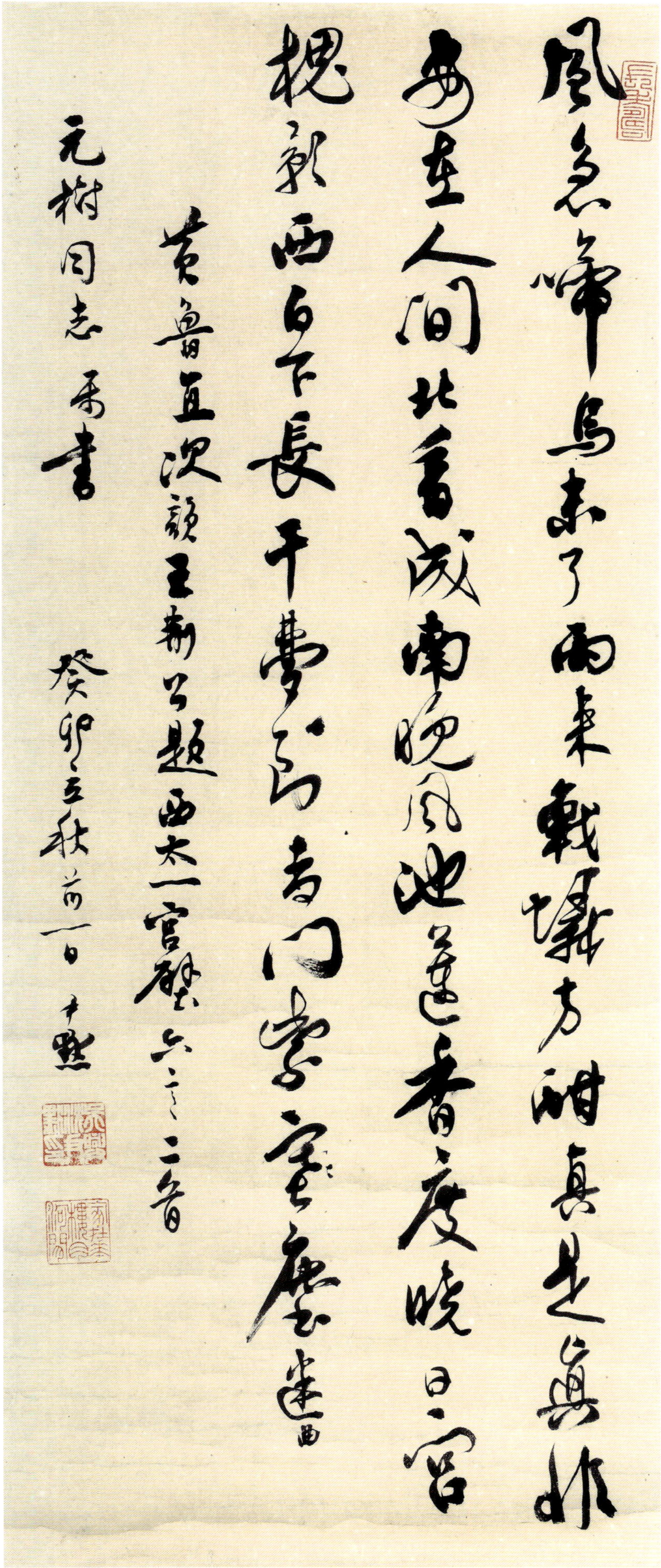

癸卯（一九六三年）立秋前一日，沈尹默为刘元树书黄庭坚《次韵王荆公题西太一宫壁》。纵八十二厘米，横三十五厘米

答前篇

小兒弄筆不能嗔涴壁書窗且賞勤聞彼夢熊猶未兆女中誰是衛夫人

答後篇

昔日慵慵記姓名遠勞辛苦寫西京近來漸有臨池興為報元常欲抗行

疊前　柳宗元

小學新翻墨沼波羨君瓊樹散枝柯在家弄土唯嬌女空覺庭前鳥跡多

疊後

事業無成恥藝成南宮起草舊連名勸君火急添功用趁取當時二妙聲

劉柳唱和詩饒有意趣

仙姓范諱元年登瓏蕊蓍華陽遊人尊師虛無侍楊遊武延風雨紛紛鎮日閒情陰蔡修竹間間一溪流風聲鳴稻後葉葉枝枝不可刪　唐人作

成之日忘兩教　尹題

山自蒼蘢水自空人間只聽松風先生杖履頻來往收入詩囊留畫卷中

尹穆

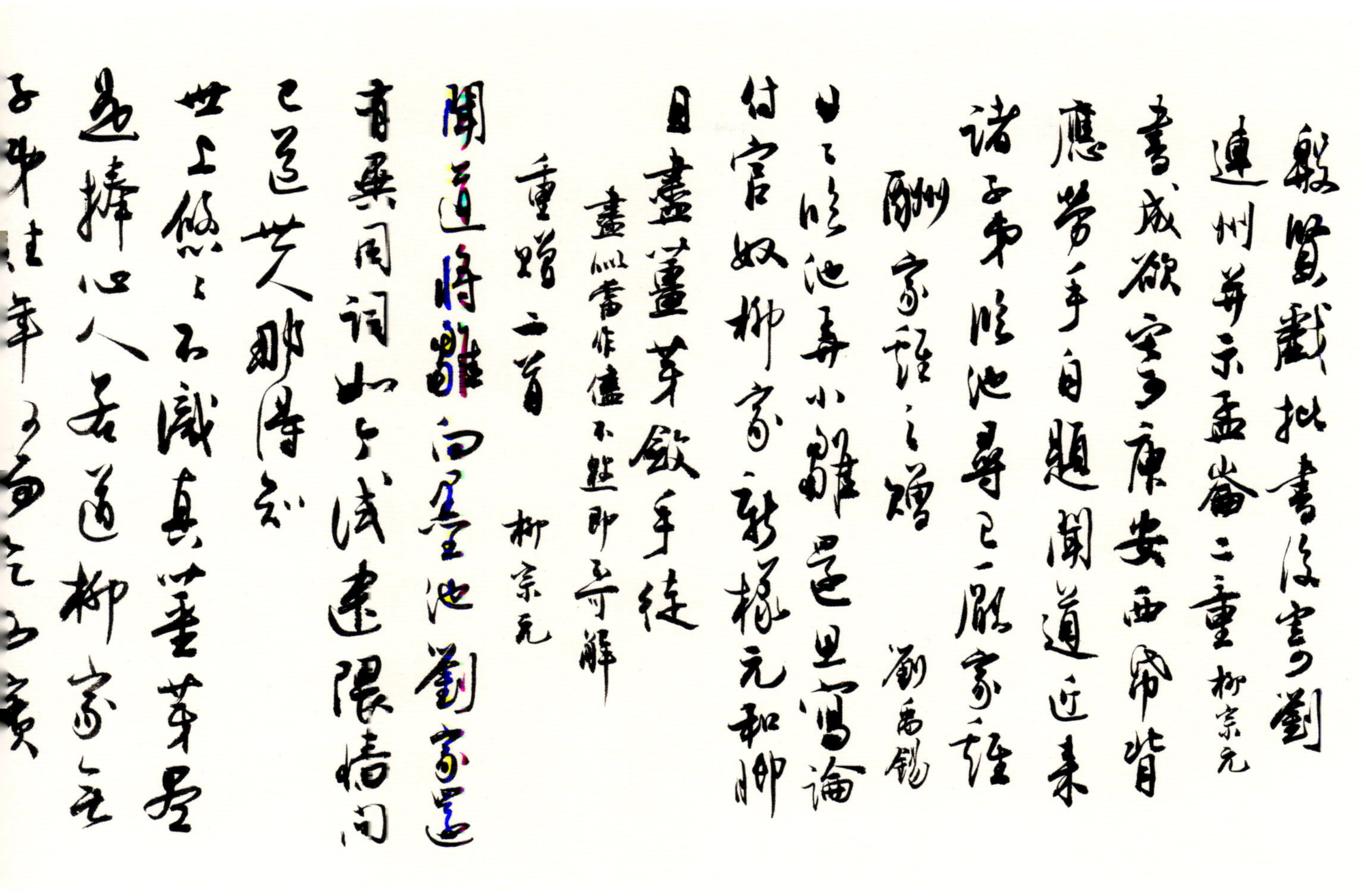

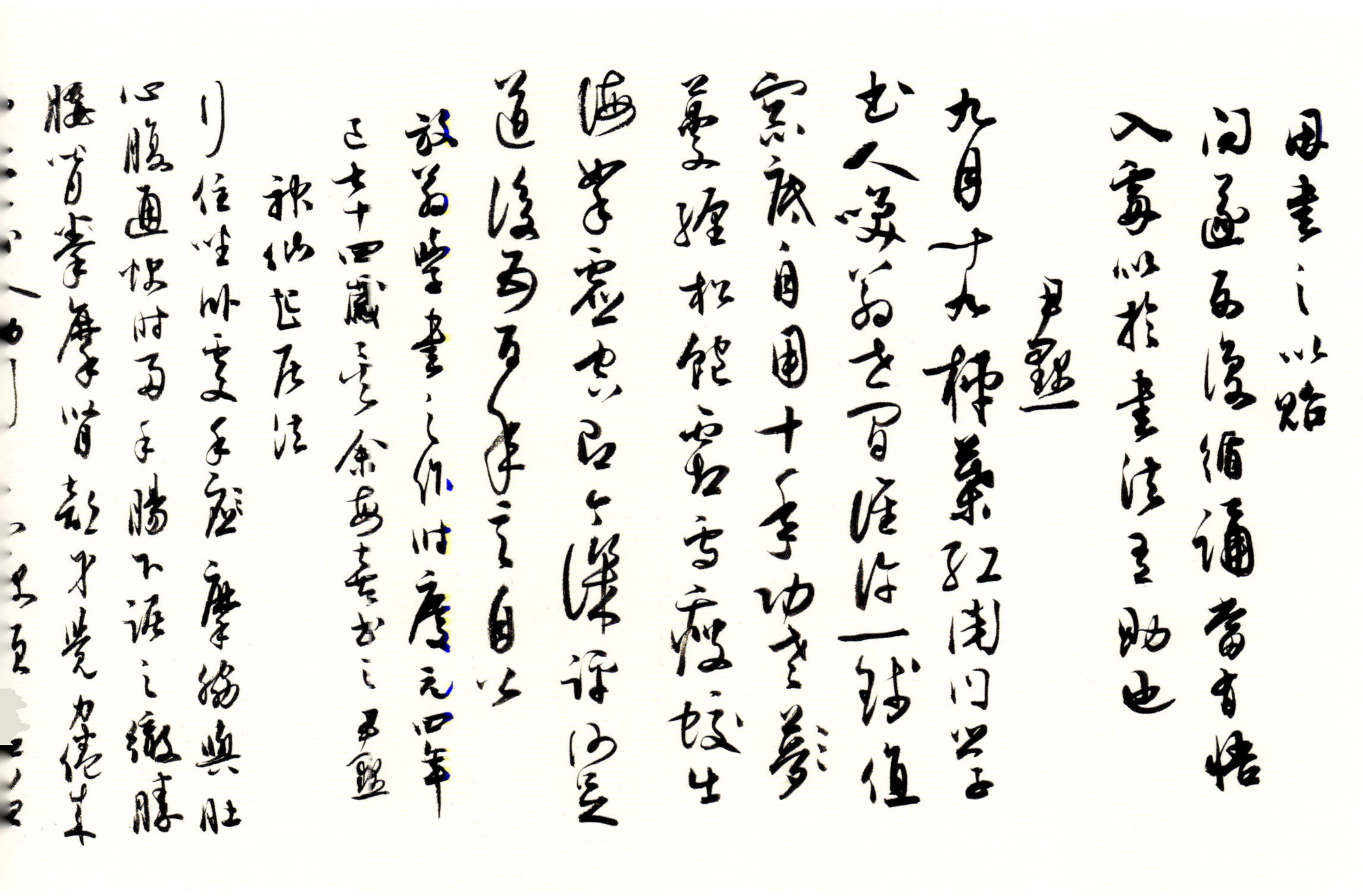

二十世纪八十年代，徐无闻依一九八一年十二月上海书画出版社出版《沈尹默法书集》所临五种。

纵二十五点五厘米，横二百零八厘米，徐无闻家藏

沈老賜存并乞惠正六五年七月後學徐永年

一九六五年七月，徐无闻为沈尹默治“尹默长年”，徐无闻题记。印面纵二点二厘米，横二点二厘米

造诣　流传必绝伦

启功与《平复帖》

陆机《平复帖》，章草一卷，作于晋武帝初年，早于王右军《兰亭序》百余载。证以西陲汉简，是由隶变草之初。帖前有唐人题签、宋徽宗赵佶瘦金书签条，自宋以来，备见著录。北宋入宣和内府，明万历间归韩世能、逢禧父子，再归张丑。清初又归葛君常，又归王济之，又归冯铨，又归梁清标，刻入《秋碧堂帖》。又归安岐，后入清内府，乾隆间孝圣宪皇后遗赐予成亲王永瑆。后转入恭亲王奕䜣手，传至其孙溥伟，伟又授其弟溥儒。溥儒一九三八年初售项城张伯驹。金丝织锦，虾须倭帘犹在，宋缂丝仙山楼阁包首已无存。

一九三五年，启功二十三岁，作《平复帖》诗："翠墨黟然发古光，金题锦帙照琳琅。十年校遍流沙简，平复无惭署墨皇。"一九四二年六月，启功《雍睦堂法书目录》称："世传晋人墨迹，率出钩摹，惟《平复帖》字作章草，点画奇古。校以西陲所出汉晋简牍，若合符契，可证其非六朝以后人所能为。帖首称彦先，或谓即顾荣。荣与机、云兄弟，同入洛，有三俊之目，然则宣和题为陆机，盖非无据也。"

一九五七年一月二十七日，王世襄发表《西晋陆机平复帖流传考略》称："启功先生是第一个人将《平复帖》的全文释读出来。"一九六二年三月，启功在文物出版社珂罗版影印本《西晋陆机平复帖》册尾发表《西晋陆机平复帖释文》《平复帖简说》，一九六四年又有修改。

其释文自一九四二年发表起屡有修订，定本为：

彦先羸瘵，恐难平复。往属初病，虑不止此，此已为庆。承使□（唯）男，幸为复失前忧耳。□（吴）子杨往初来主，吾不能尽。临西复来，威仪详跱，举动成观，自躯体之美也，思识□量（或释"爱"）之迈前，执（势）所恒有。宜□称之。夏□（伯）荣寇乱之际，闻问不悉。

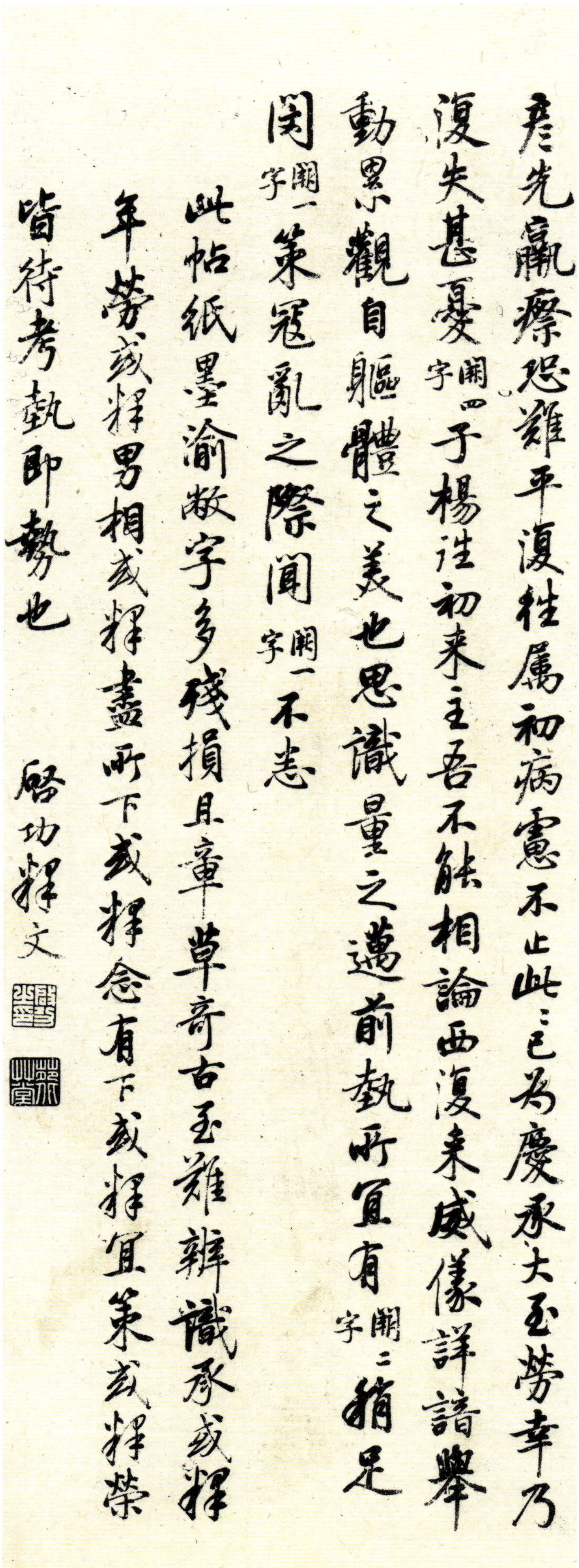

彥先羸瘵恐難平復往屬初病慮不止此此已為慶承大玉勞幸乃

復失甚憂闕四字子楊往初來主吾不能相論西復來威儀詳諳舉

動㬎觀自軀體之美也思識量之邁前執所宜有闕二字稍足

閑闕一字策冠亂之際聞闕一字不悉

此帖紙墨渝敝字多殘損且章草奇古至難辨識承或釋

年勞或釋男相或釋盡所下或釋念有下或釋宜策或釋榮

皆待考執即勢也

啓功釋文

一九四二年六月北京琉璃厂豹文斋南纸店珂罗版影印本《雍睦堂法书》，内收《平复帖》，帖后有启功释文。

纵二十五点二厘米，横九点三厘米，启功家藏

启功与《化度寺碑》

唐欧阳询《化度寺邕禅师舍利塔铭》，初立于长安终南山，后寺僧毁之。残石北宋庆历间范雍所得，置赐书阁中，不久残石又毁，原石拓本即成凤毛麟角。翻本出现，真伪聚讼，不易分辨。原石拓本今传两种：敦煌藏经洞所出唐拓残本，分藏英国国家图书馆与法国国家图书馆，略有填墨；上海图书馆藏吴湖帆本，北宋拓。一九一五年，潘静淑适吴湖帆，潘家以宋拓《化度寺碑》等重器陪嫁。吴湖帆校以敦煌唐拓，于不合处描墨掩饰。一九六〇年初，海上王壮弘定吴本为真本，以敦煌本为翻刻，至今人多信之。

本在清成亲王永瑆手时，跋曰：“此本虽水渍蠹蚀，万不可重装，后之有此者，幸鉴吾言。”而吴湖帆入手后即更换其褙纸，与另三欧书并号《四欧宝笈》。启功跋《化度寺碑》吴本影印件曰：“不意归四欧堂后即付重装，以致错乱。”更早在一九三五年，启功二十三岁，作《化度寺》诗：“书楼片石万千题，物论悠悠总未齐。照眼残编来陇右，九原何处起覃溪。”指出吴本与敦煌本皆为原石，洵称真知灼见。

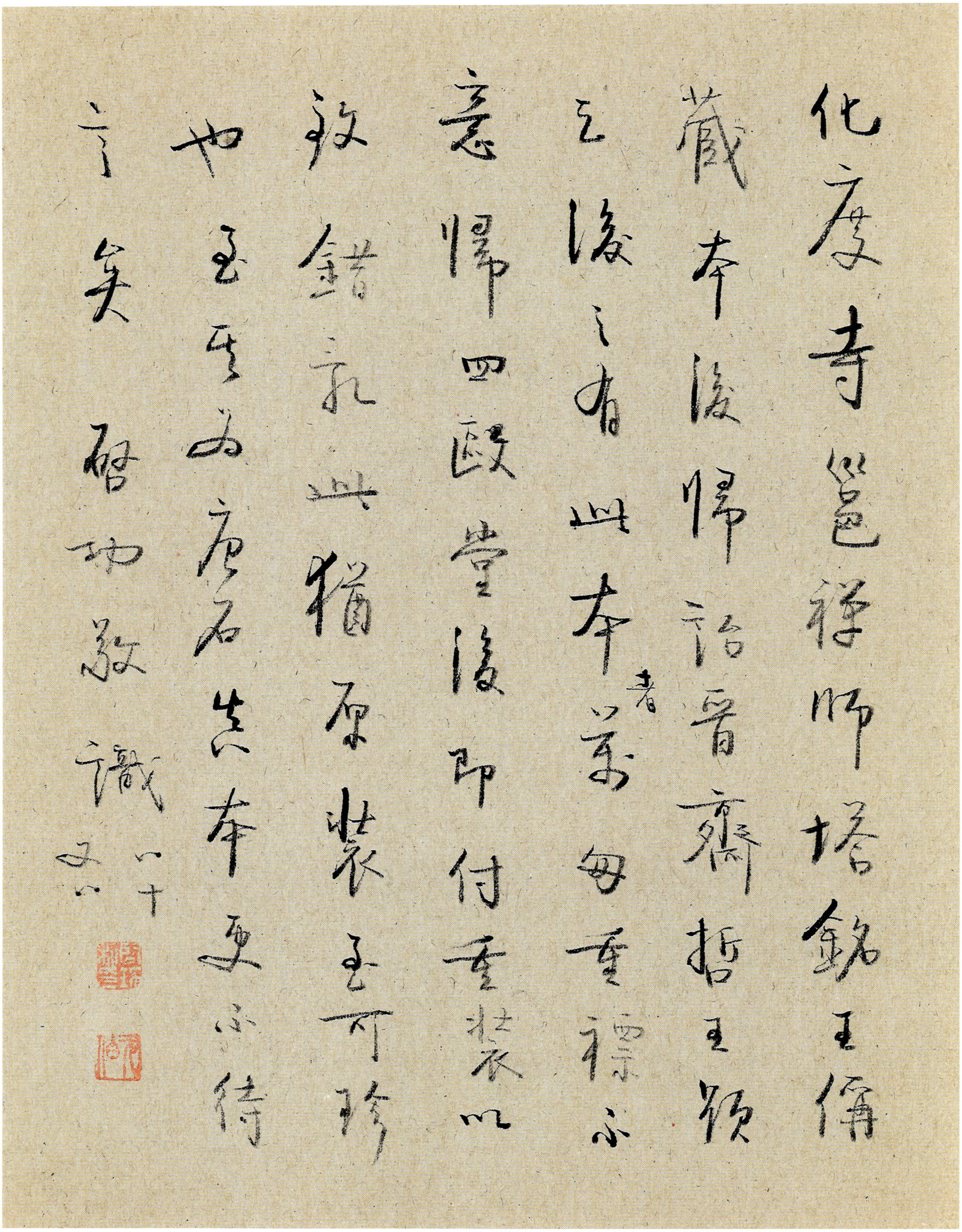

二〇〇〇年，启功题跋民国时期中华书局珂罗版影印吴湖帆藏本《唐石宋拓化度寺碑》。
每页纵二十八点五厘米，横二十一点三厘米

启功与《清史稿》

启功点校《清史稿》，始自一九七一年八月三十日到中华书局报到，迄于一九七七年八月。《启功口述历史》："和我一起负责点校《清史稿》的还有刘大年、罗尔纲、孙毓棠、王钟翰等先生，其中刘大年先有事撤出，后罗尔纲、孙毓棠也因病离去，只有王钟翰和我坚持到最后。在我们接手之前，马宗霍等人已经作了一些初步的整理，但遗留了很多的问题。据他们说整理此书最大的困难有两个：一是清军入关前，即努尔哈赤时代，很多典章制度都不系统明确，很多记载也比较简略凌乱，整理起来很困难；二是清史中的很多称谓，如人名、地名、官职名，和历朝历代有很多不一样的地方，特别是人名，本来就挺复杂，再加上后来乾隆一乱改，很多人一遇到这种情况，就拿不准、点不断了。但正所谓'难者不会，会者不难'，这些对我来说就跟说家常一样，易如反掌，因为我对满人的这套风俗习惯和历史沿革还是很熟悉的。"

在中华书局工作的六七年，是启功心情最为愉快的一段时光。中华书局的同事们对他都十分友好，中华书局遂成为他最为亲近的第二娘家。

一九七三年四月，《二十四史》标点组成员在王府井大街三十六号中华书局楼顶合影，启功标注

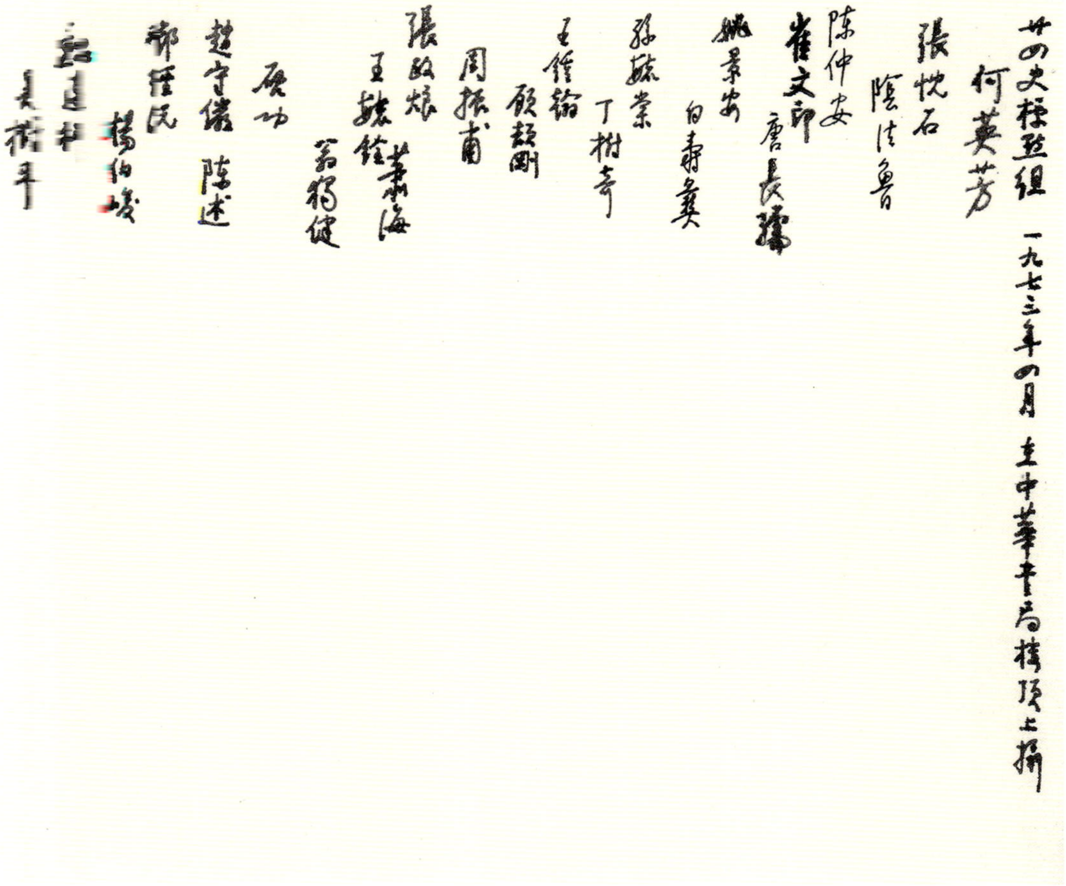

一九七三年四月，《二十四史》标点组成员在中华书局楼顶合影，启功标注。

纵十一点七厘米，横十四点二厘米，启功家藏

一九七三年四月，《二十四史》标点组成员在中华书局楼顶合影，启功标注。

纵十一点九厘米，横十九点七厘米，启功家藏

启功与《红楼梦》

俞平伯推荐启功注释《红楼梦》，并说："注释《红楼梦》非元白不可。"一九五三年十二月，《红楼梦》程乙本由作家出版社出版，然书中未出注释者姓名。一九五七年十月，启功独自重注《红楼梦》程乙本由人民文学出版社出版，出版说明中始提及作家出版社本注释由俞平伯、华粹深、李鼎芳、启功四位合撰。人民文学出版社本又于一九五九年、一九六四年—一九八一年多次修订再版，二〇一八年、二〇二〇年该社又出版纪念版。上述各版皆由沈尹默题签。一九四九年以来，《红楼梦》最通行者即为启功注释本，读者最多，影响最大。此外尚有多种新出《红楼梦》版本由启功担任顾问或题签。

《启功口述历史》："在《红楼梦注释序》中，我指出读《红楼梦》特别要注意的几个问题，这也正是注《红楼梦》所要解决的问题，计俗语、服装、器物、官职、诗词、习俗、社会关系、虚实辨别。后来我很少再写红学的文章了，这里面有些复杂的原因。一是一九五七年我母亲和姑姑先后去世，我没有任何积蓄，办后事的钱都是用的《红楼梦》注释的稿费，所以一提起《红楼梦》我就老联想起这段伤心的往事。二来我觉得后来的某些红学研究有点不靠谱，仅以（二十世纪）七十年代中期发现所谓的曹雪芹故居来说，依我看纯属子虚乌有。"

一九五三年十二月起，启功注释《红楼梦》之各种版本

徐无闻与文字学

徐无闻先生在孩童时，因父亲徐益生的影响，与金石古物结下了深厚的缘分，十五六岁时就曾手拓金石古物并书写题跋，其中不乏对古文字的考究和见解。

一九七八年徐无闻任国家哲学社会科学“六五”规划重点项目《汉语大字典》字形组组长，提出编写《汉语古文字字形表》，拟定编写体例，主持编写工作，延请沪上名手徐国灵书写小篆字头。历时两载，于一九八〇年六月始蒇其事，八月由四川人民出版社出版。又费时四年，主编《秦汉魏晋篆隶字形表》，一九八五年八月由四川辞书出版社出版。是书为《汉语古文字字形表》姊妹篇，古文字学家裘锡圭认为：“《字形表》汇集了丰富的资料。其中（二十世纪）七十年代以来发现的秦和西汉前期简帛上的字形，是同类工具书里从来未收录过的新资料，尤其值得重视。全书的体例也相当完善。对研究汉字的人来说，这是一部很重要很有用的工具书。”二书后由中华书局再版发行，影响广泛。

徐无闻参与、主编《汉语大字典》《汉语古文字字形表》《秦汉魏晋篆隶字形表》之各种版本

徐无闻与中山王礜器字

《中山王礜器文字编》重订版前言称："以礜器文字风格为取向的书法创作之风，自重庆徐无闻先生之后，逐渐演变成当代篆书创作的一种重要流派。"

一九七七年，河北平山县发掘战国中山王礜墓，出土大鼎、方壶、圆壶"中山三器"，上刻铭文千余字，字形修长，结体奇绝，笔力精劲，书风瑰丽，为战国书法之至精者。徐无闻初于《文物》得观照片，后更据张守中《中山王礜器文字编》反复揣摩，继之临摹，又自临入创，为书法界以中山王礜器字入书第一人。中山王礜器字单字不过五百有奇，先生自如集为韵语，更集为楹联，对仗工稳、意义深刻、文辞优美，尽显文学、文字、书法兼备之深湛功力。徐氏中山王礜器字独步书坛，可与徐氏玉箸并称双绝。

二十世纪七十年代，初出土拓《中山王嚳大鼎》。每幅二十五点七厘米，横四十厘米

❷

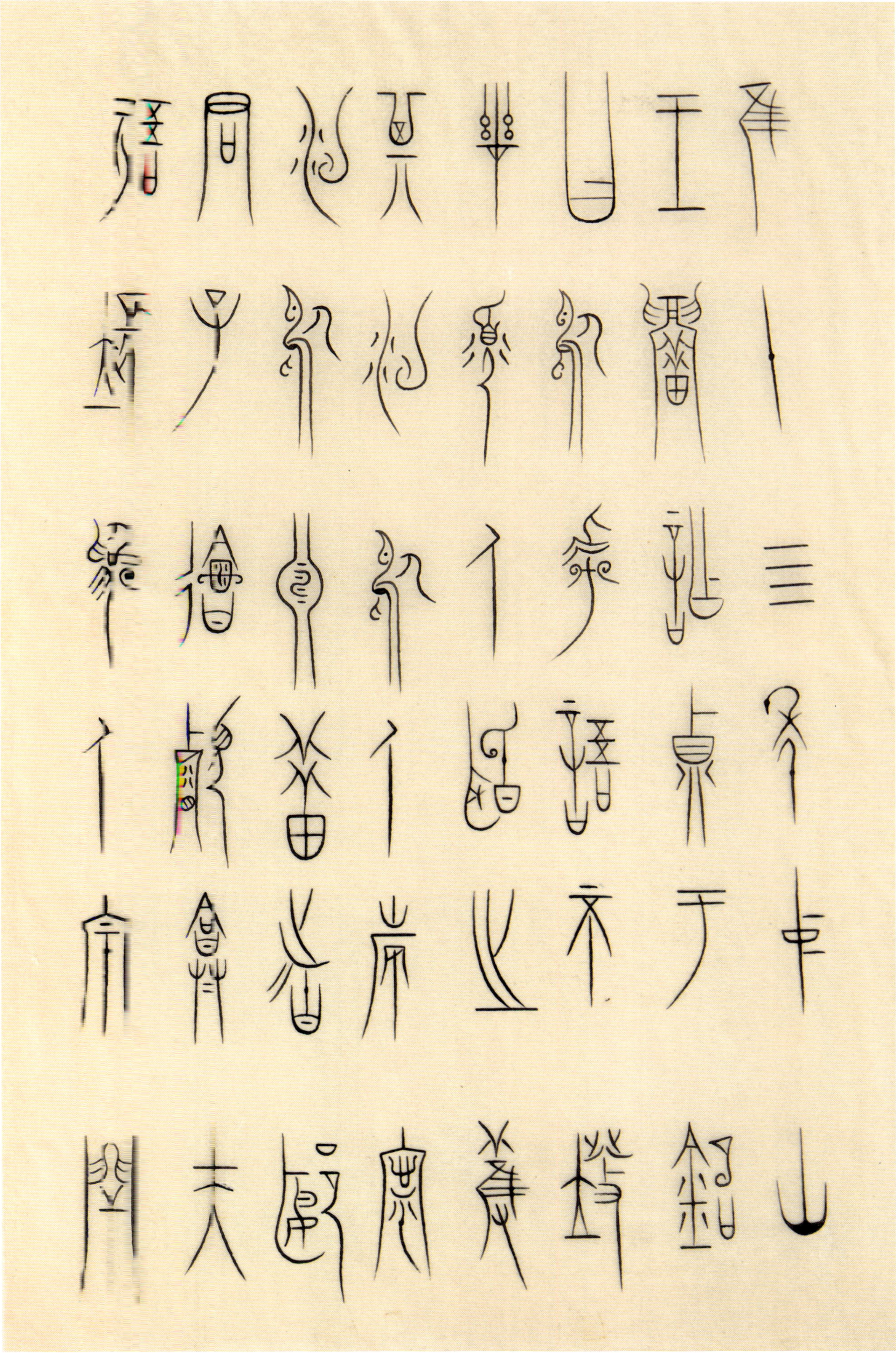

❶

一九七九年，张守中摹中山王譽器铭文。每半开镜芯纵二十六厘米，横十六点八厘米，张守中家藏

年中山王𰯼

於虖語不竣

蒦其汋於人

嚳鼎刻銘橫平豎直筆畫停勻結構黑白相等行筆柔而勁挺

余工作返河北有幸能數度觀察臨摹實乃平生一大快事 辛酉大寒

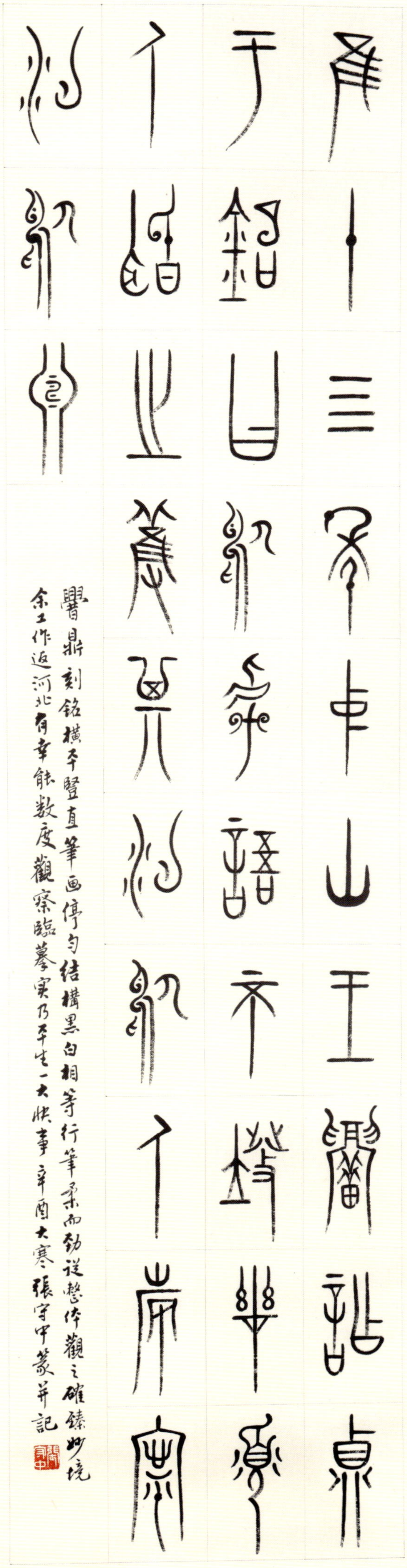

辛酉（一九八一年）大寒，张守中临中山王譽大鼎。纵一百三十六厘米，横三十一点三厘米，张守中家藏

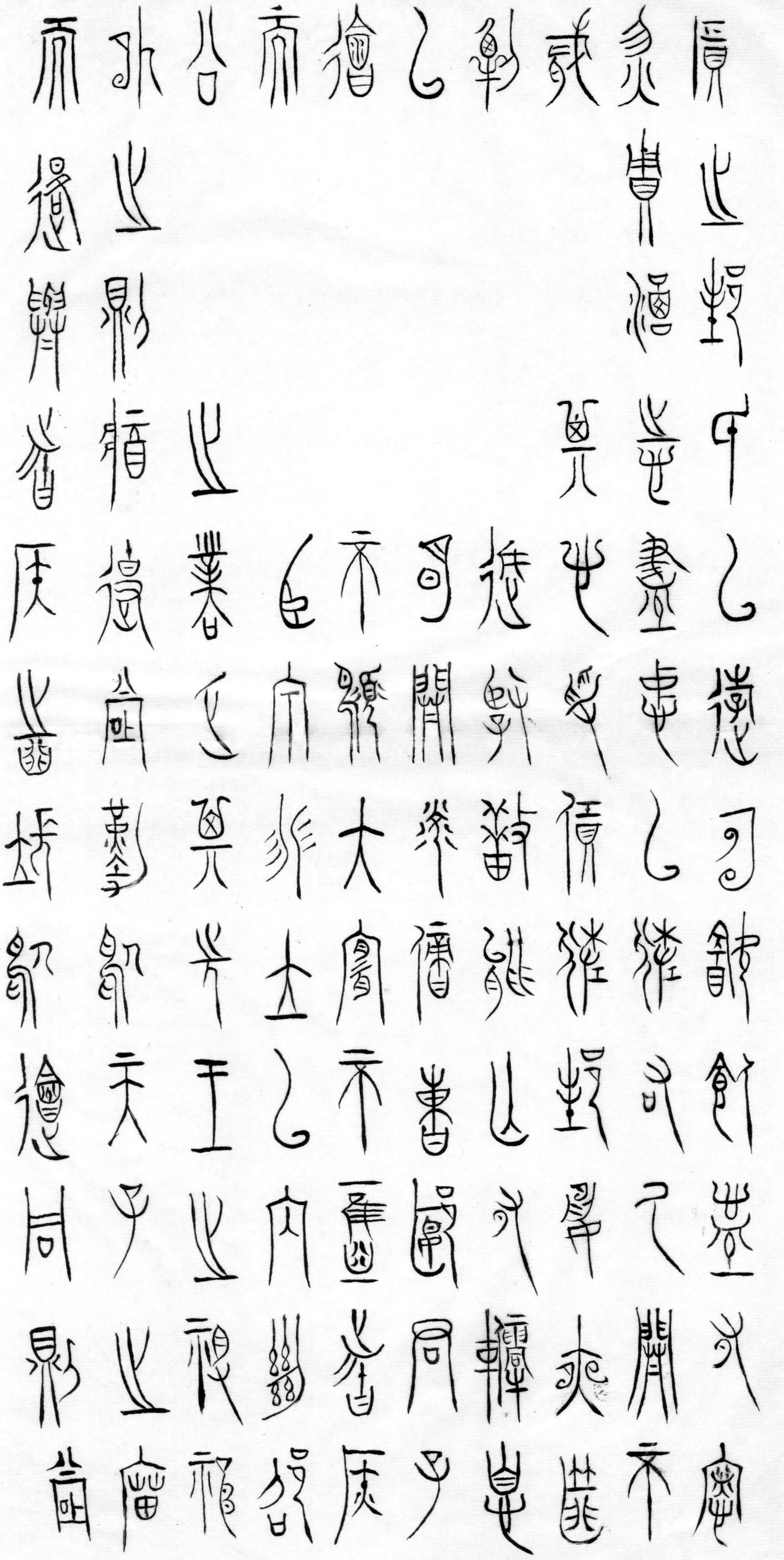

❷

二十世纪八十年代徐无闻摹中山王嚳器铭文。每半开纵三十五点七厘米，横二十四厘米。徐无闻家藏

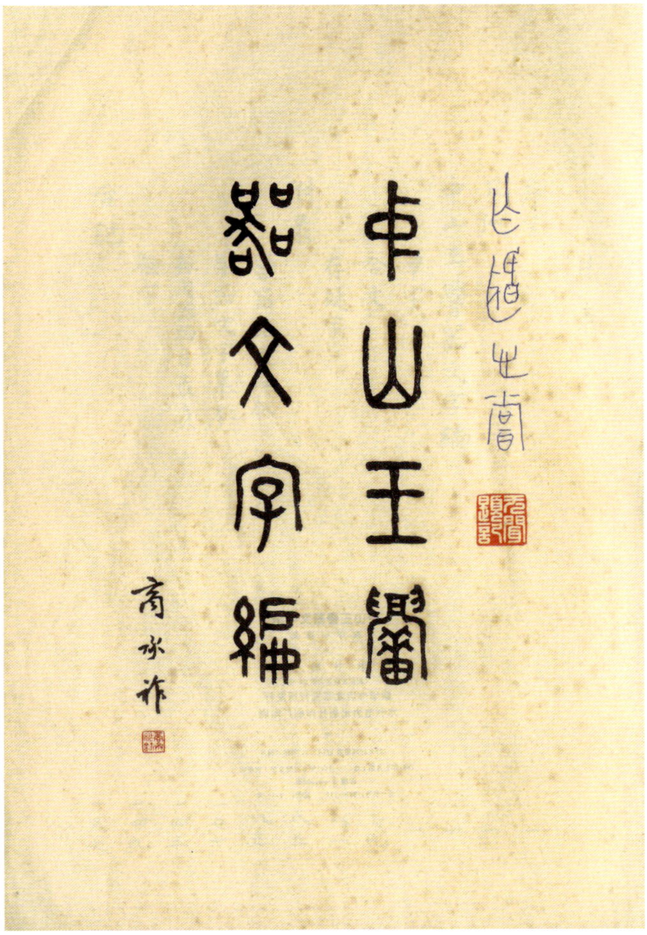

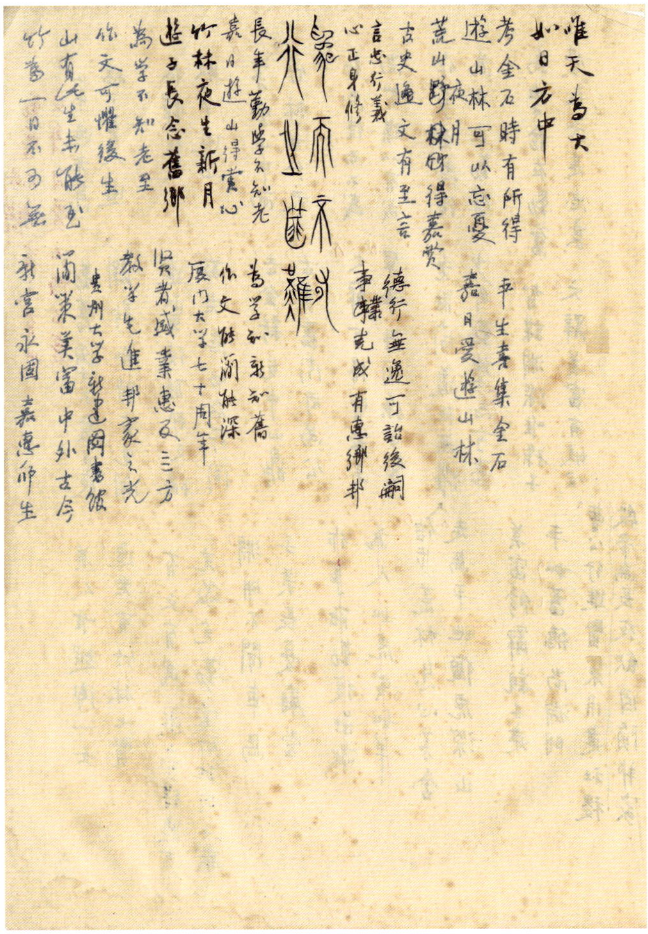

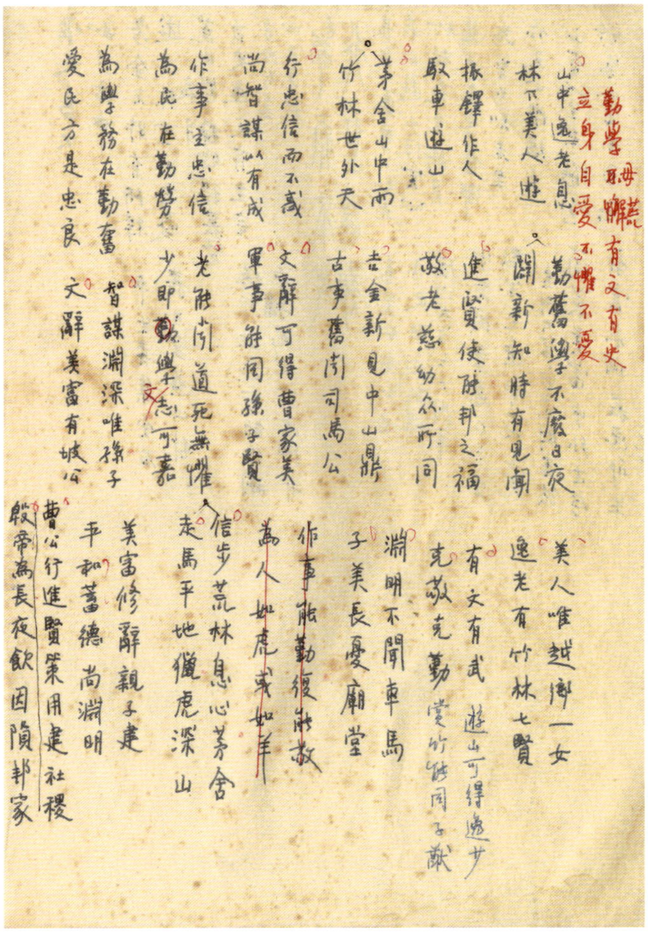

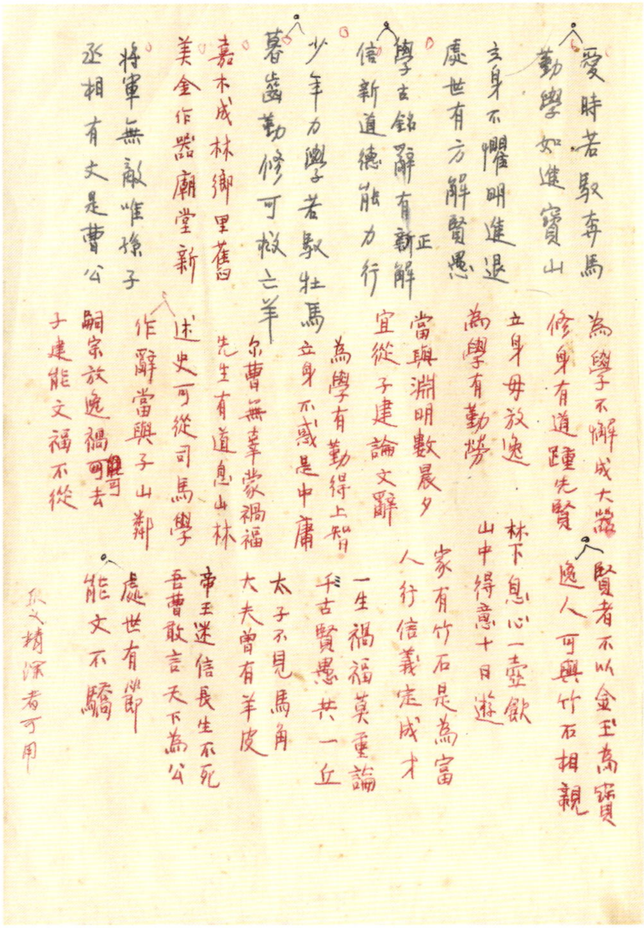

❷ ❶
❹ ❸

一九八一年五月，中华书局出版张守中撰集《中山王嚳器文字编》。此为徐无闻使用本，书尾徐无闻集中山文字联。每页纵二十六厘米，横十八厘米，徐无闻家藏

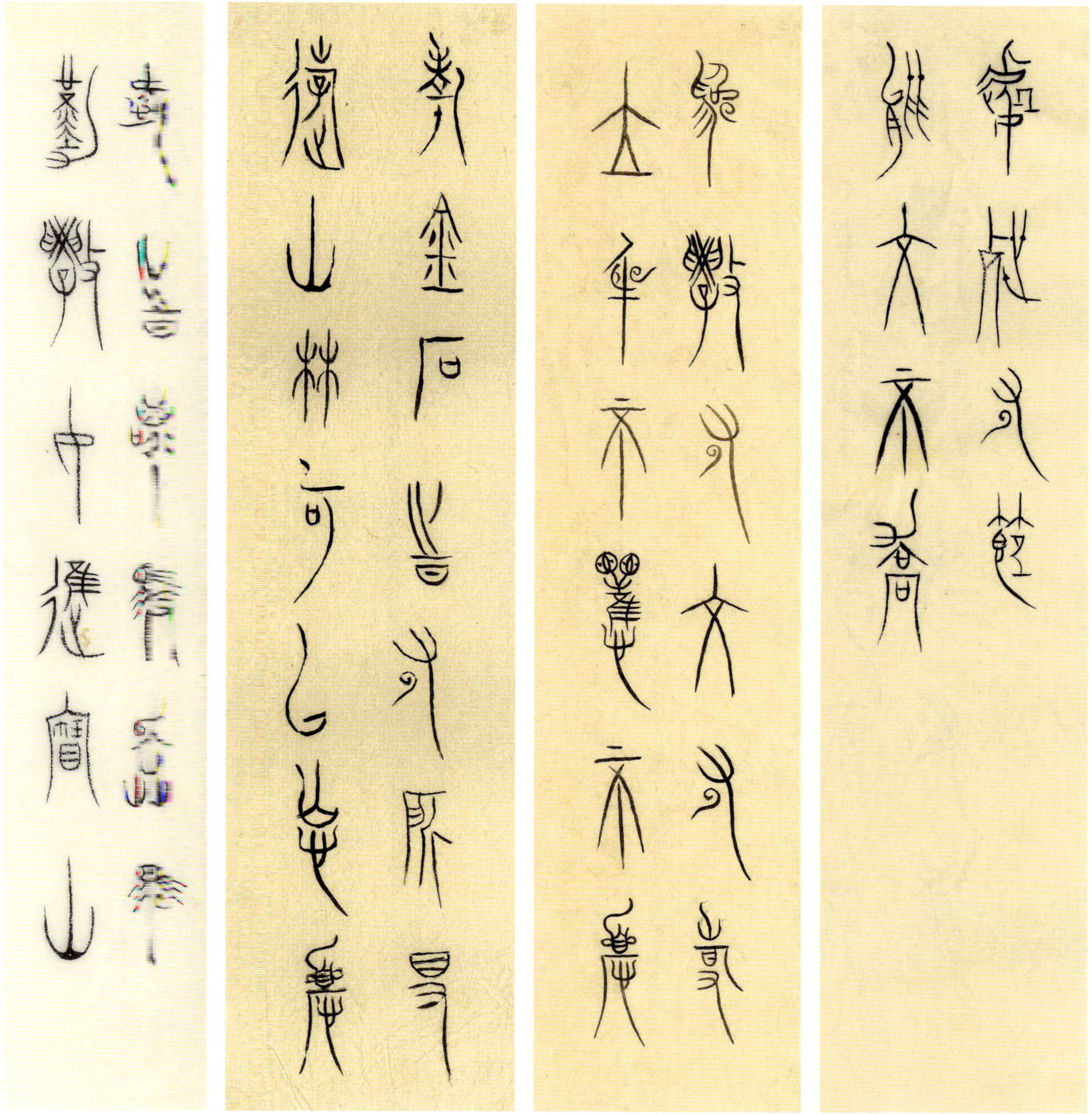

❹ ❸ ❷ ❶

二十世纪八十年代，徐无闻集中山王礨器联，均为原大。徐无闻家藏

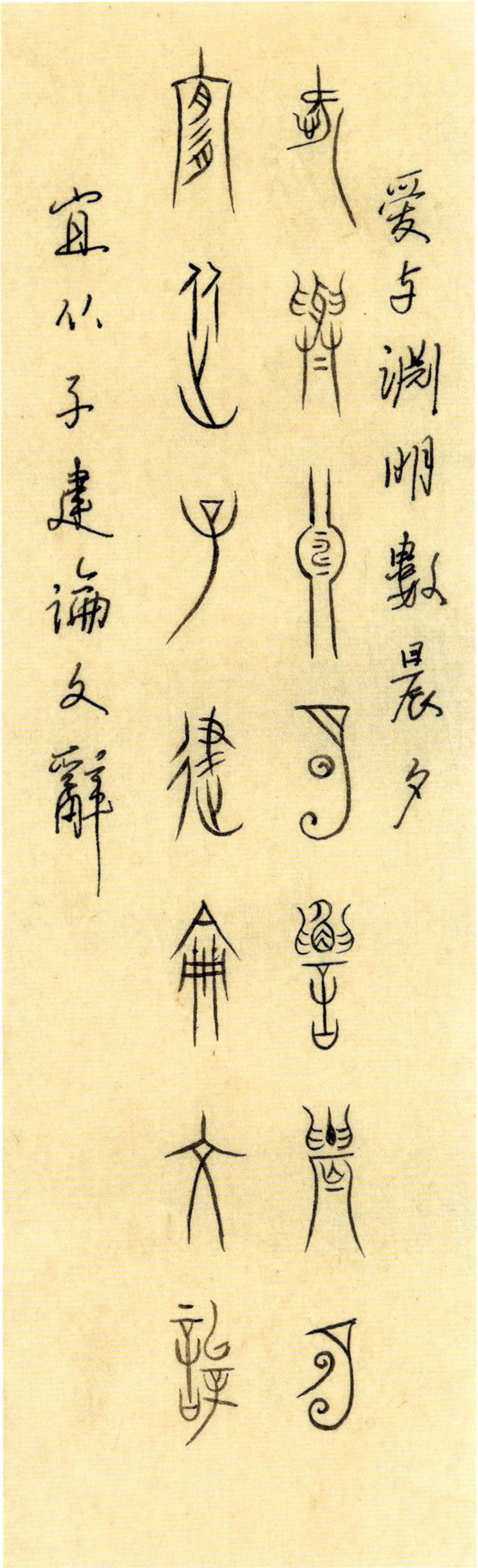

❻

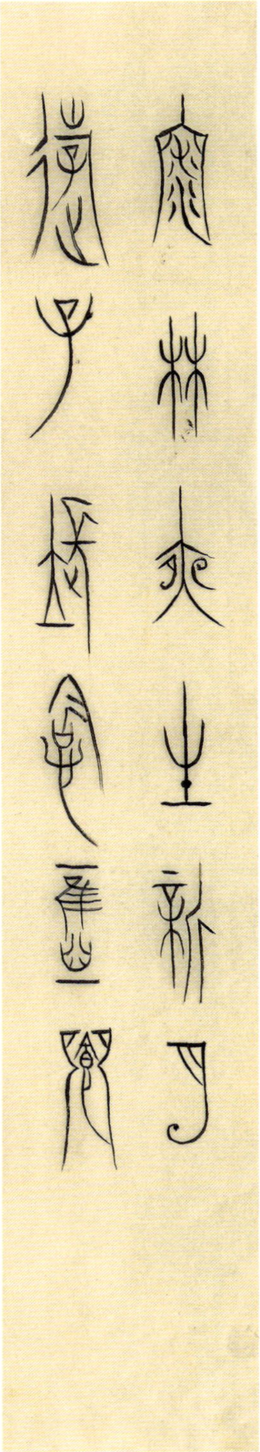

❼

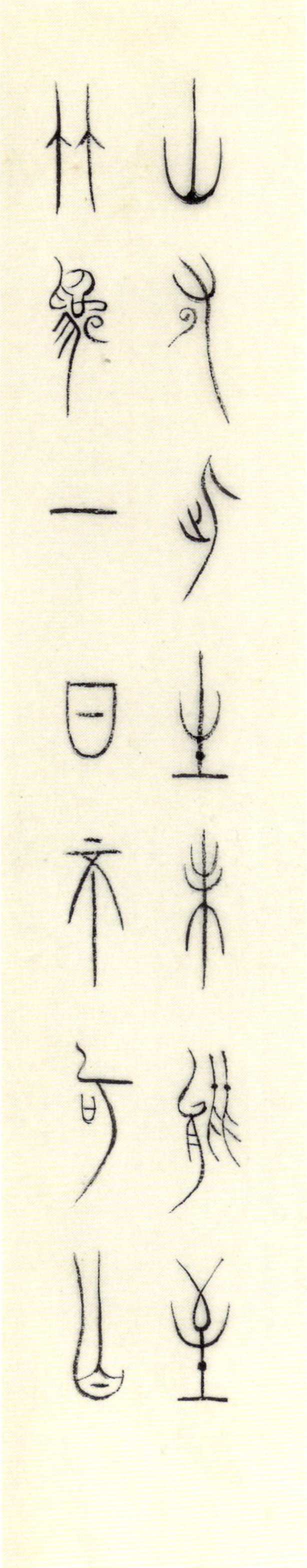

❽

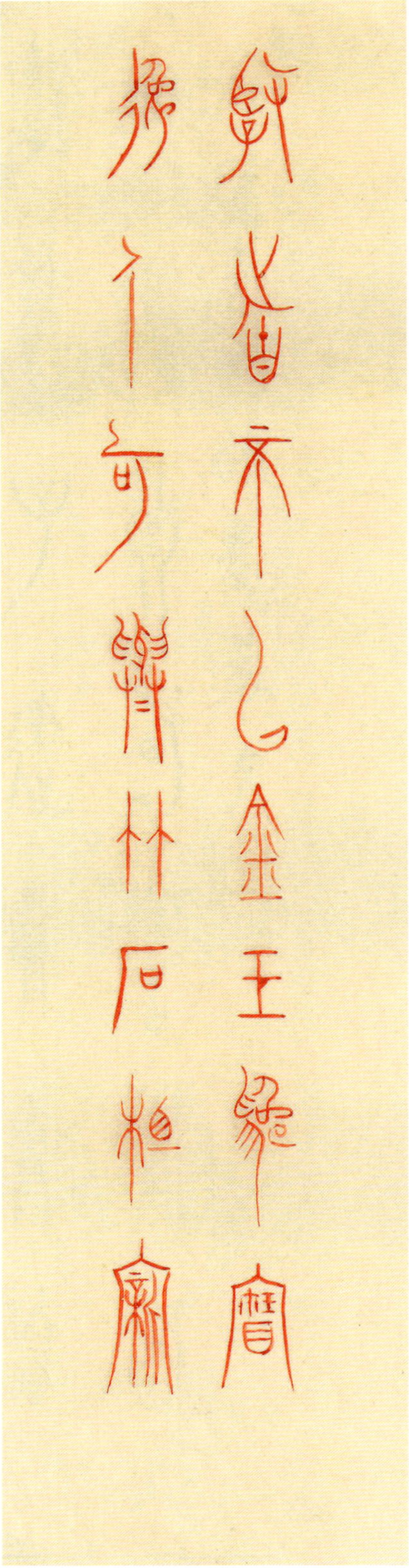

❾

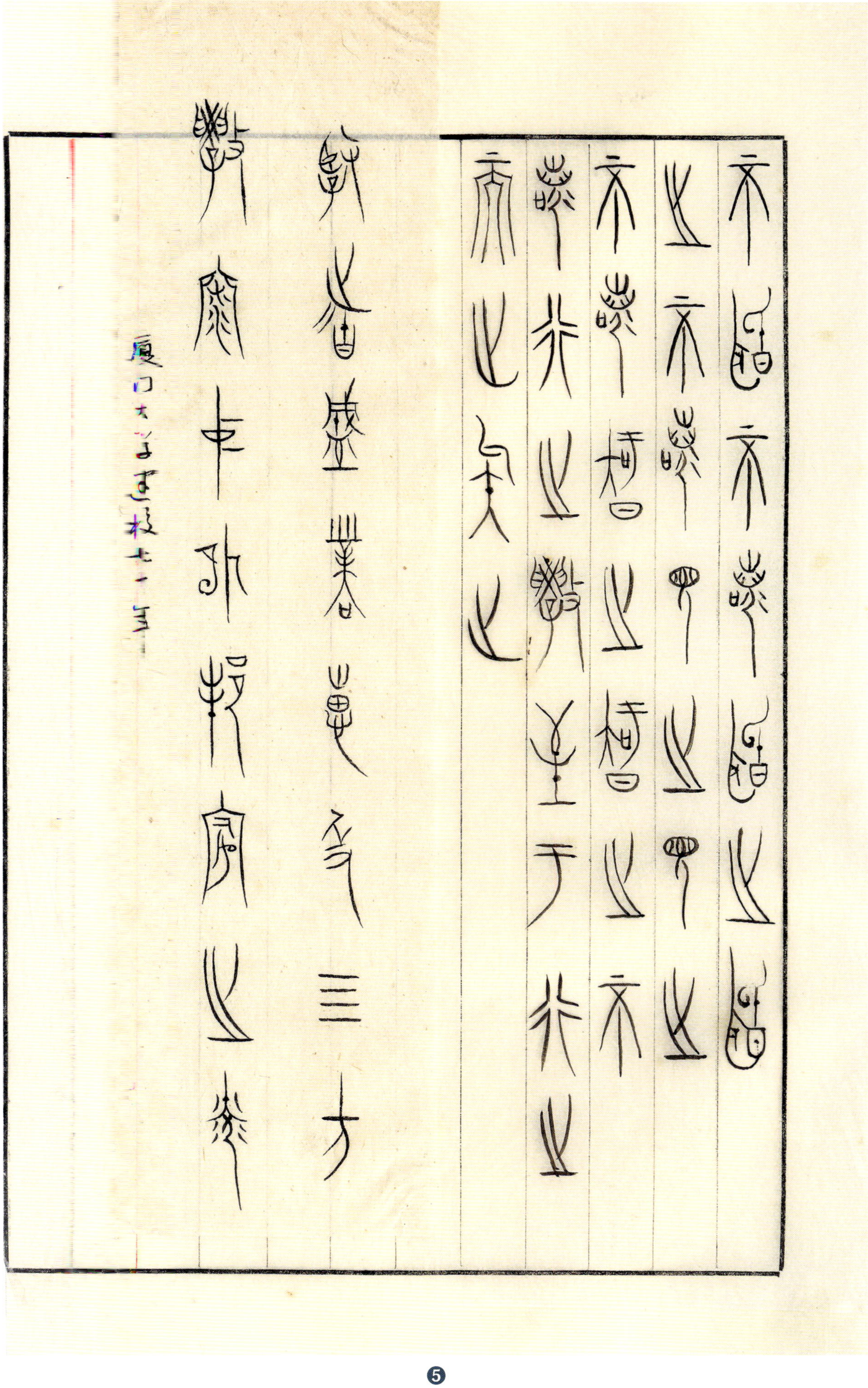

❺

窗

萬山夾風見龍宮
古章徐文子生吉
水衛絲觀大
游中帝子蔡
宮竹緜同樂何
青山子瞻真可

趙學曰竝

⑬

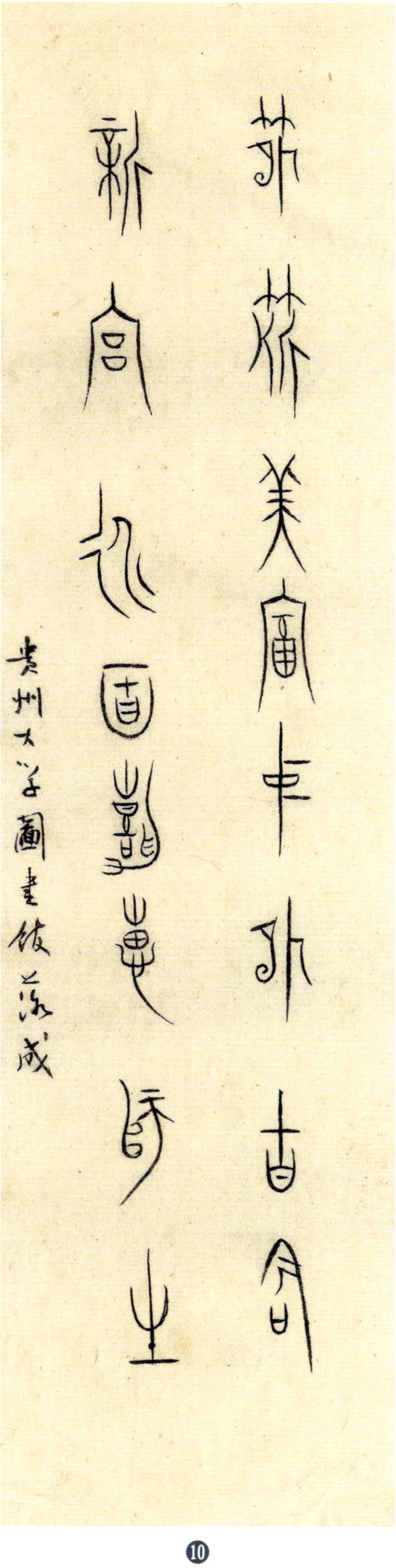

⑩

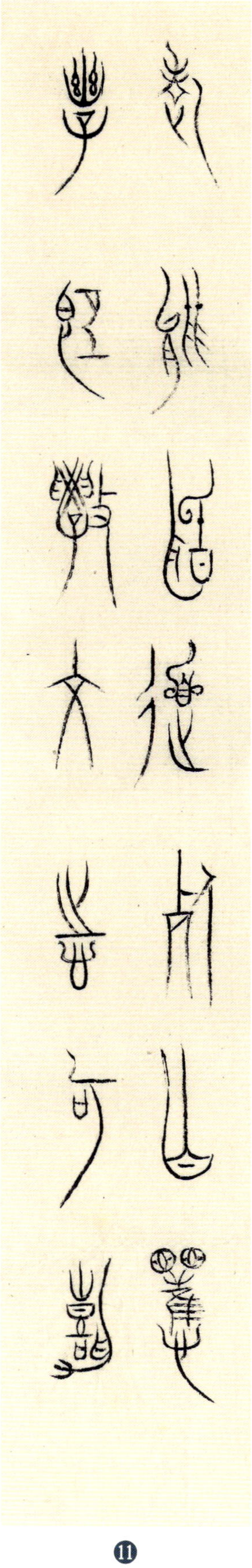

⑪

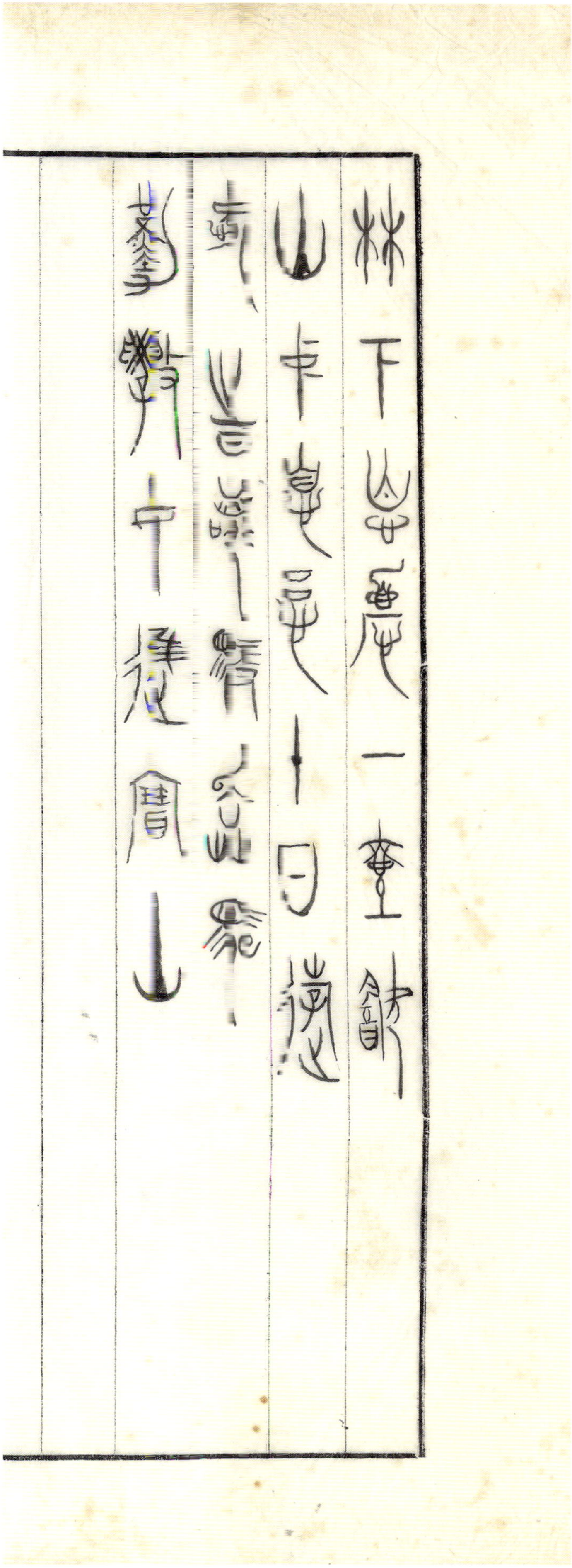

⑫

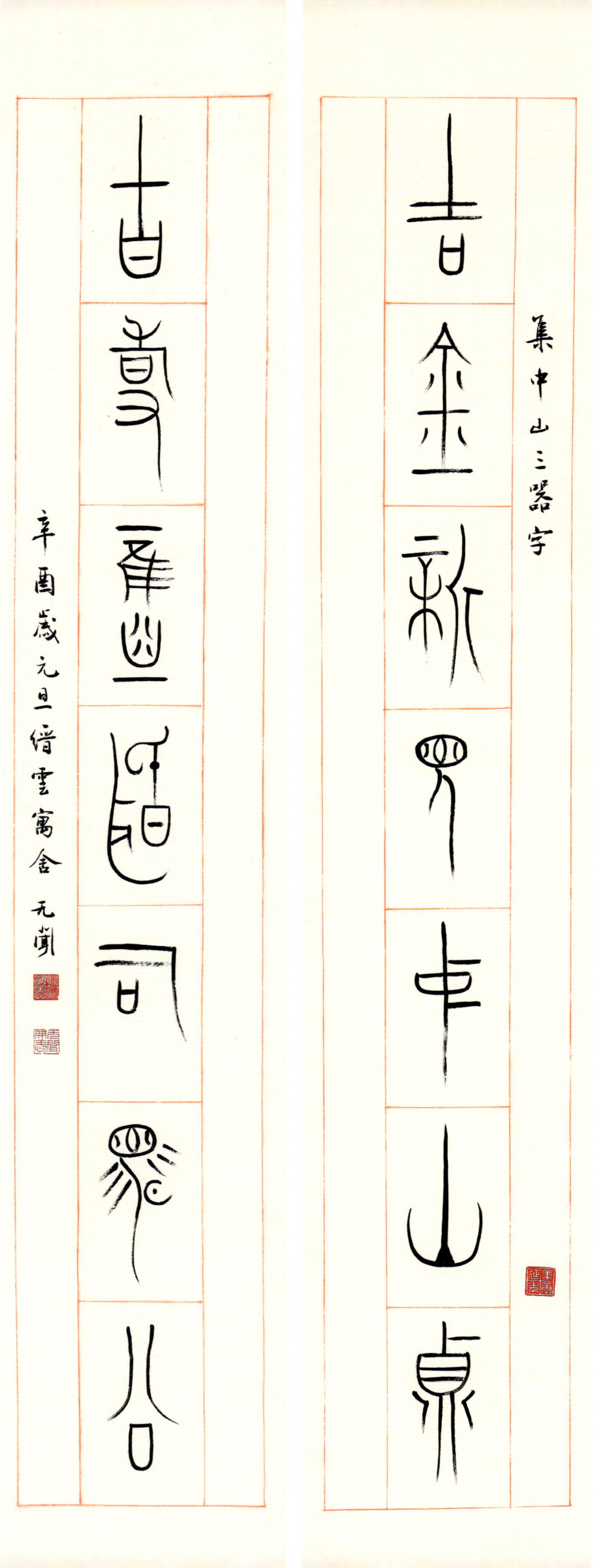

辛酉（一九八一年）岁元旦，徐无闻书“吉金”“古事”七言联。每幅纵一百三十一厘米，横二十三点五厘米

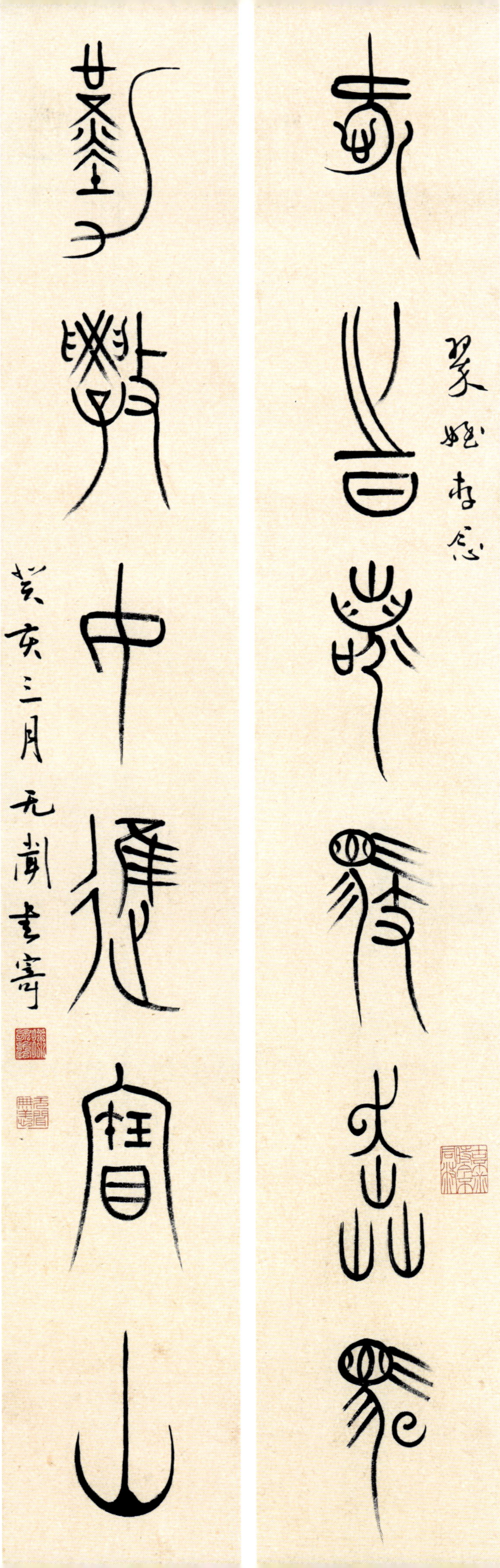

癸亥（一九八三年）三月，徐无闻书"爱时""勤学"七言联。每幅纵一百零三厘米，横十六点五厘米

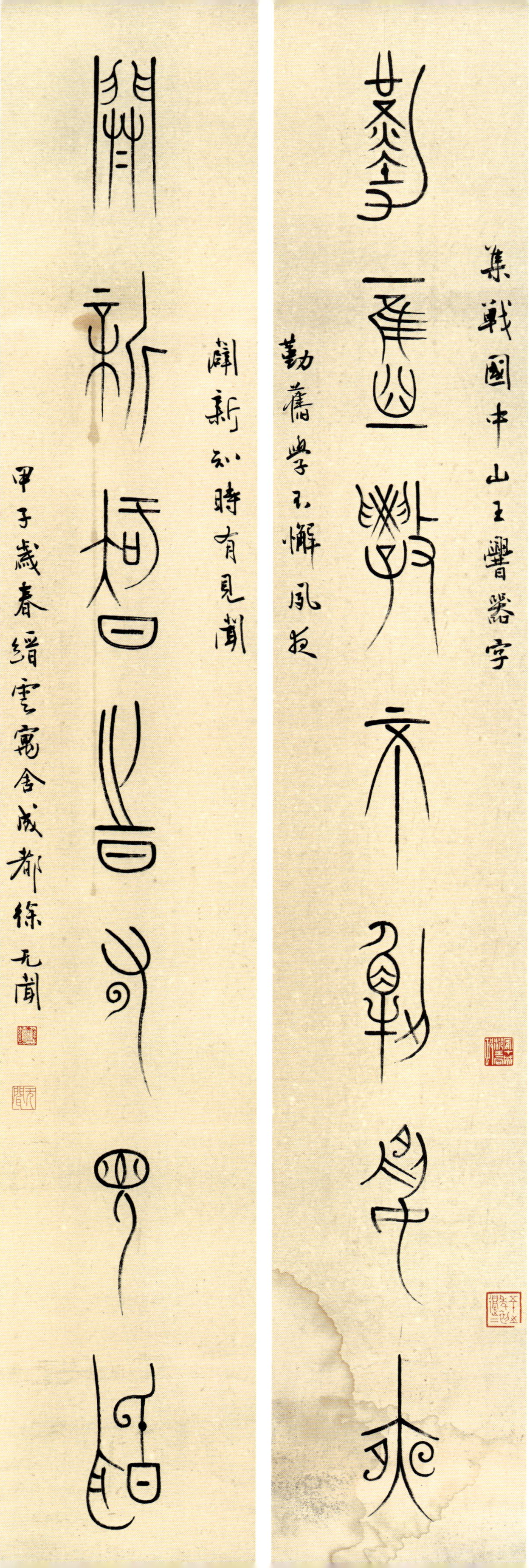

甲子（一九八四年）岁春，徐无闻书“勤旧”“辟新”七言联。每幅纵一百三十六厘米，横二十二厘米，徐无闻家藏

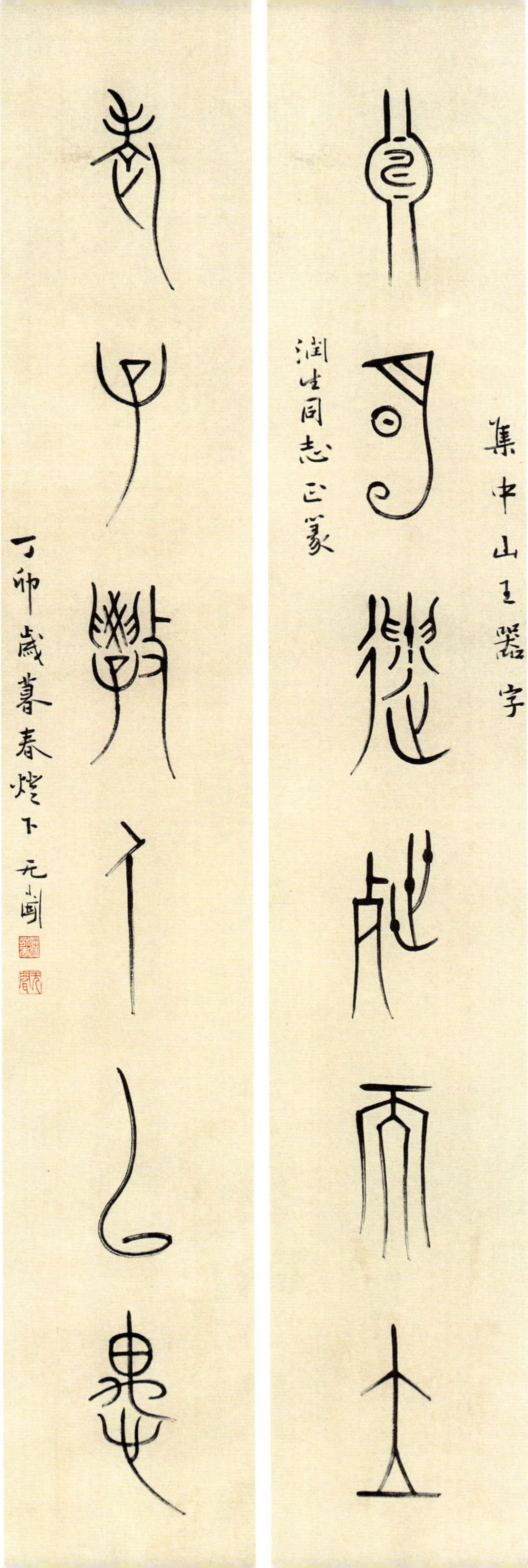

丁卯（一九八七年）岁暮春，徐无闻为李润生书"渊明""老子"六言联。每幅纵一百三十六厘米　横二十三厘米

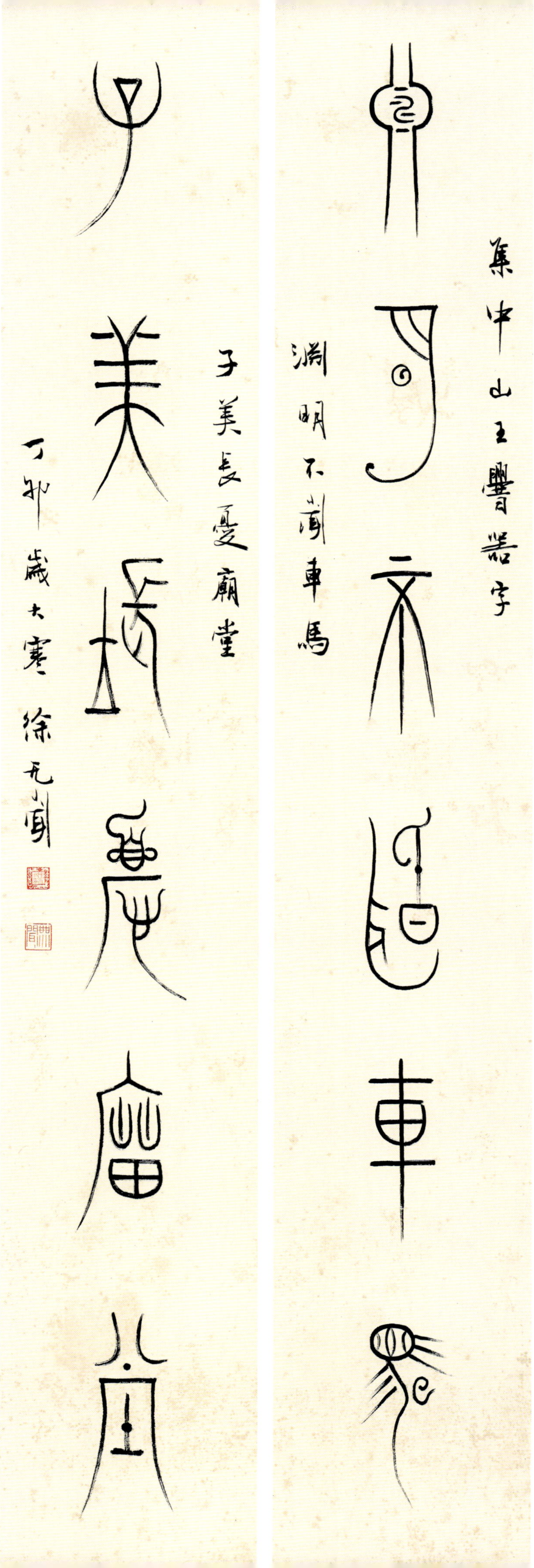

丁卯（一九八七年）岁大寒，徐无闻书“渊明”“子美”七言联。每幅纵一百一十六厘米，横十九厘米

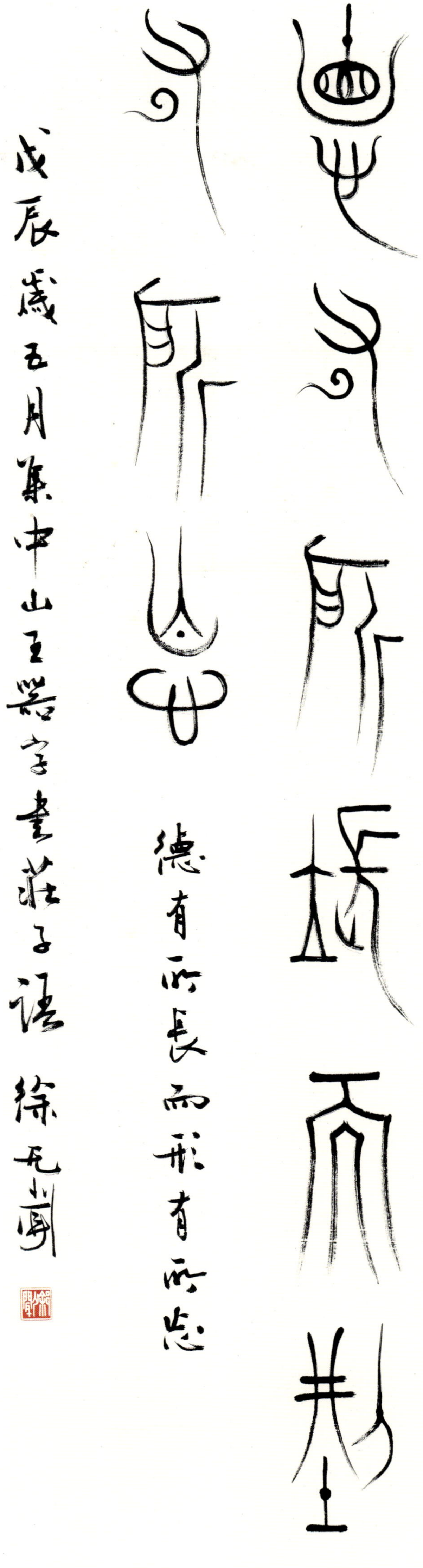

戊辰（一九八八年）岁五月，徐无闻书《庄子》语。纵一百零二厘米，横二十九点五厘米，徐无闻家藏

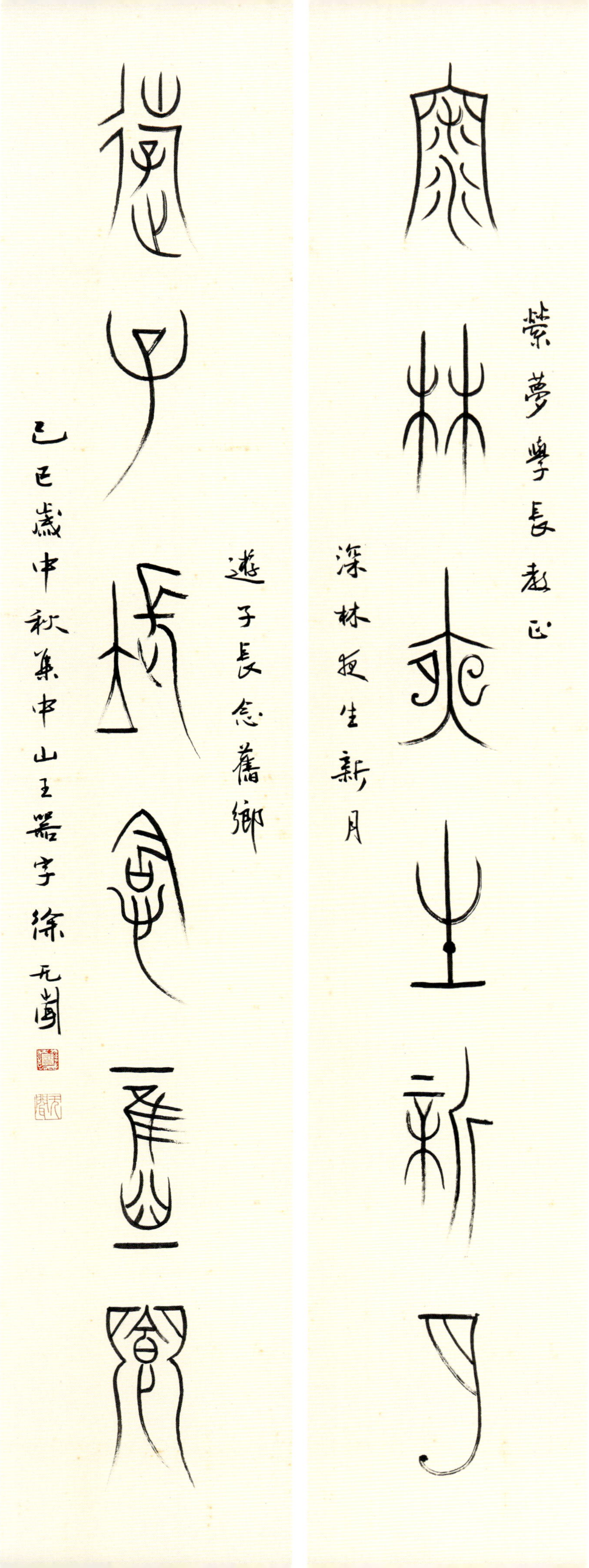

己巳（一九八九年）岁中秋，徐无闻书“深林”“游子”六言联。每幅纵一百二十三厘米，横二十二厘米

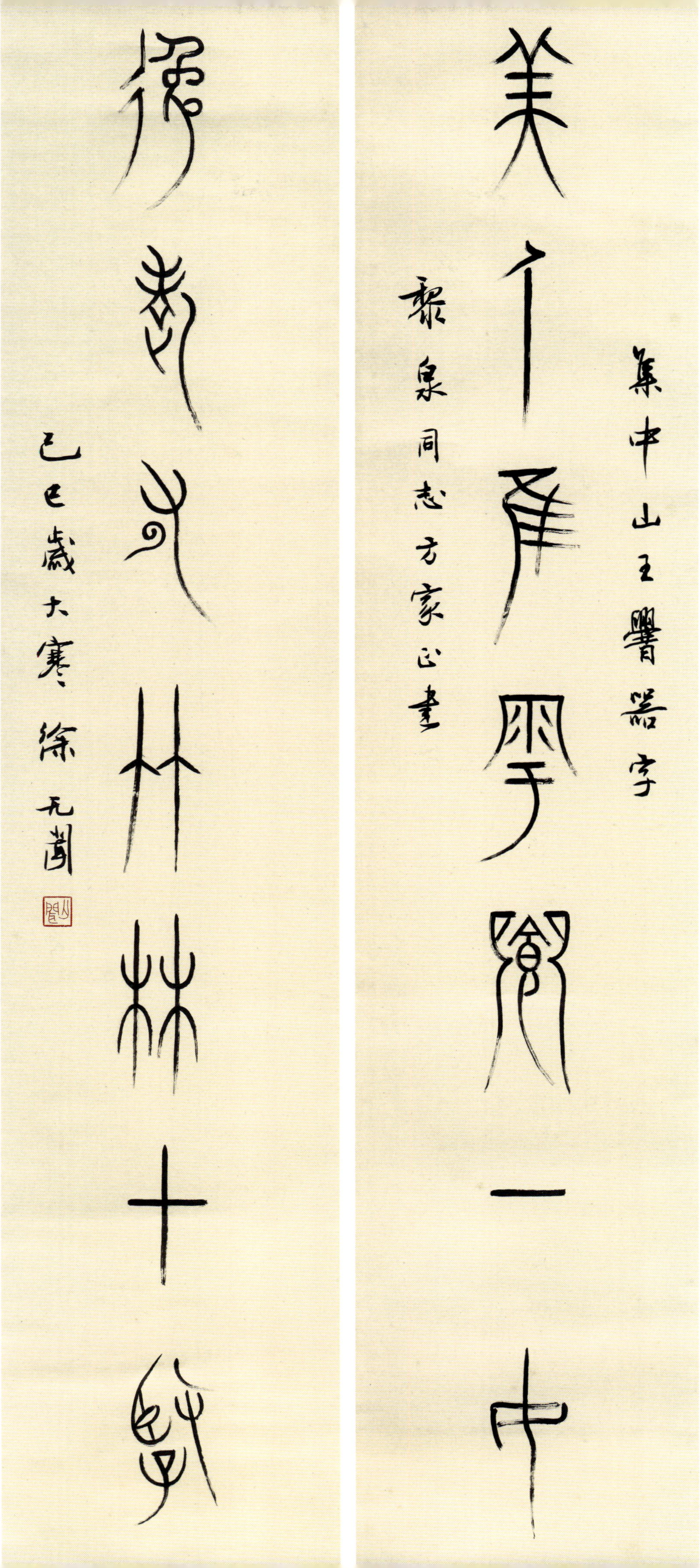

己巳（一九八九年）岁大寒，徐无闻书“美人”“逸老”七言联。每幅纵一百三十一点五厘米，横二十九厘米，徐无闻家藏

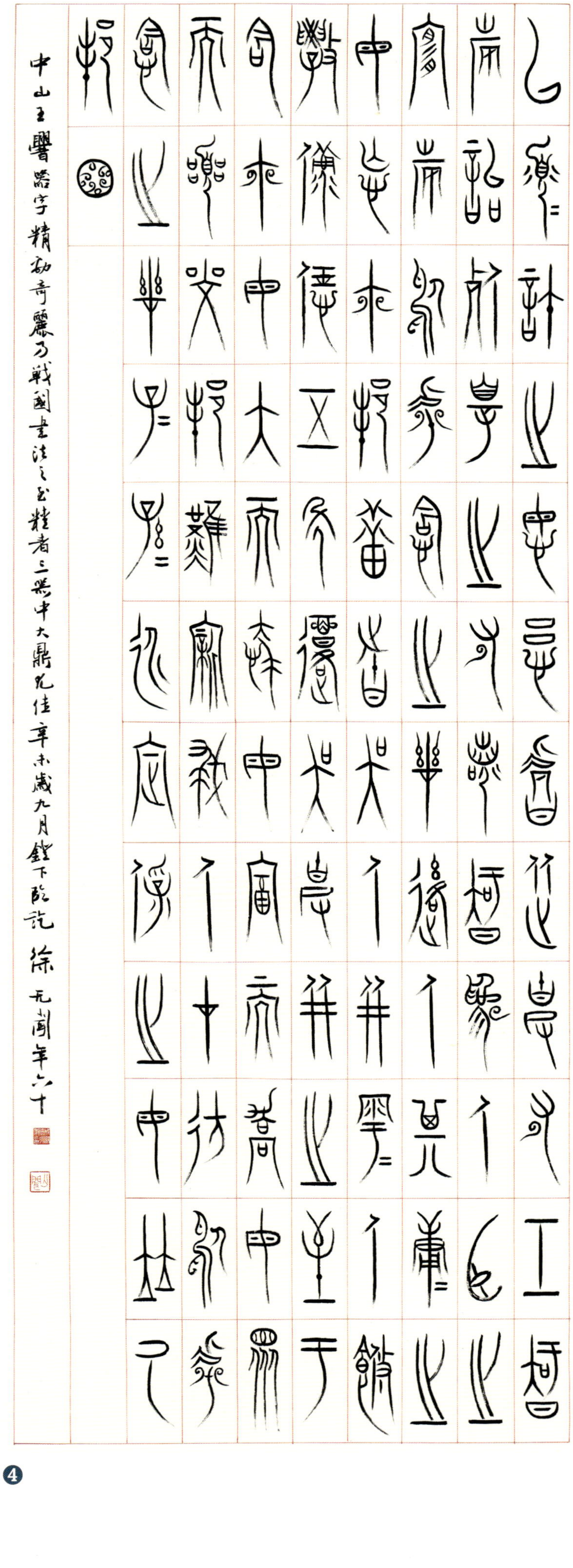

④

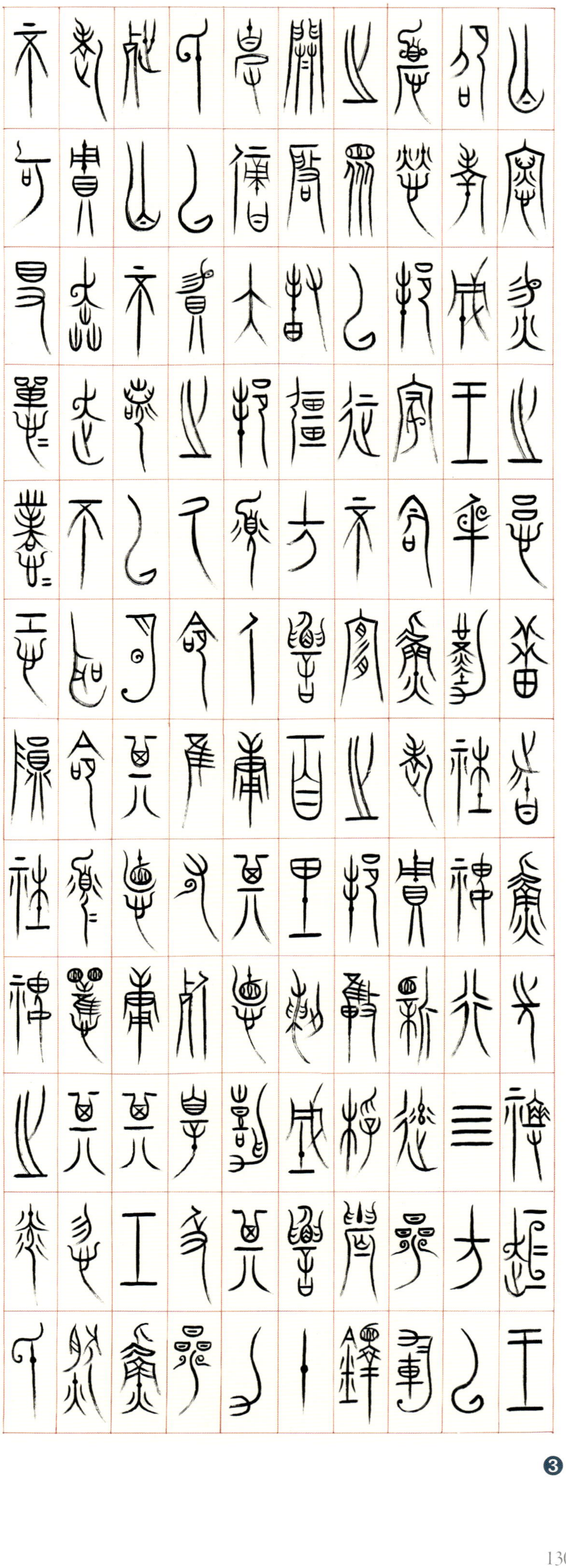

③

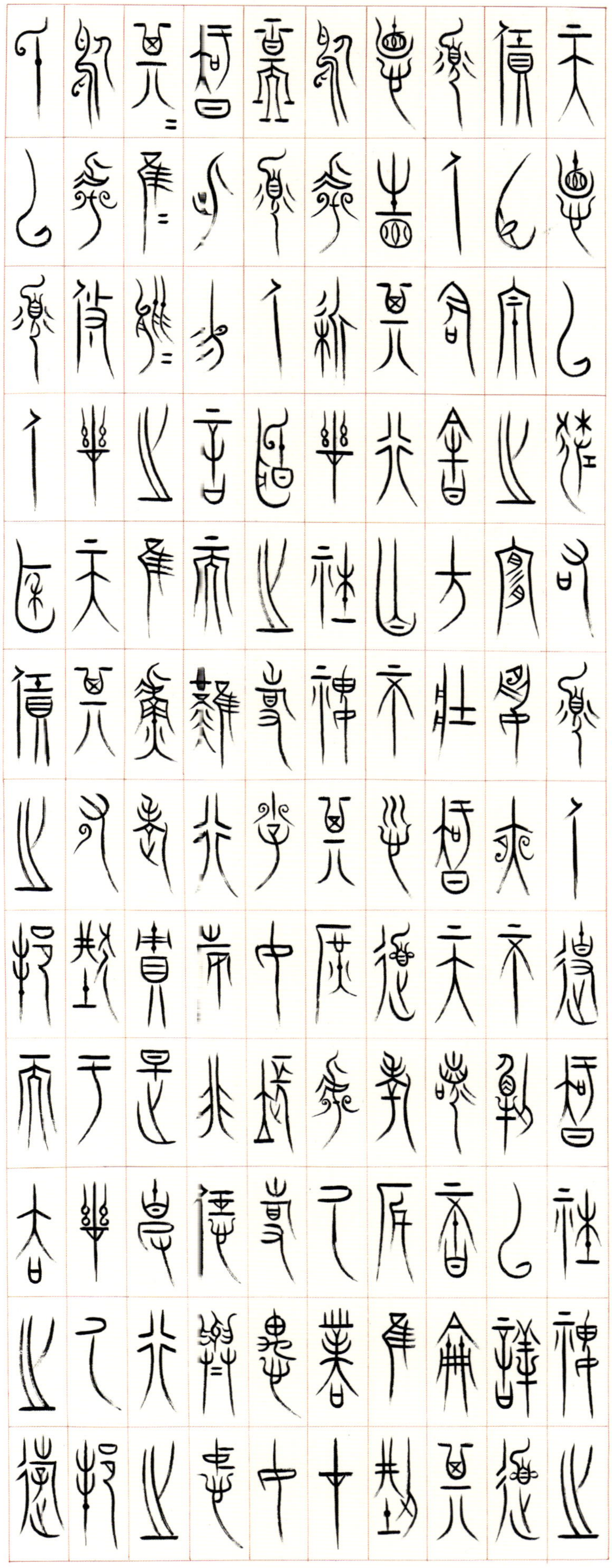

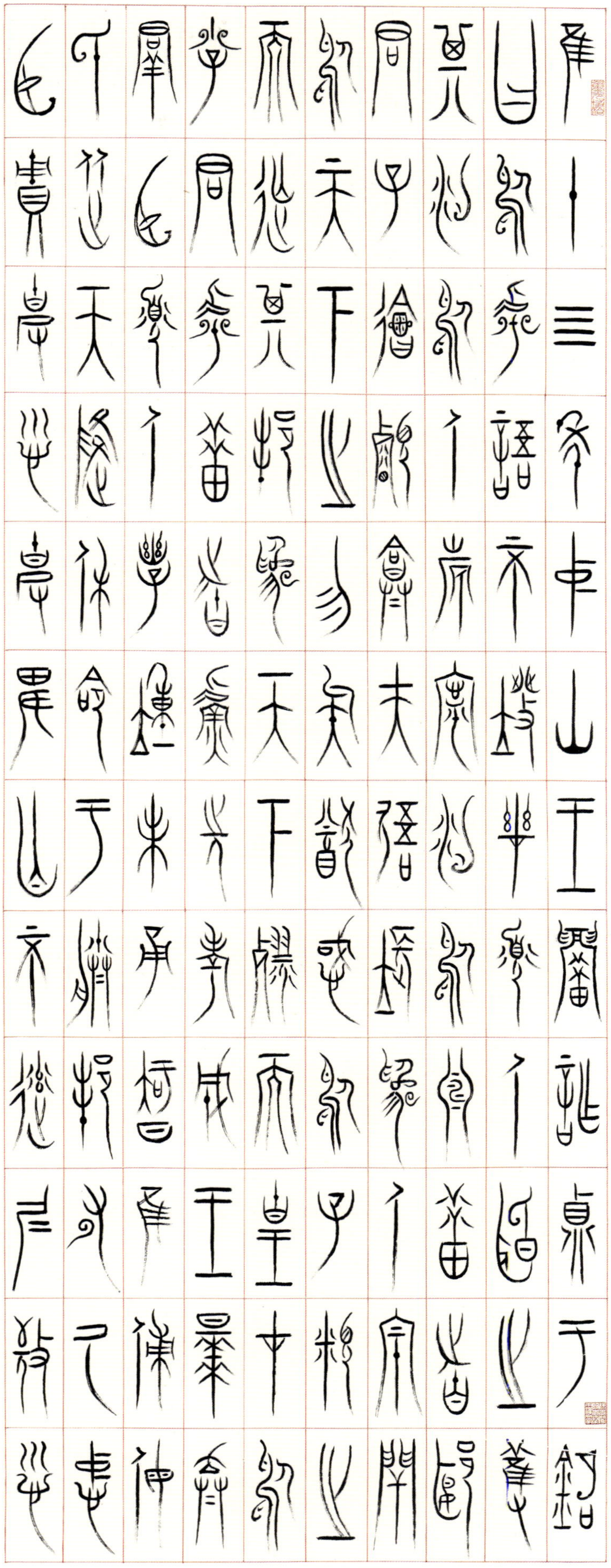

❷ ❶

辛未（一九九一年）岁九月，徐无闻临中山王嚳大鼎。每幅纵一百七十二厘米，横六十八厘米，徐无闻家藏

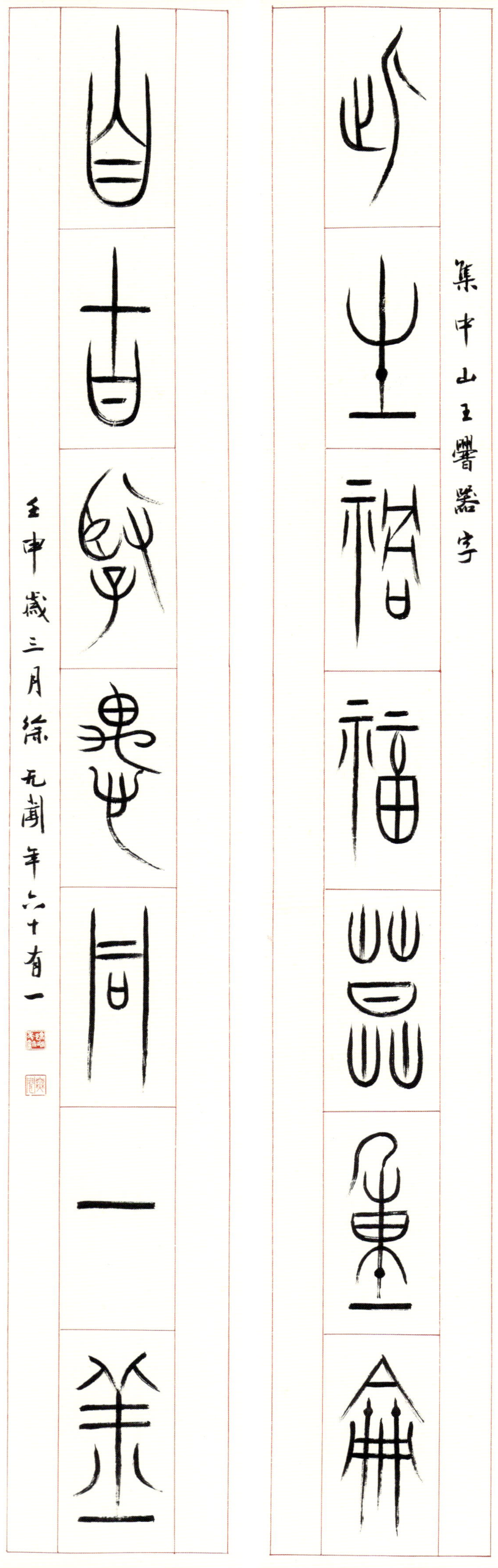

壬申（一九九二年）岁三月，徐无闻书“此生”“自古”七言联。每幅纵一百五十二厘米，横二十四厘米，徐无闻家藏

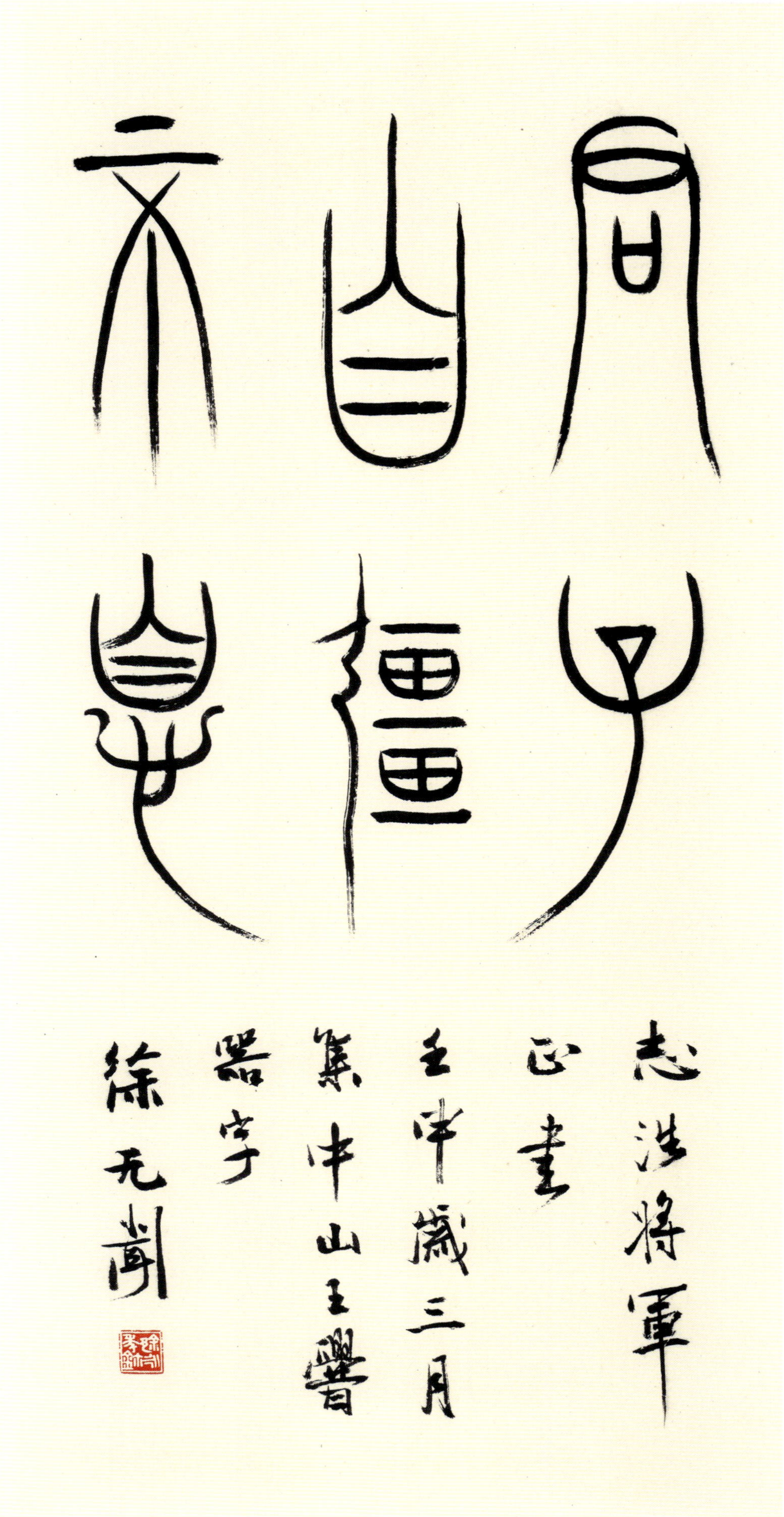

壬申（一九九二年）岁三月，徐无闻书“君子自强不息”。纵七十厘米，横三十六厘米，徐无闻家藏

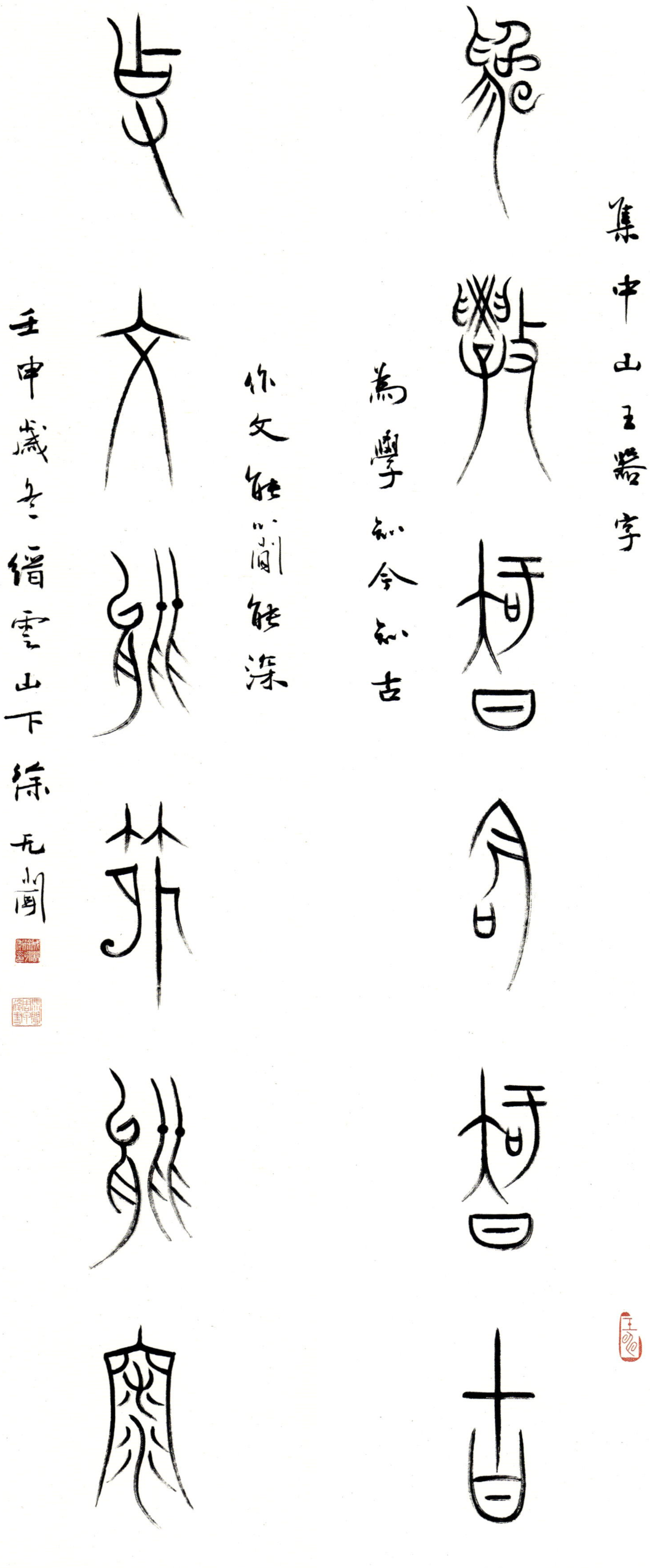

壬申（一九九二年）岁冬，徐无闻书“为学”“作文”六言联。每幅纵一百三十三厘米，横二十八厘米

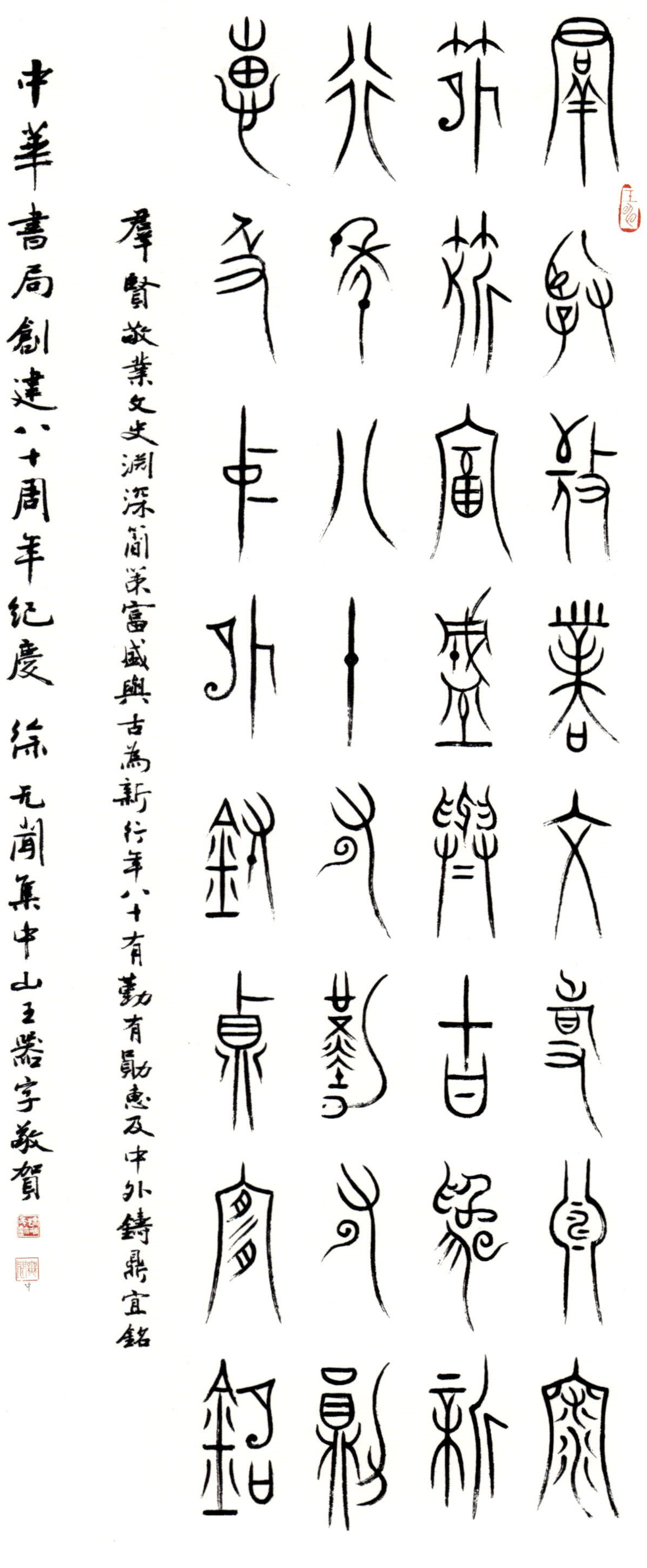

一九九二年，徐无闻为中华书局创建八十周年撰并书四言铭文。纵一百三十八厘米，横六十二厘米，中华书局藏

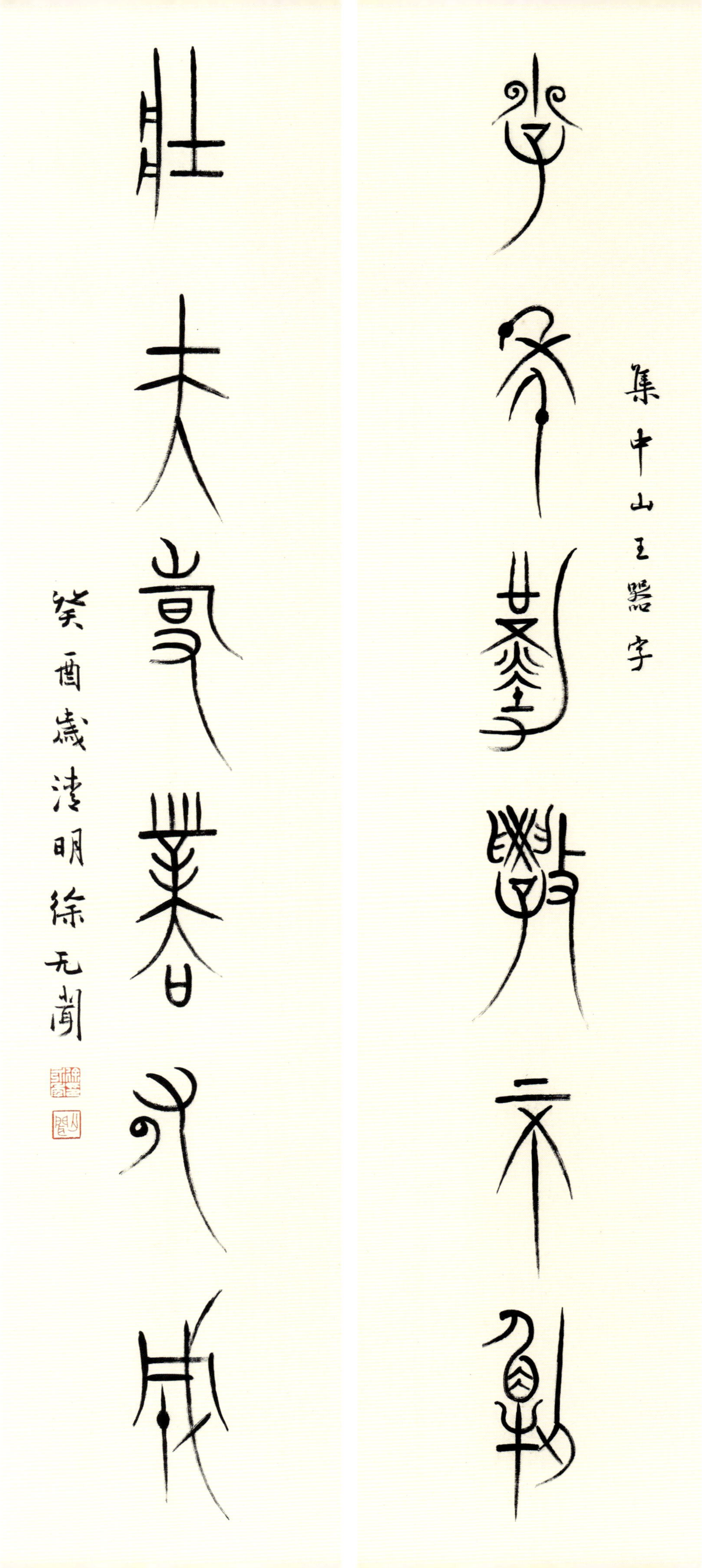

癸酉（一九九三年）岁清明，徐无闻书"少年""壮夫"六言联。每幅纵一百三十三厘米，横三十厘米，徐无闻家藏

徐无闻与玉箸小篆

徐无闻于小篆有精深研究，曾发表《小篆为战国文字说》，影响甚大。

玉箸篆始于李斯，盛于李阳冰，清代有钱坫、洪亮吉、孙星衍继承发扬。因其结体圆转匀称，笔笔藏锋，不露圭角，形似玉箸，故而得名。

徐无闻幼承家学，书习各体，十二、三岁时即临习李阳冰《三坟记》，二十世纪七十年代中期以后，于玉箸小篆尤为用力，常于案头悬腕提笔作书，一气连书数十百字不懈；或画圆圈、弧线、横竖直线、对称曲线，乐此不疲。由秦至唐，继而近代，博采众长，汇于笔端。其书结体匀称秀雅，用笔沉雄通达，品韵高华，元气淋漓，而成自家面目。曾自治“徐氏玉箸”印，偶钤于作品，可知其于此体之自得。

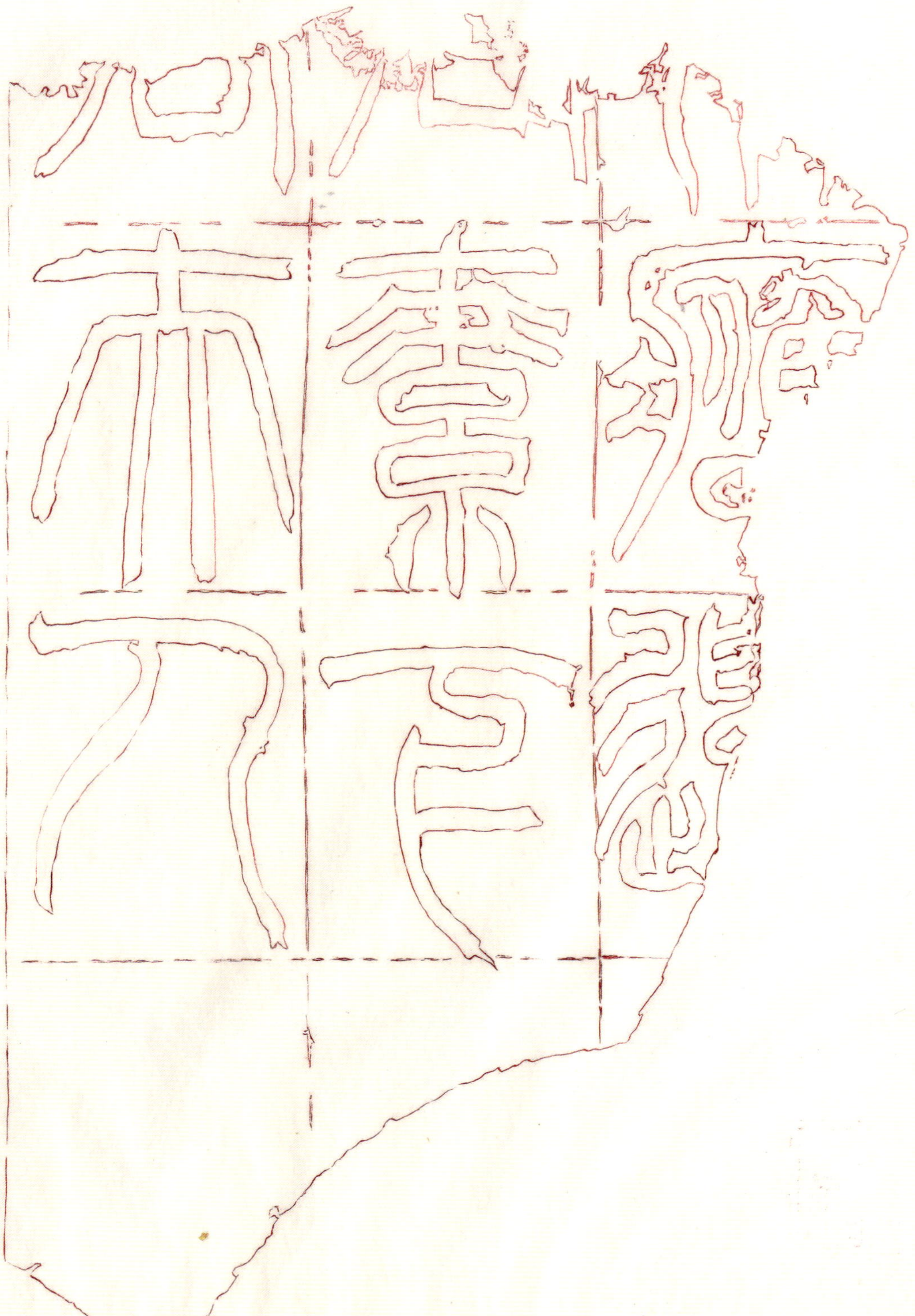

二十世纪七十年代，徐无闻双钩篆文。纵三十点八厘米，横四十三点五厘米，徐无闻家藏

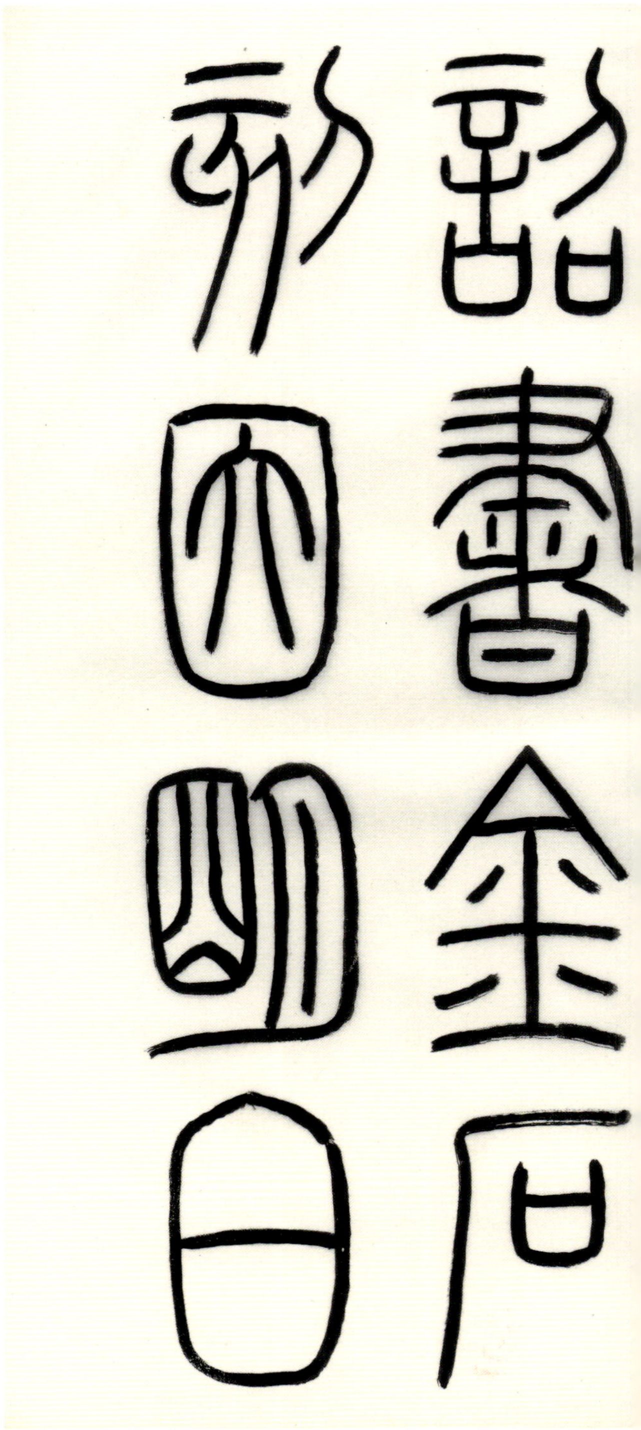

❷

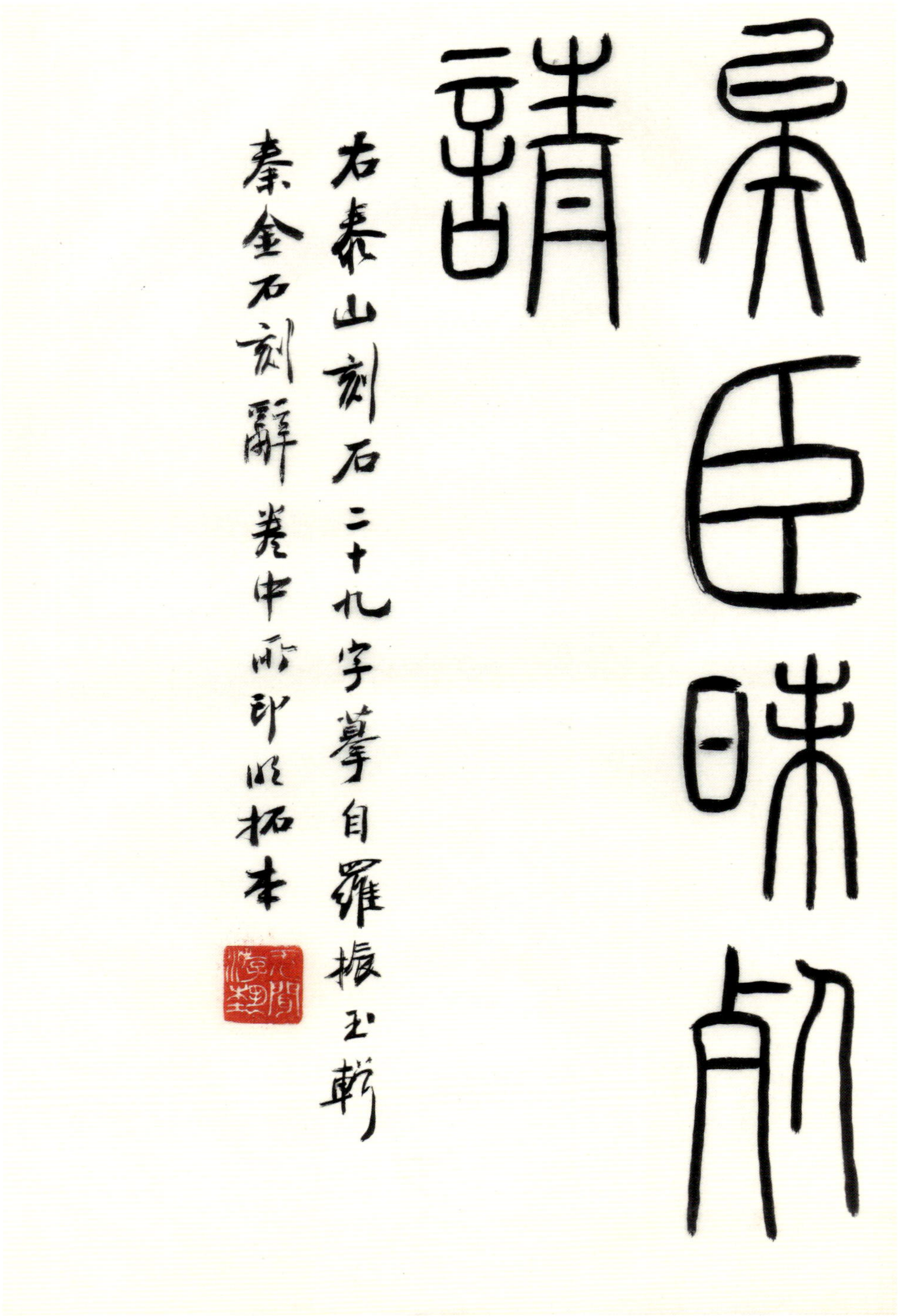

❸

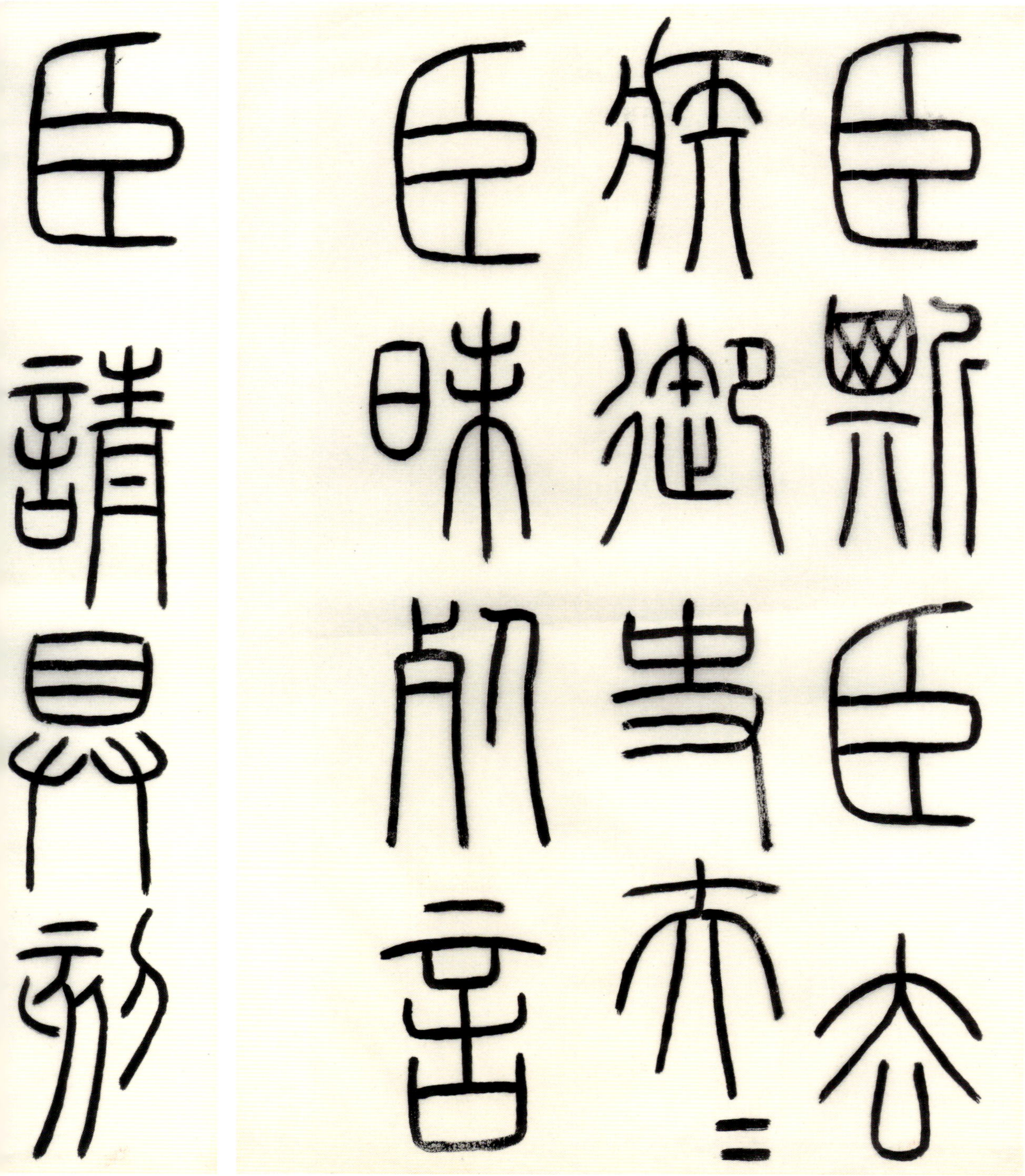

❶

二十世纪七十年代，徐无闻摹《秦金石刻辞》之《泰山刻石》。
每幅纵三十一点五厘米，横二十一点五厘米，徐无闻家藏

❸	❷	❶
❻	❺	❹

民国时期罗振玉日本珂罗版影印本《秦金石刻辞》，内收《泰山刻石》。每页帖芯纵二十六厘米，横十三点八厘米

秦
始皇帝
所爲也
今襲號
而金石

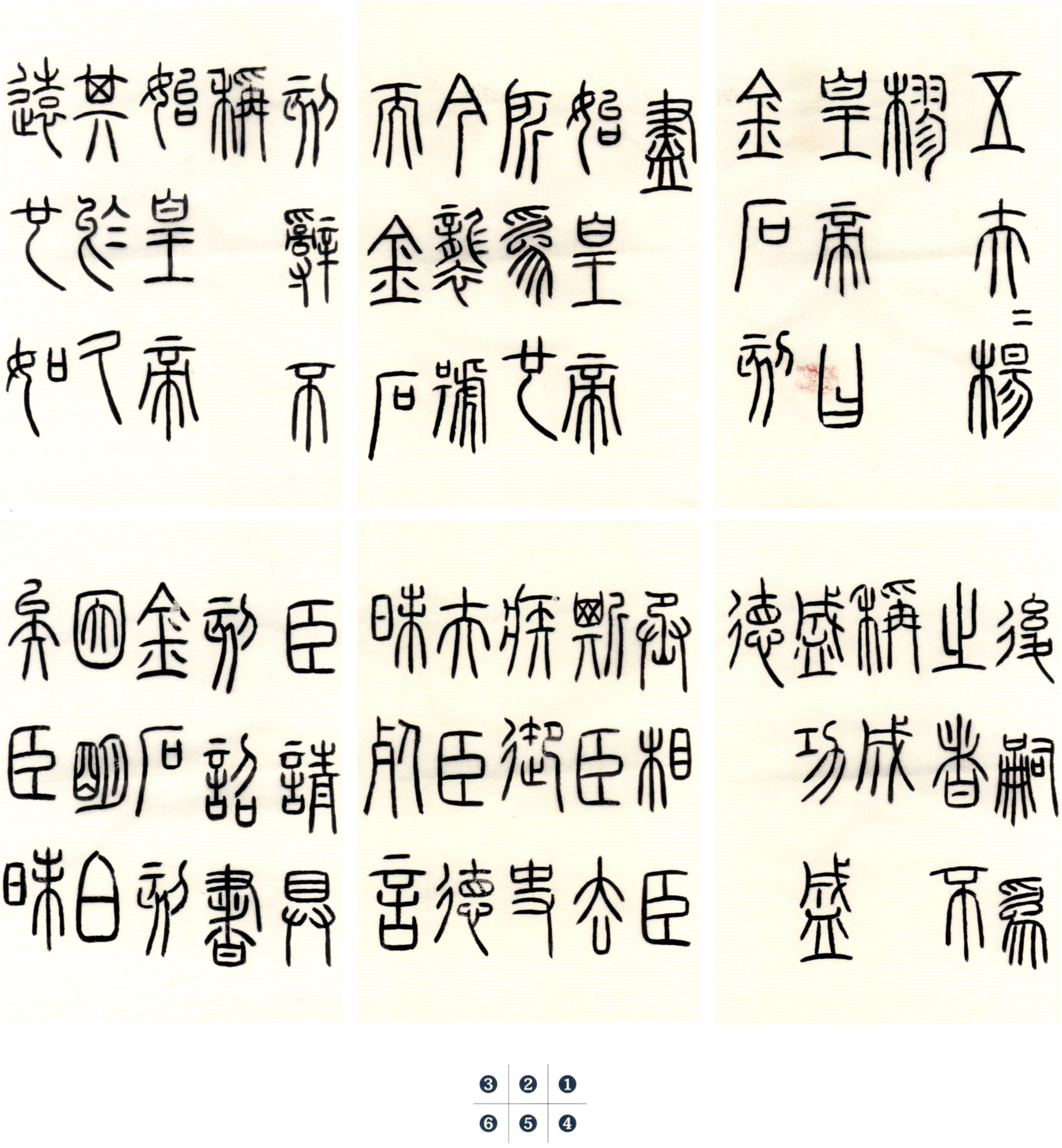

二十世纪七十年代，徐无闻摹《秦金石刻辞》之《琅玡台刻石》。每幅纵三十一点六厘米，横二十一点三厘米，徐无闻家藏

民国时期罗振玉日本珂罗版影印本《秦金石刻辞》，内收《琅玡台刻石》。每页帖芯每页纵二十五点四厘米，横十五点四厘米

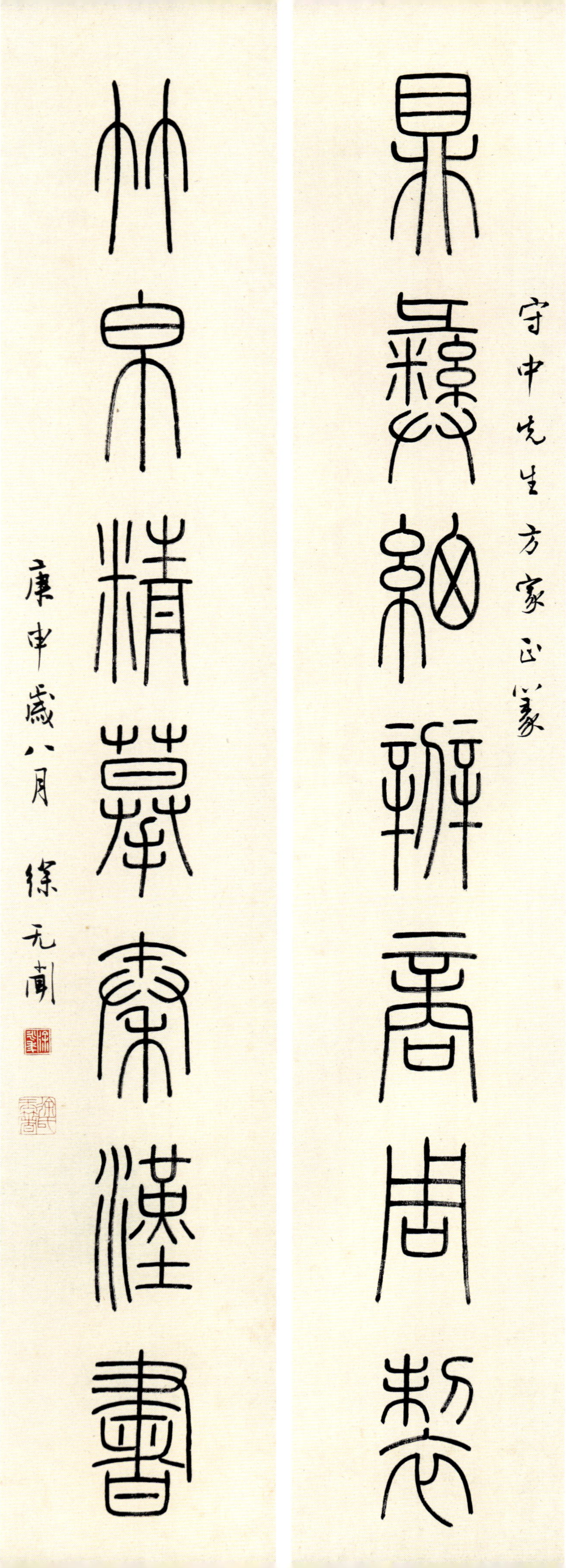

庚申（一九八〇年）岁八月，徐无闻赠张守中“鼎彝”“竹帛”七言联。每幅纵九十三厘米，横十六点七厘米，张守中家藏

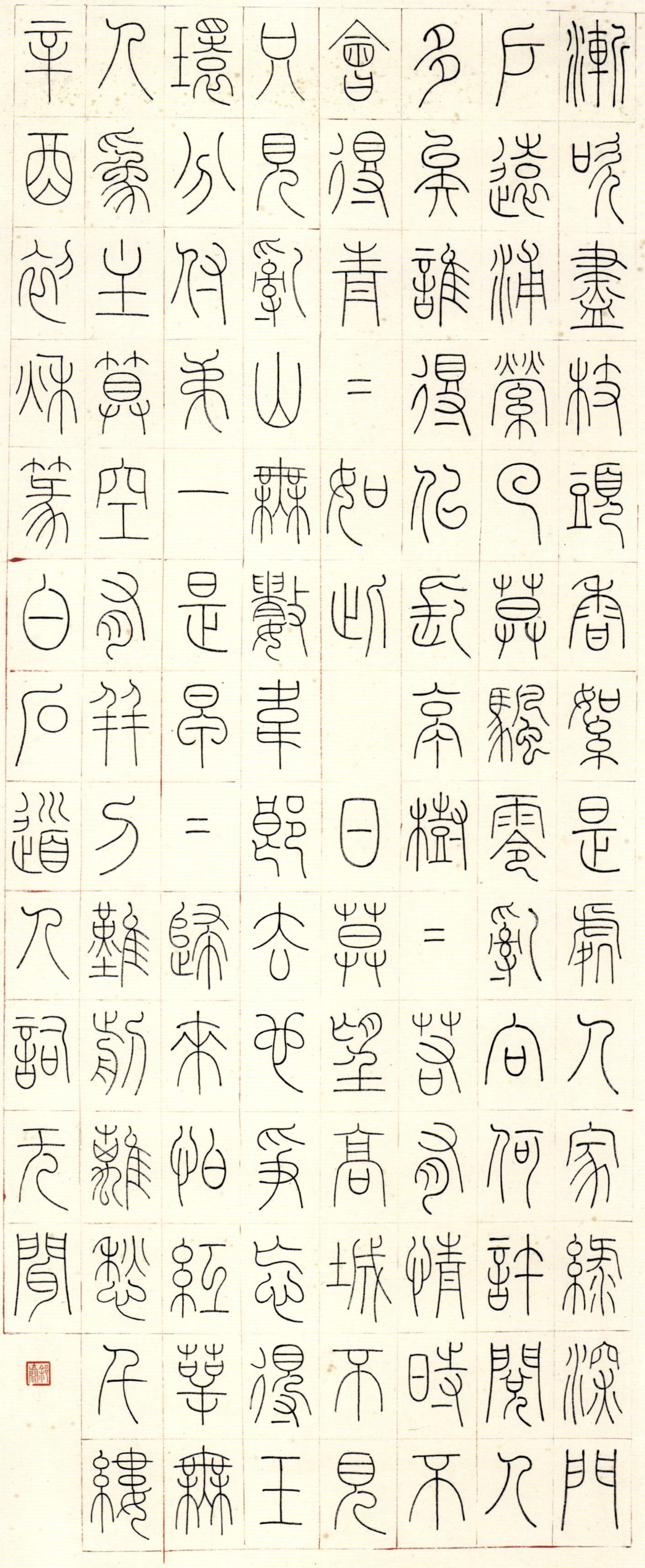

辛酉（一九八一年）初秋，徐无闻书姜夔《长亭怨慢　渐吹尽》。纵一百零八厘米，横四十五厘米，徐无闻家藏

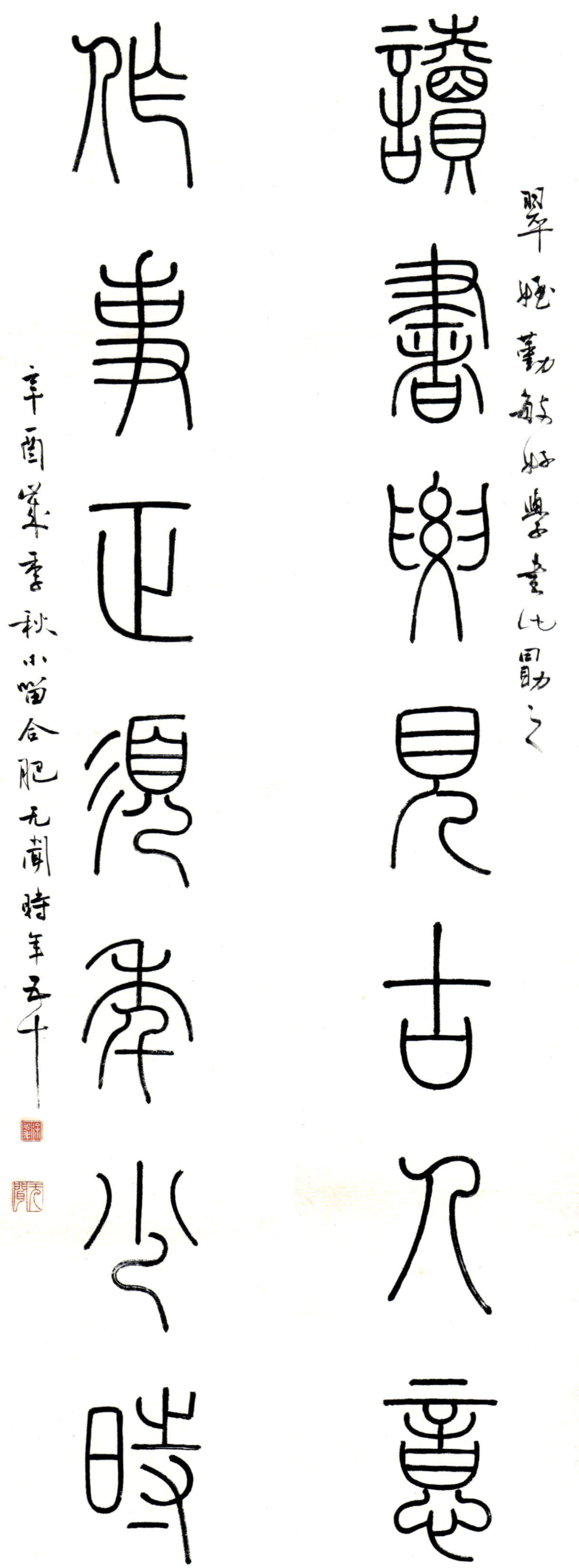

辛酉（一九八一年）岁季秋，徐无闻书“读书”“作事”七言联。每幅纵一百三十二厘米，横二十二厘米

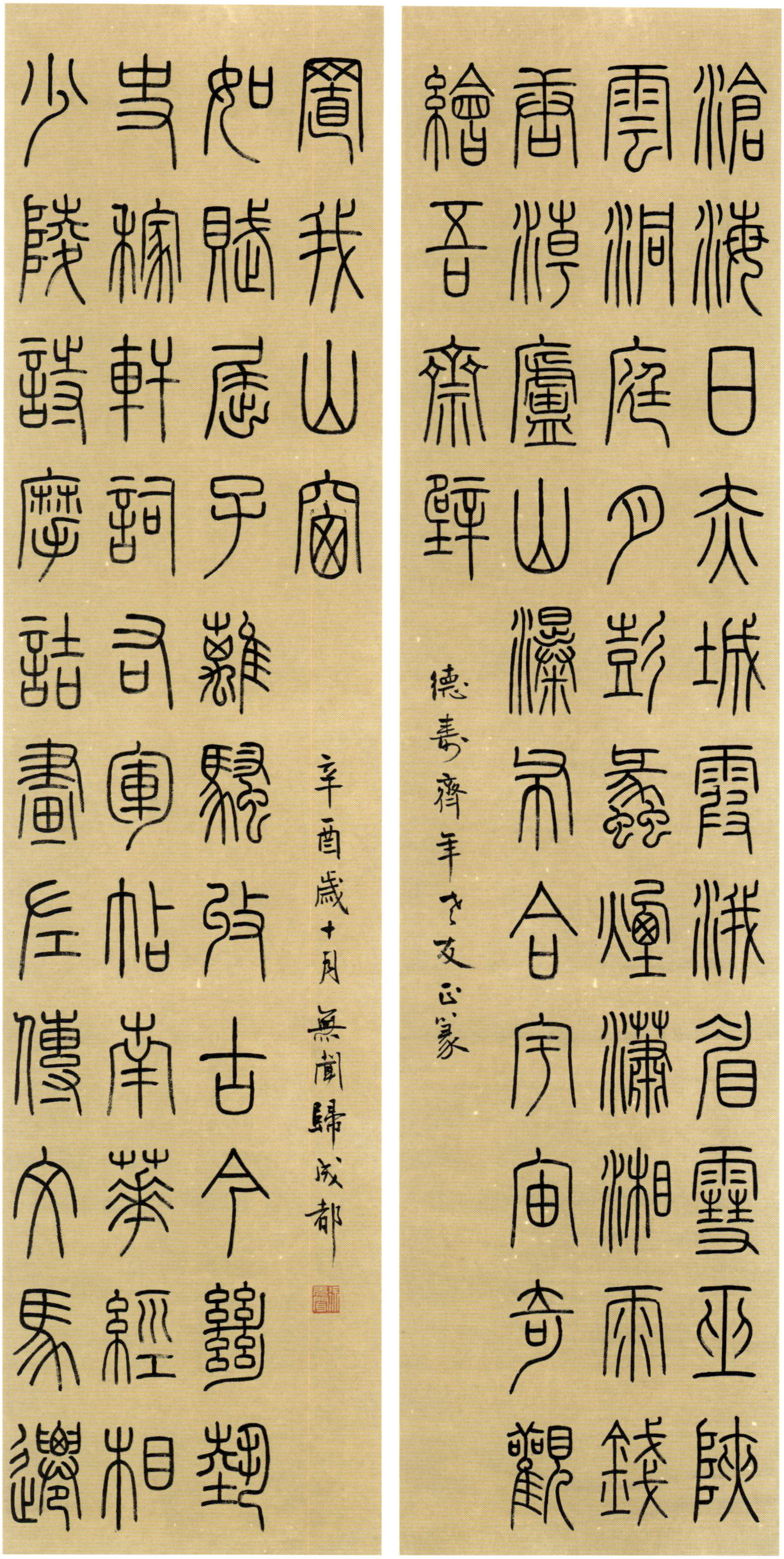

辛酉（一九八一年）岁十月，徐无闻书“沧海”“少陵”三十七言联。每幅纵一百三十三点三厘米，横三十三厘米

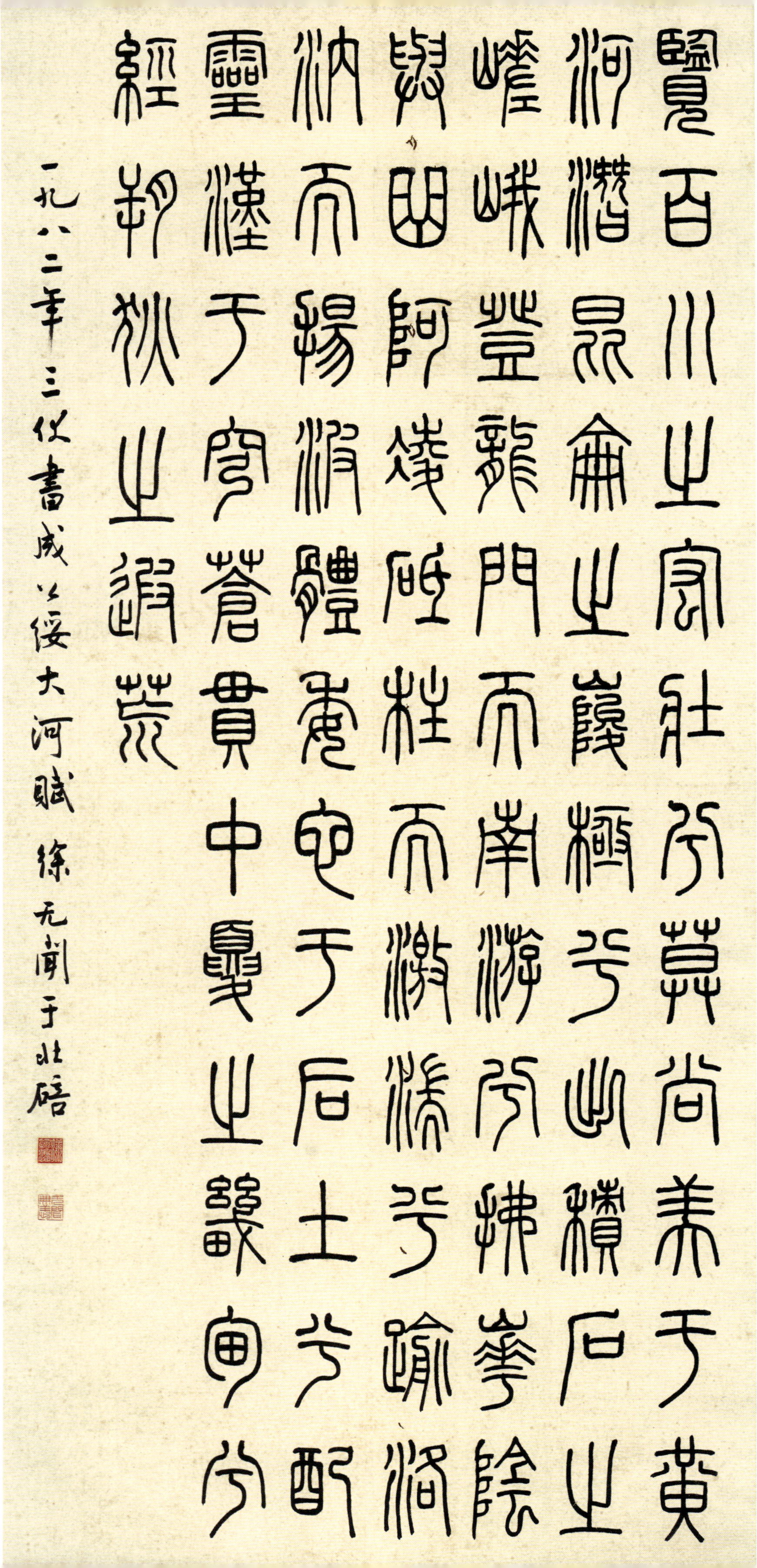

一九八二年三伏，徐无闻书成公绥《大河赋》。纵一百二十九厘米，横六十一厘米，徐无闻家藏

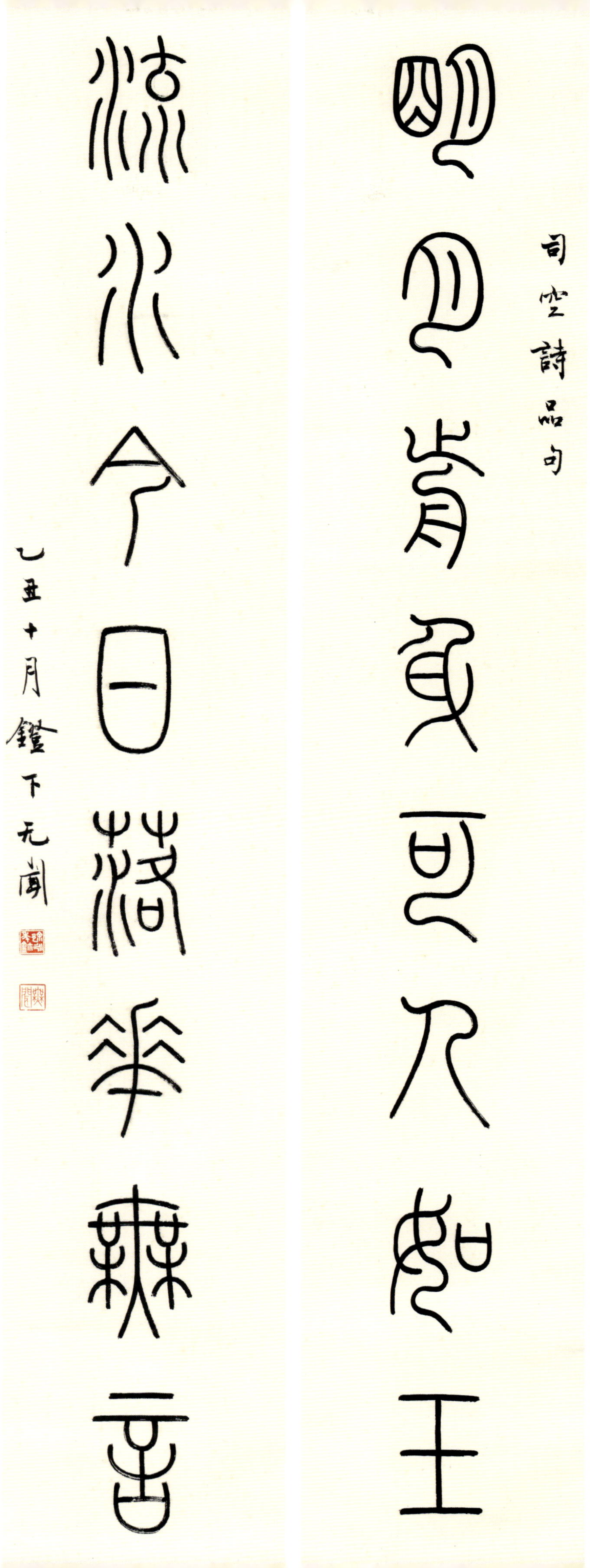

乙丑（一九八五年）十月，徐无闻书“明月”“流水”八言联。每幅纵一百二十一厘米，横二十一点五厘米，徐无闻家藏

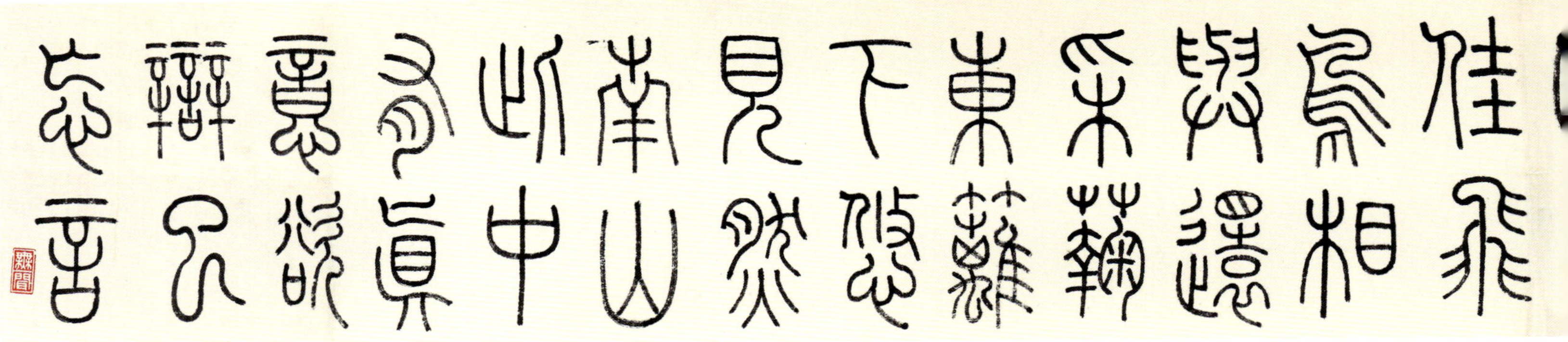

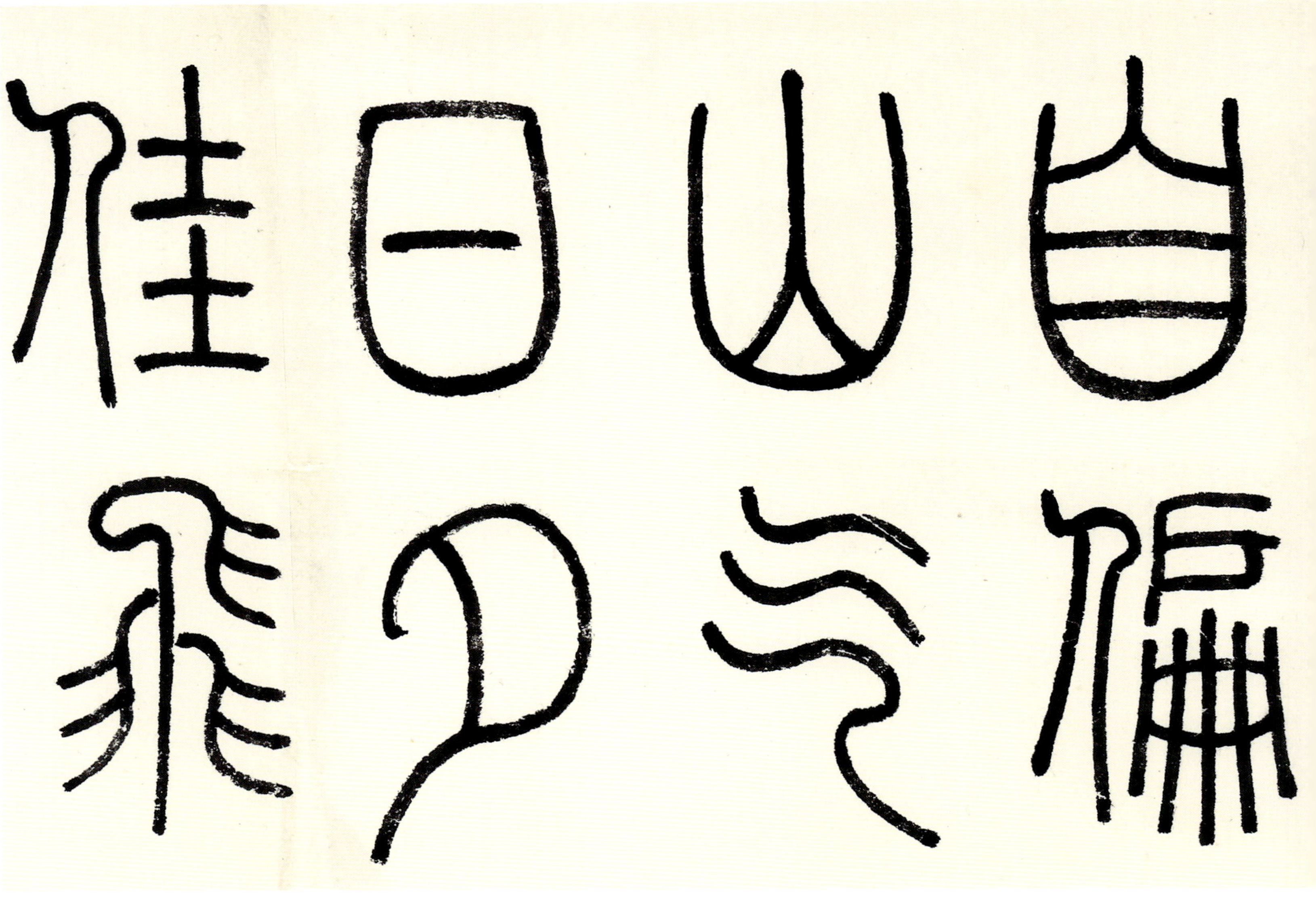

一九八三年，徐无闻书陶渊明《饮酒》。纵十四点五厘米，横一百三十八点五厘米

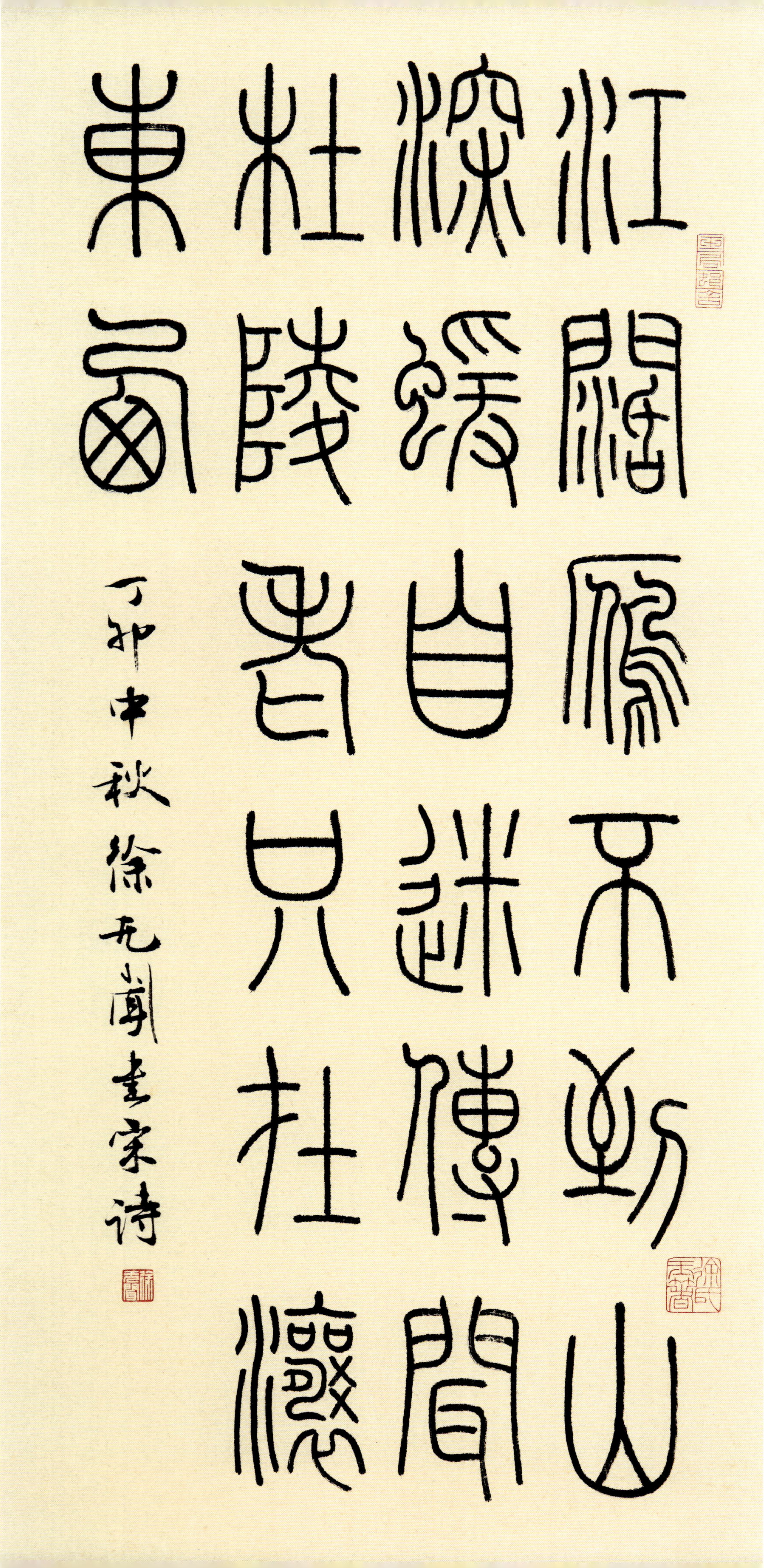

丁卯（一九八七年）中秋，徐无闻书晁冲之《与秦少章题汉江远帆》。纵六十三厘米，横三十一厘米

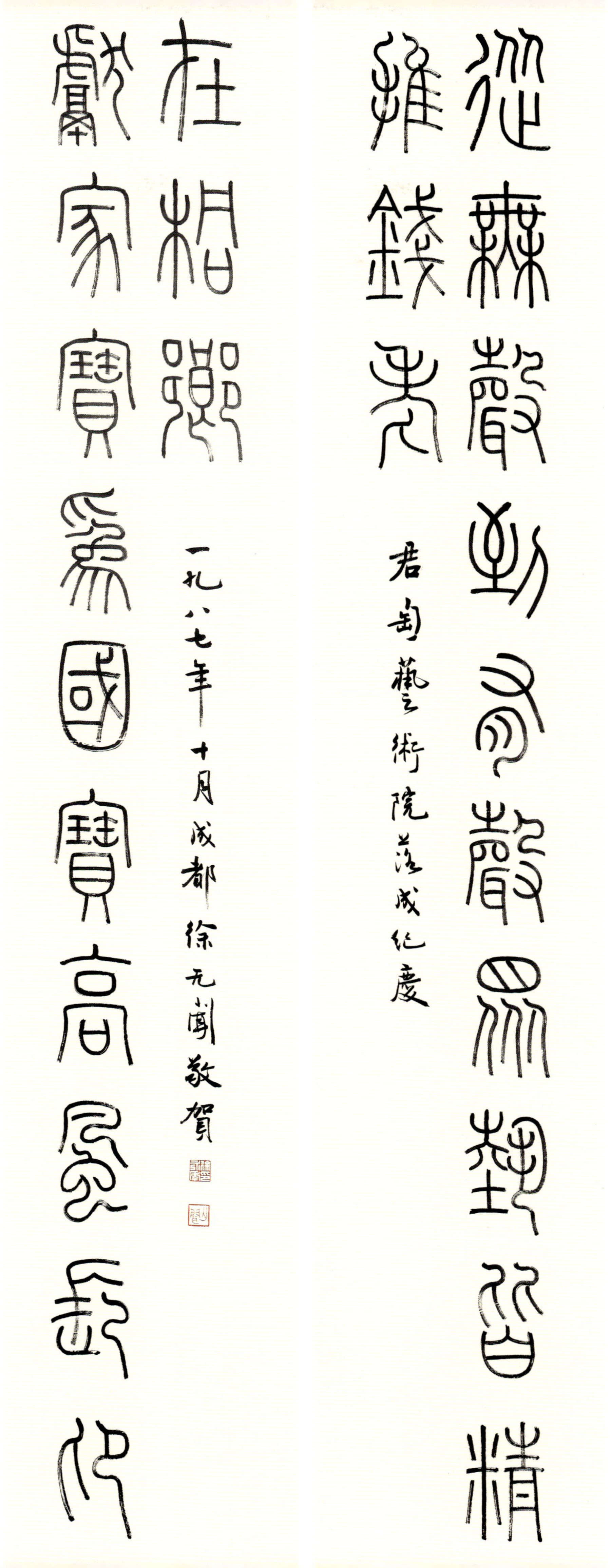

一九八七年十月，徐无闻为君匋艺术院落成书“献家”“从无”十三言联。纵一百七十六点七厘米，横三十五点二厘米，君匋艺术院藏

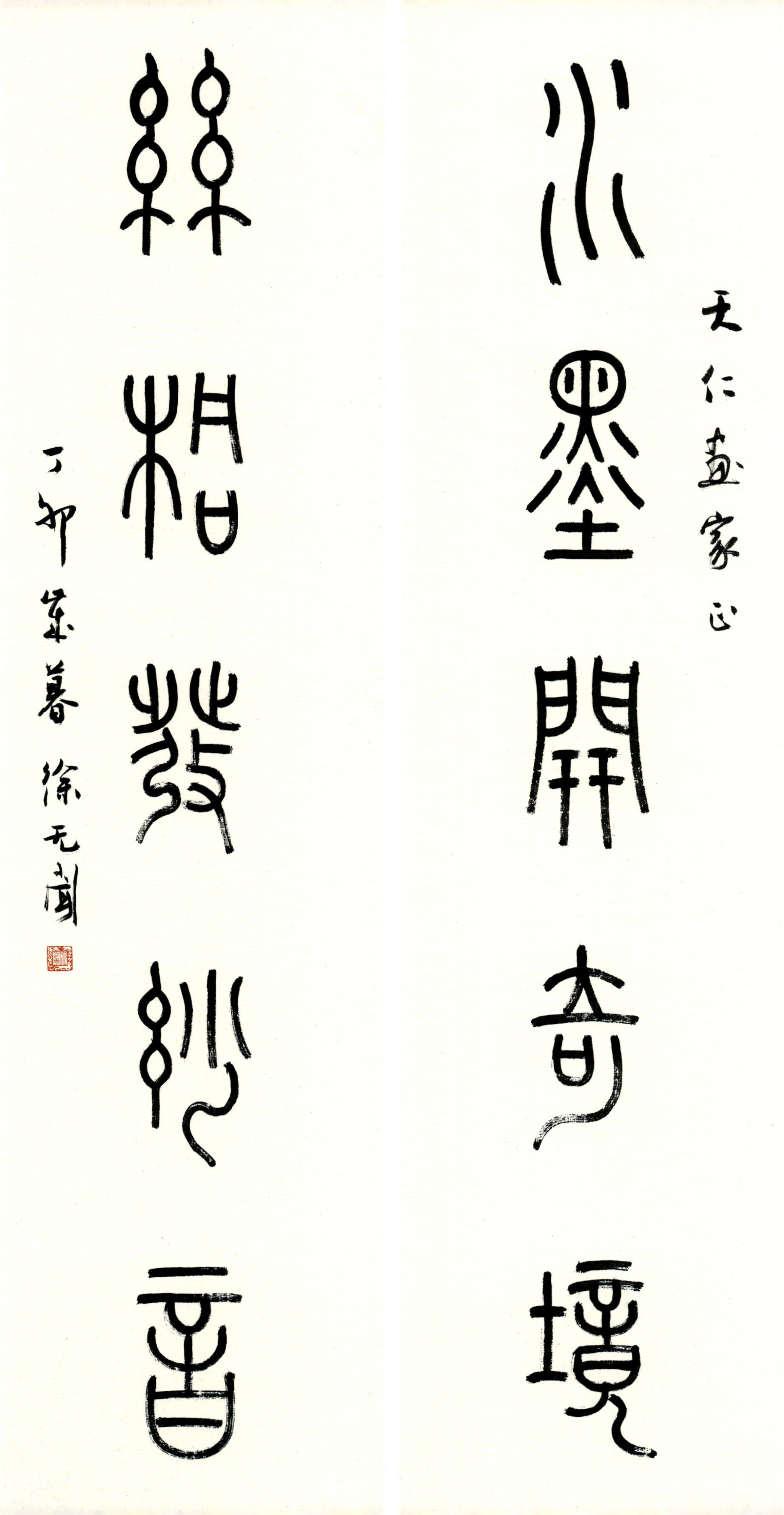

丁卯（一九八七年）岁暮，徐无闻书“水墨”“丝桐”五言联。每幅纵一百厘米，横二十五厘米

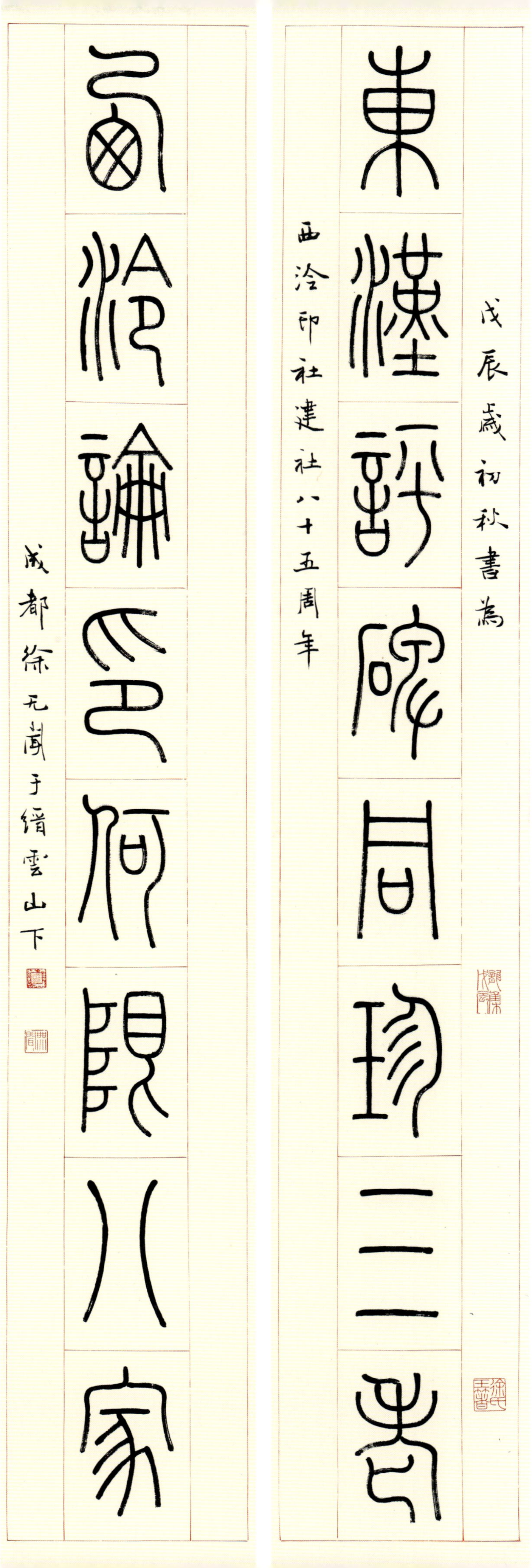

戊辰（一九八八年）岁初秋，徐无闻为西泠印社建社八十五周年书“东汉”“西泠”八言联。每幅纵一百三十三点五厘米，横二十二点五厘米，西泠印社藏

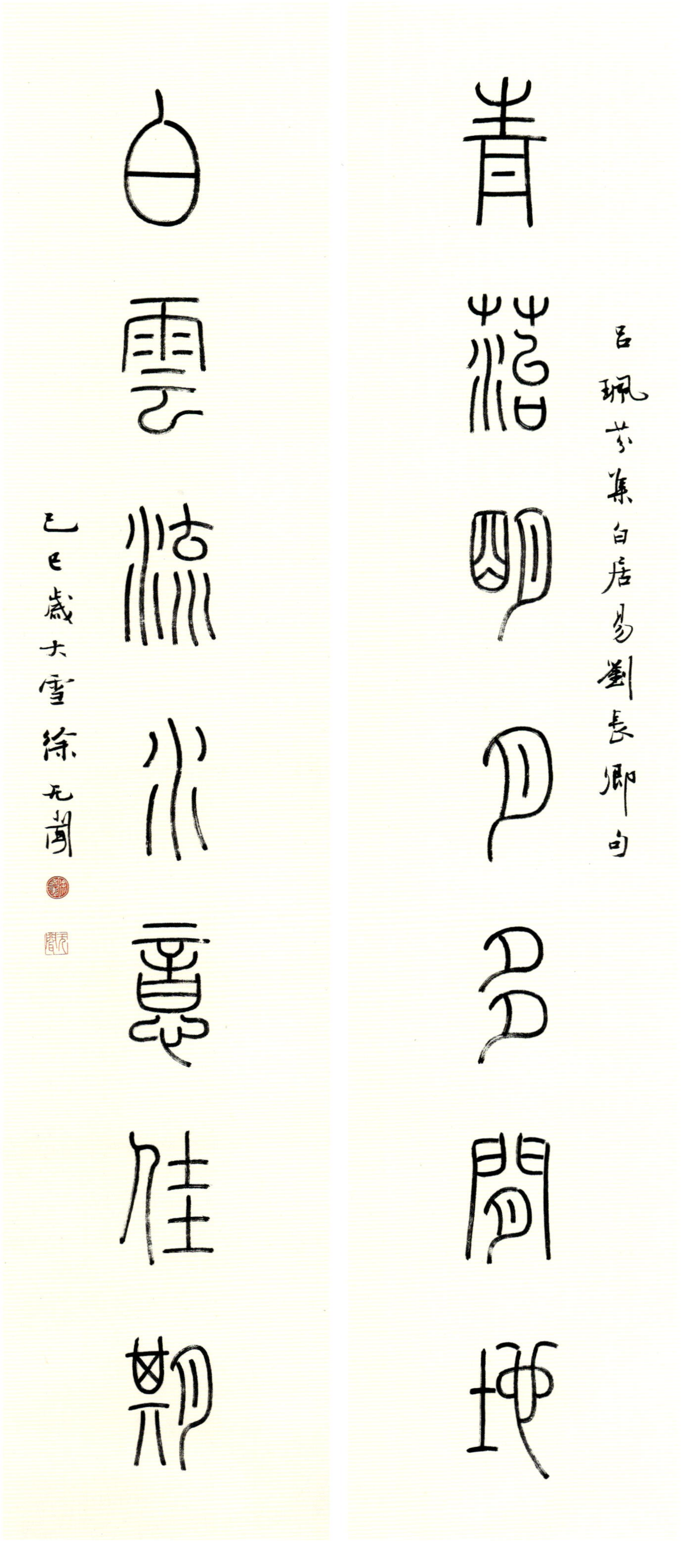

己巳（一九八九年）岁大雪，徐无闻书“青苔”“白云”七言联。每幅纵一百三十六厘米，横二十九点五厘米

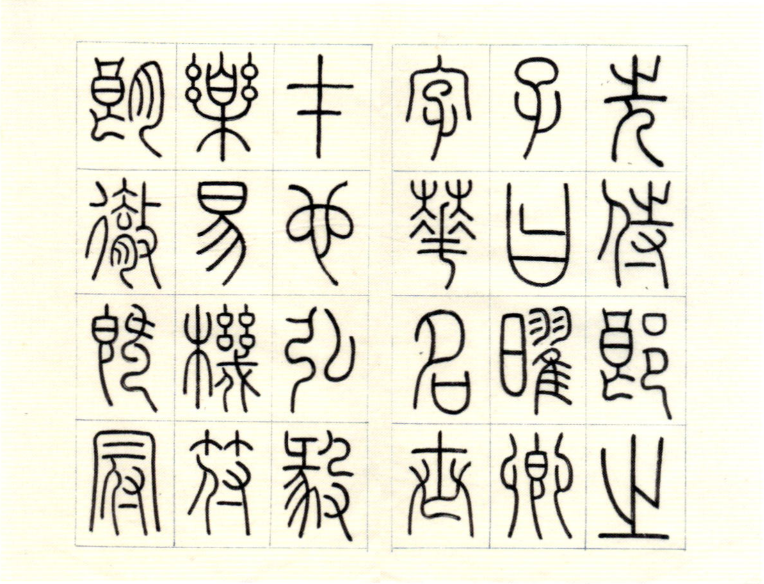

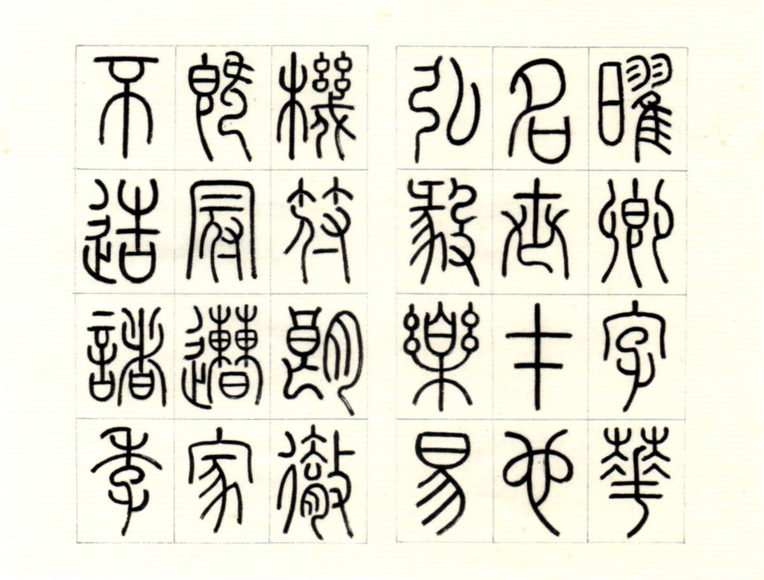

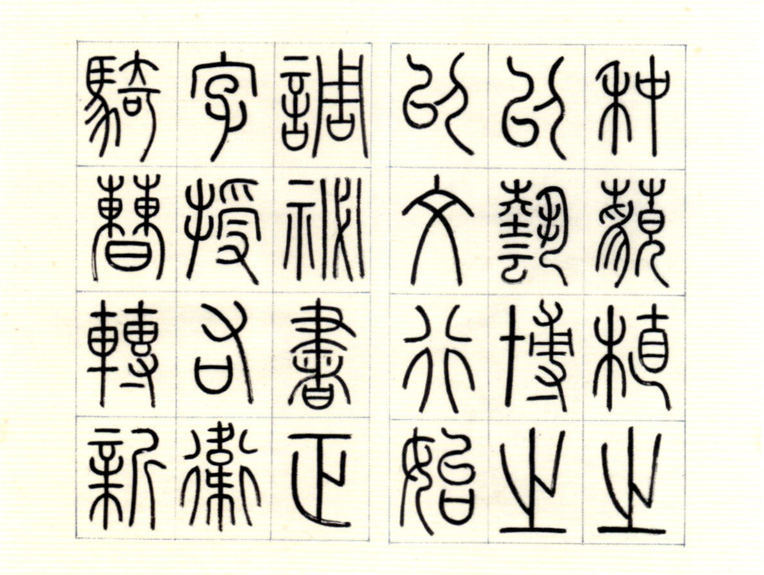

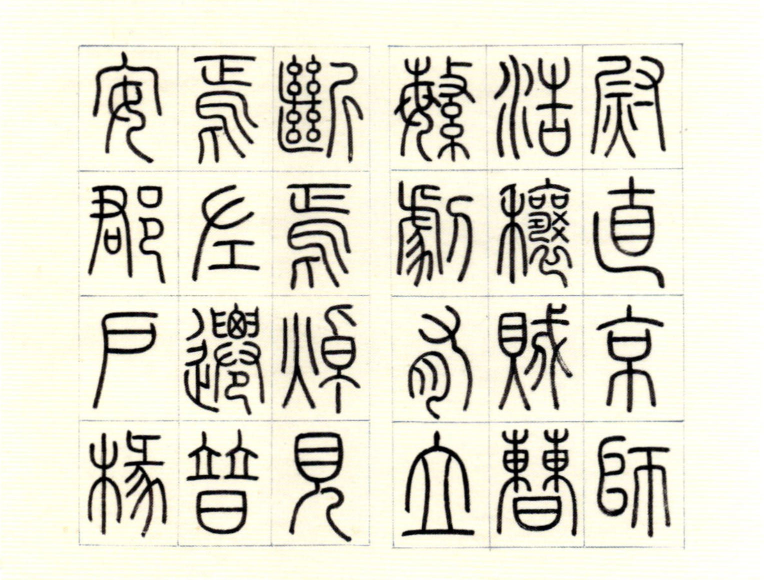

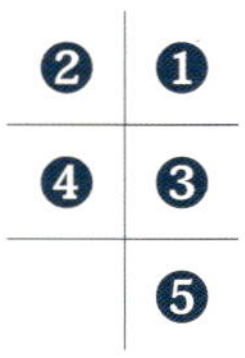

二十世纪八十年代，徐无闻临李阳冰《三坟记》。每半开纵三十五点八厘米，横二十三点八厘米，徐无闻家藏

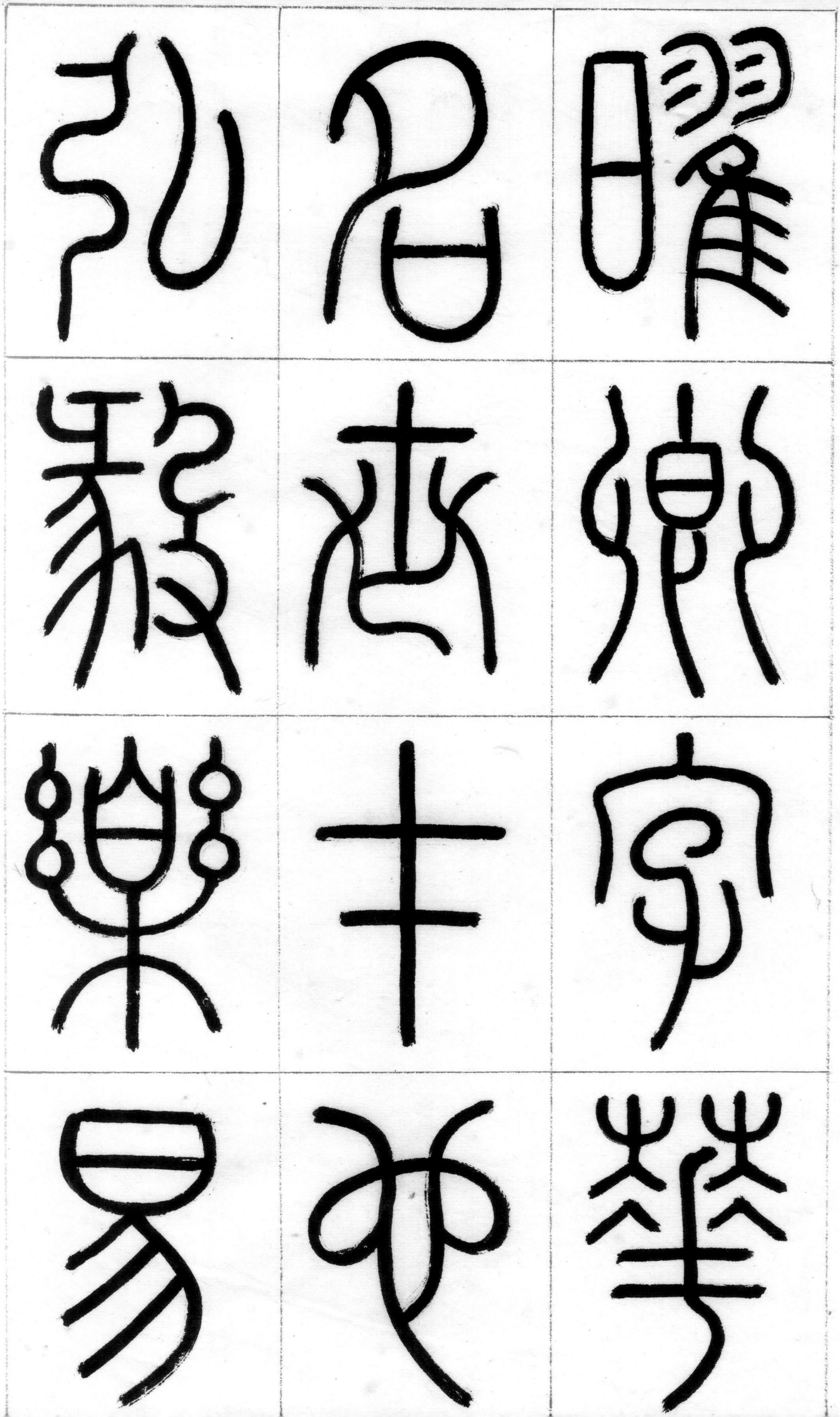

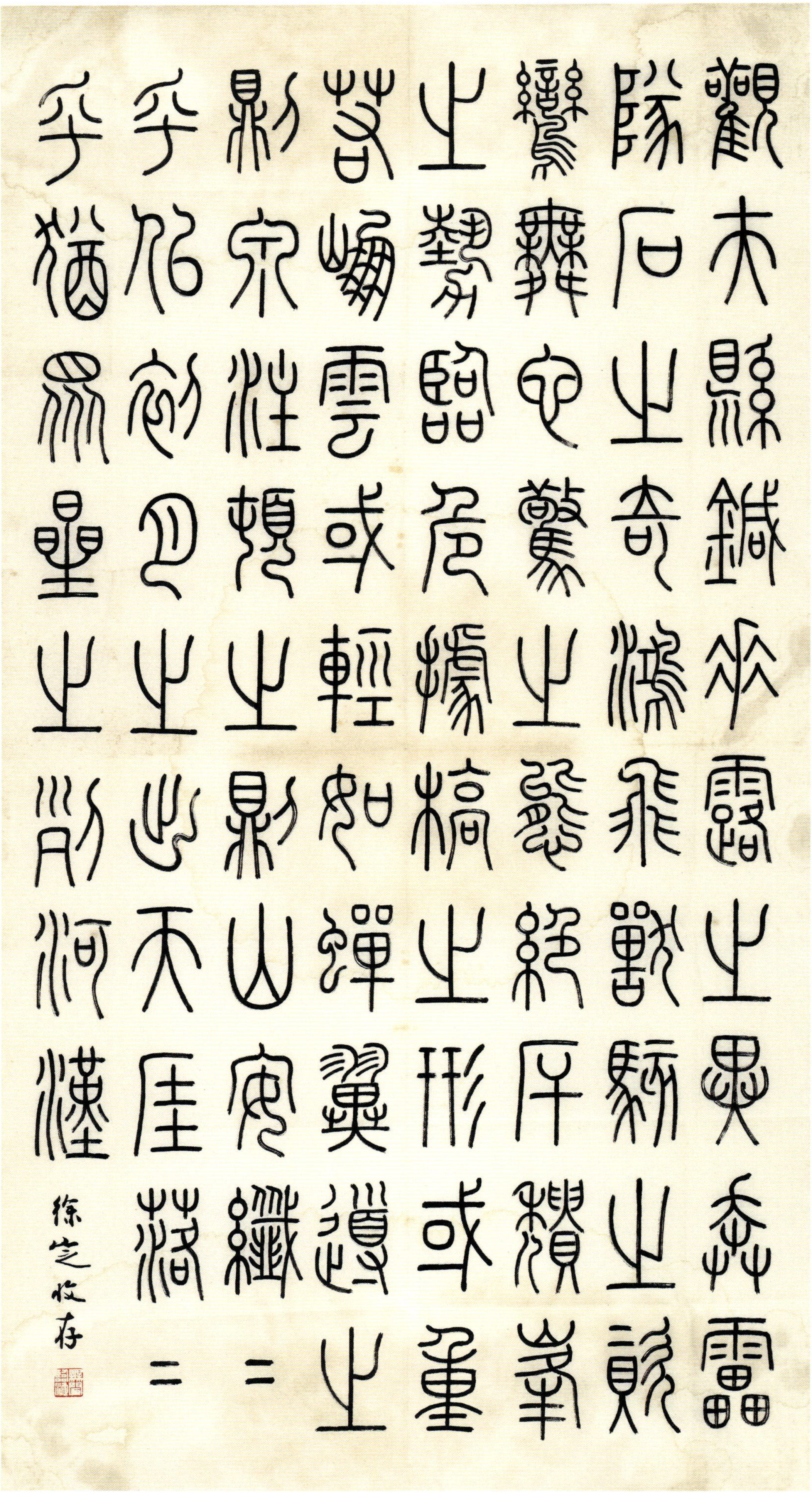

二十世纪八十年代，徐无闻为徐定书孙过庭《书谱》。纵一百厘米，横五十四厘米，徐无闻家藏

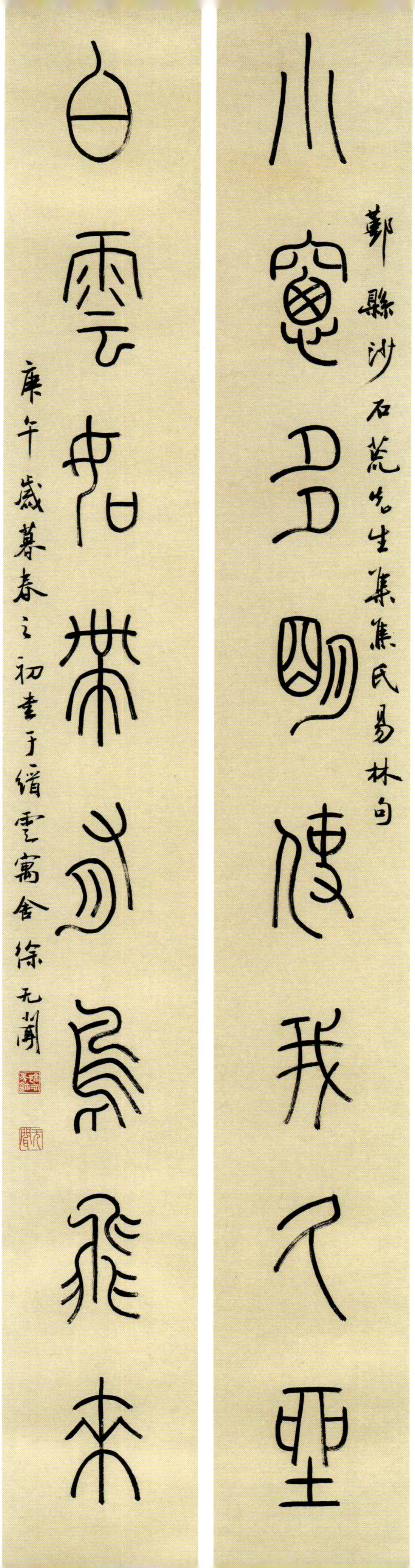

庚午（一九九〇年）岁暮春之初，徐无闻书“小窗”“白云”八言联。每幅纵一百三十八厘米，横十七厘米，徐无闻家藏

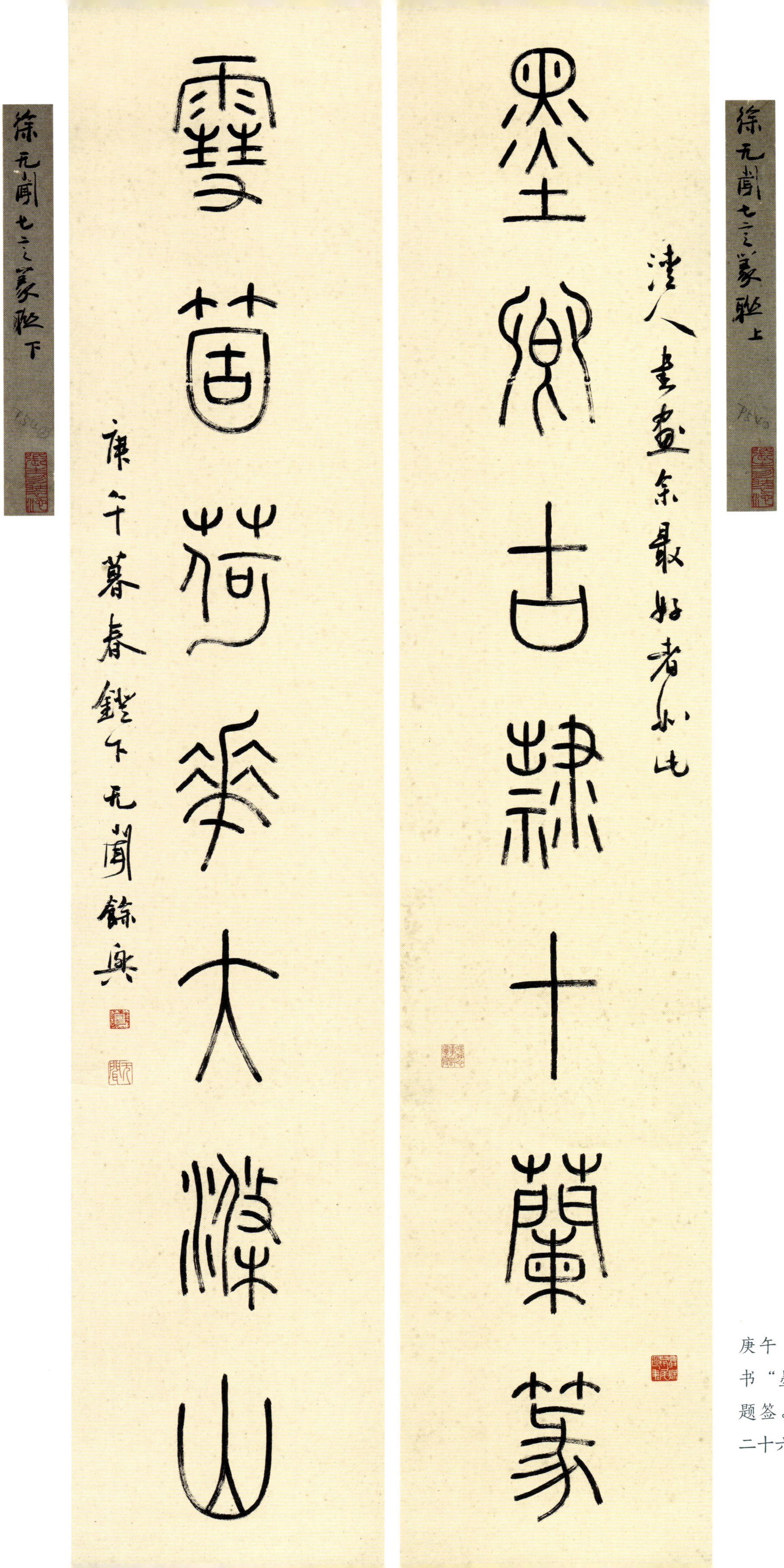

庚午（一九九〇年）暮春，徐无闻书“墨卿”“雪个”七言联，徐无闻题签。每幅纵一百三十三厘米，横二十六厘米，徐无闻家藏

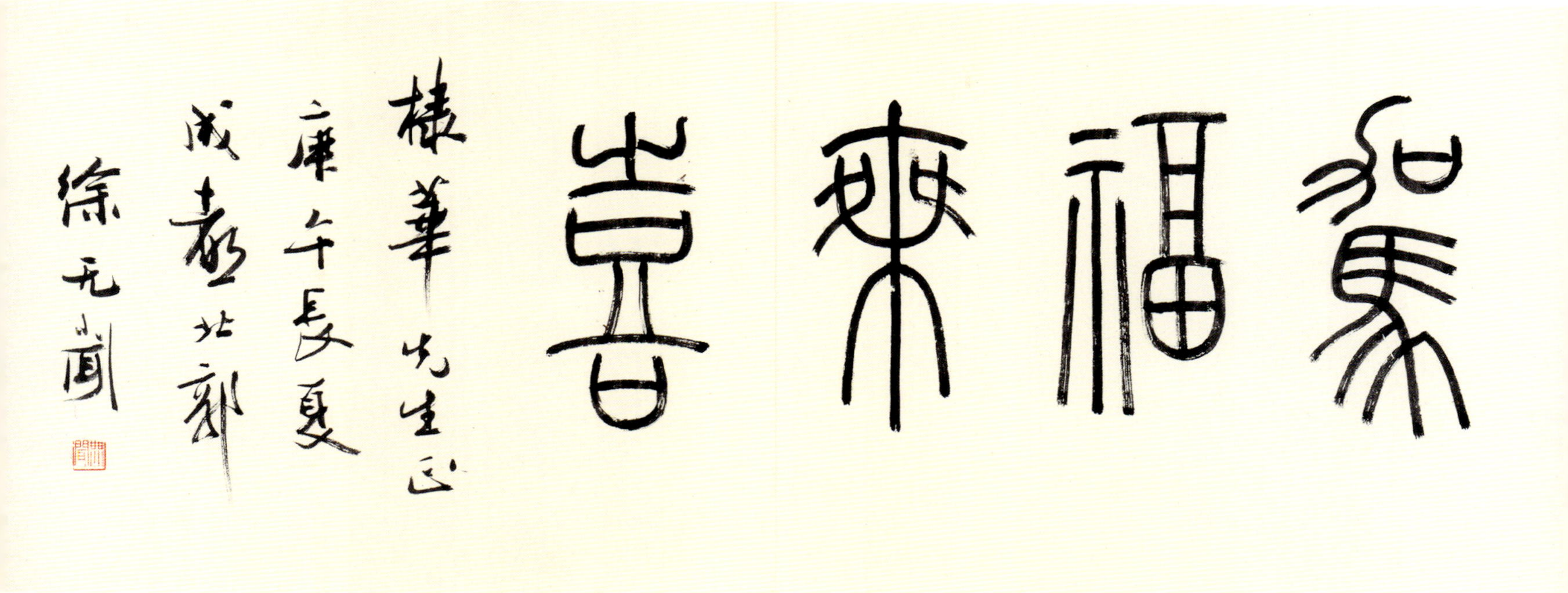

庚午（一九九〇年）长夏，徐无闻书“驾福乘喜”。纵三十六点五厘米，横九十八厘米

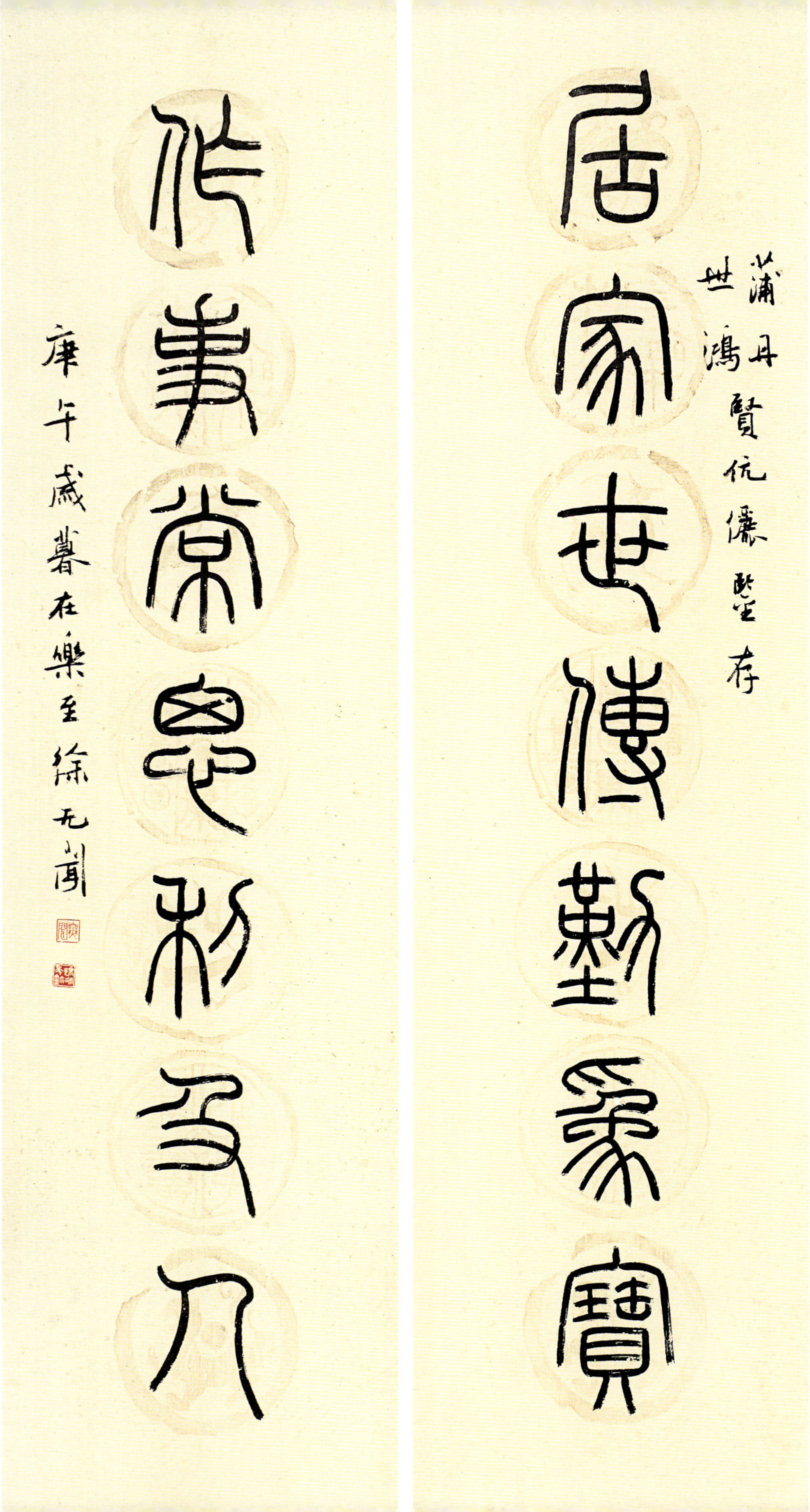

庚午（一九九〇年）岁暮，徐无闻书“居家”“作事”七言联。每幅纵一百三十五厘米，横二十五厘米

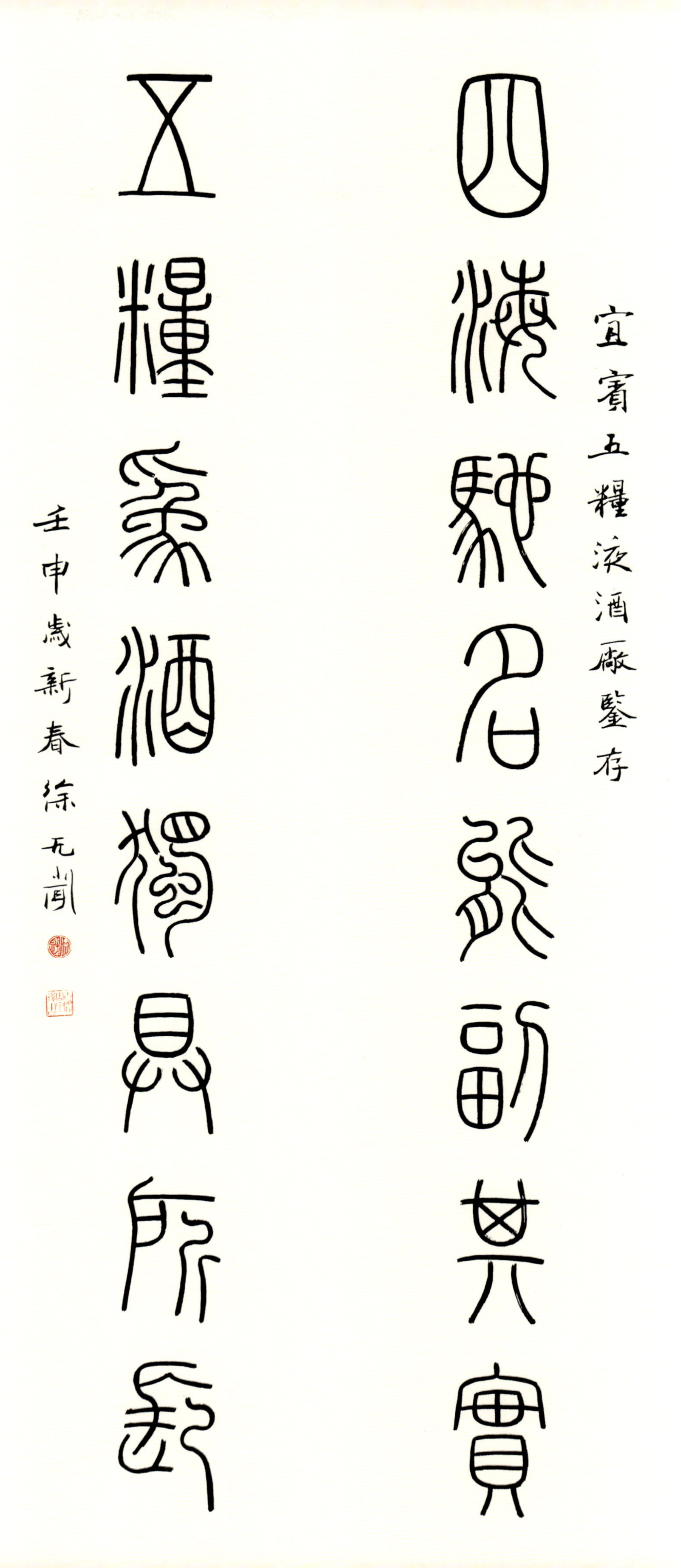

壬申（一九九二年）岁新春，徐无闻为宜宾五粮液酒厂书“四海”“五粮”八言联。纵一百三十六厘米，横五十八厘米，宜宾五粮液酒类销售有限责任公司藏

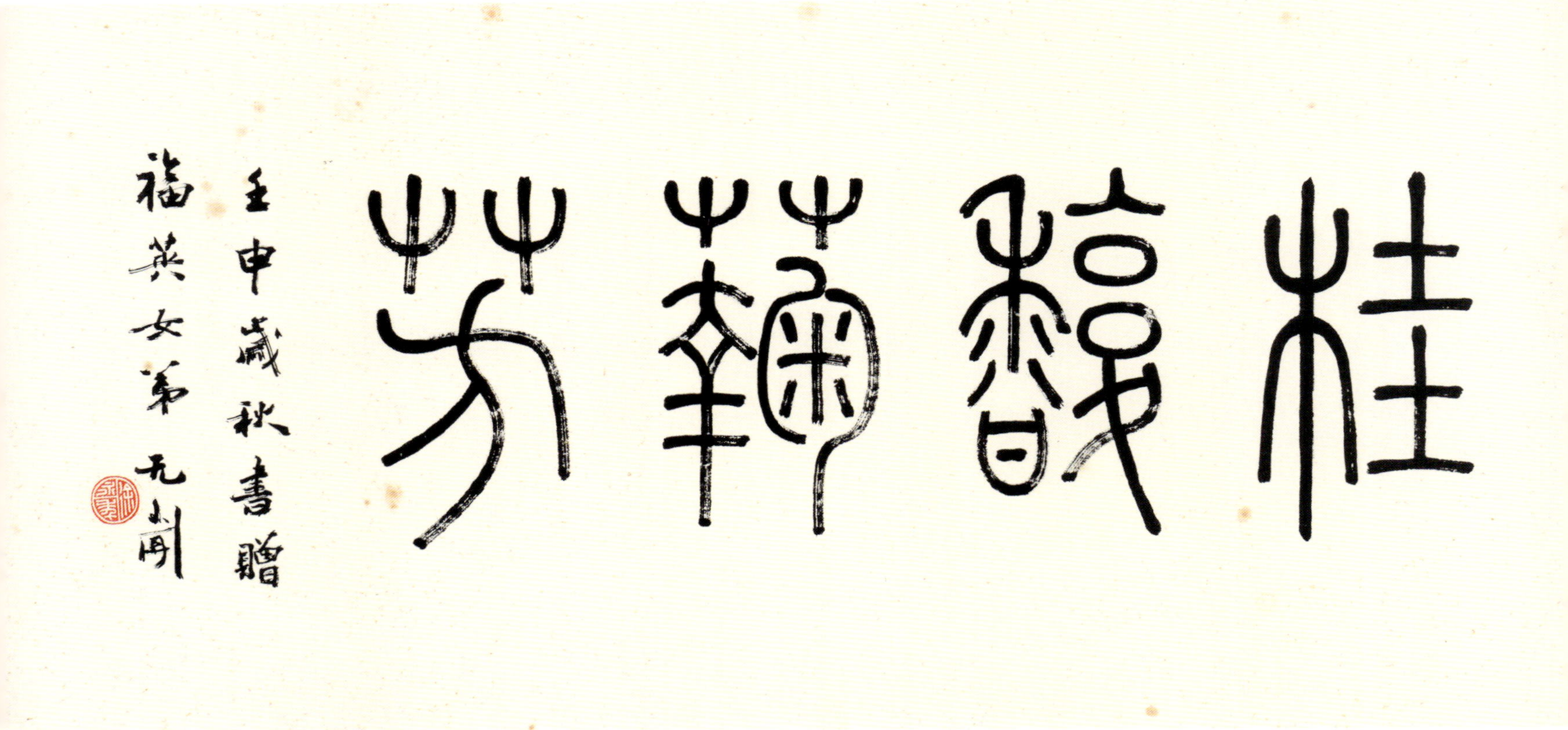

壬申（一九九二年）岁秋，徐无闻书“桂馥菊芳”。纵三十一厘米，横六十八厘米

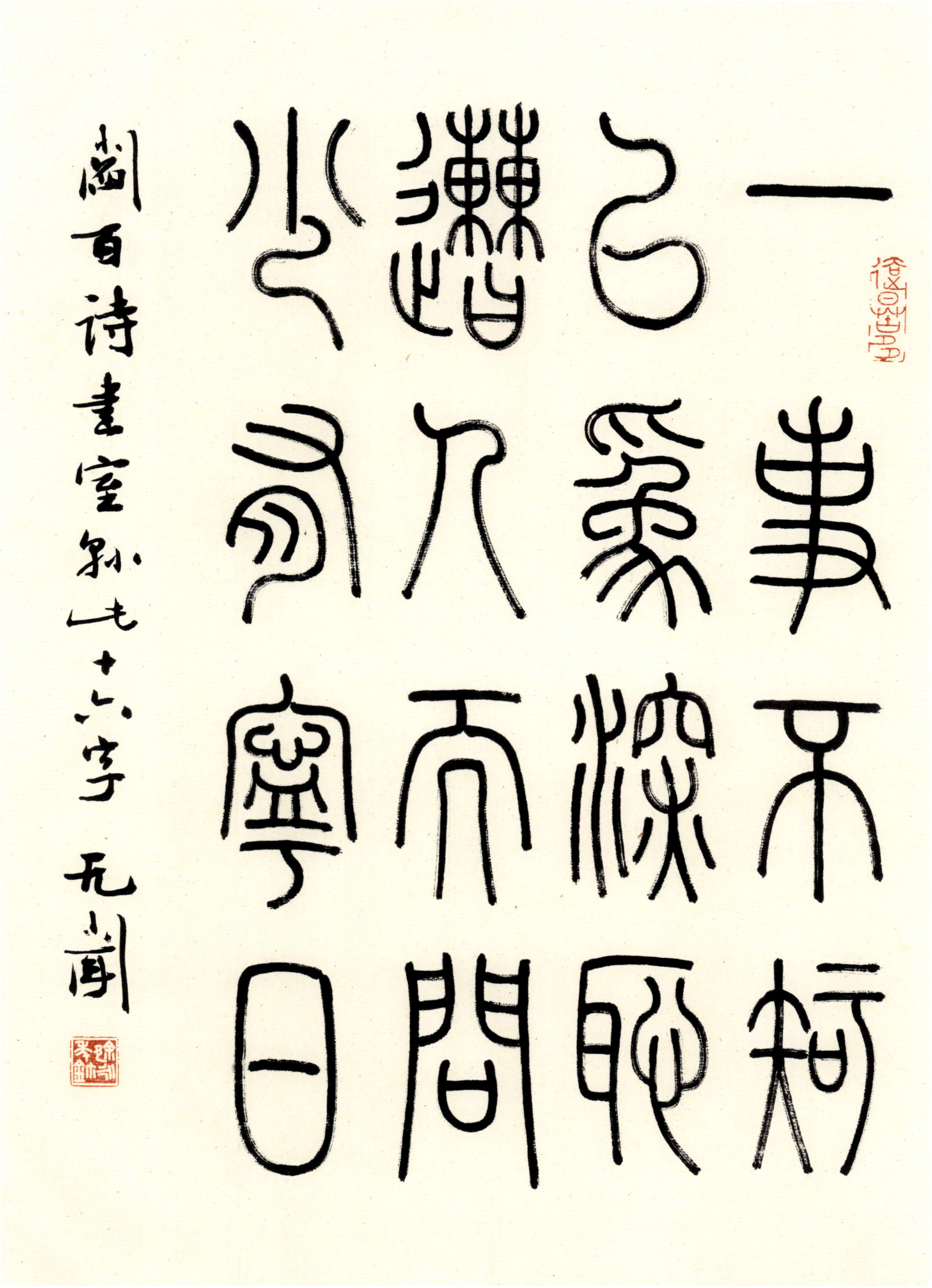

一九九二年，徐无闻书阎若璩书室所悬十六字。纵四十九点五厘米，横三十五点八厘米

癸酉（一九九三年）岁新春，徐无闻书“夕阳”“山色”七言联。每幅纵一百三十三厘米，横二十四厘米，徐无闻家藏

徐无闻与篆刻艺术

徐无闻孩童时即好篆刻，其父鸿冥翁取家藏印谱和历代印章令其熟观精摹，后幸遇周菊吾、易均室，获知篆刻流别及各家优劣，眼界始大，理解遂深。弱冠甫过，为易均室治“稆园游艺”印，四面长跋边款，见者叹绝。易均室为其印稿题词曰：“嘉龄制印能为蜀中开拓风气，匪前此篆刻家所有也。”后从温州方介堪学，获列门墙，更有进境。一九八三年沙孟海驰书相告，推荐其入西泠印社。

徐无闻治印以汉为宗，上自战国秦汉，下及当世前贤，多方取挹，面目多样。古玺如老祖端坐，半通有闺秀之姿；满白浑茫，元朱明润；鸟虫婉而茂，凿印质而文。小若米粒者窈妙，广逾数寸者雄强；不拒金石之气，尤重有墨有笔。边款内容丰富，文辞雍雅，字体之多样，刀法之多变，亦为并世印坛所不多觏。

癸亥（一九八三年）岁人日，徐无闻治“古不乖时　今不同弊”。印面纵三厘米，横三厘米，高三点七厘米，徐无闻家藏

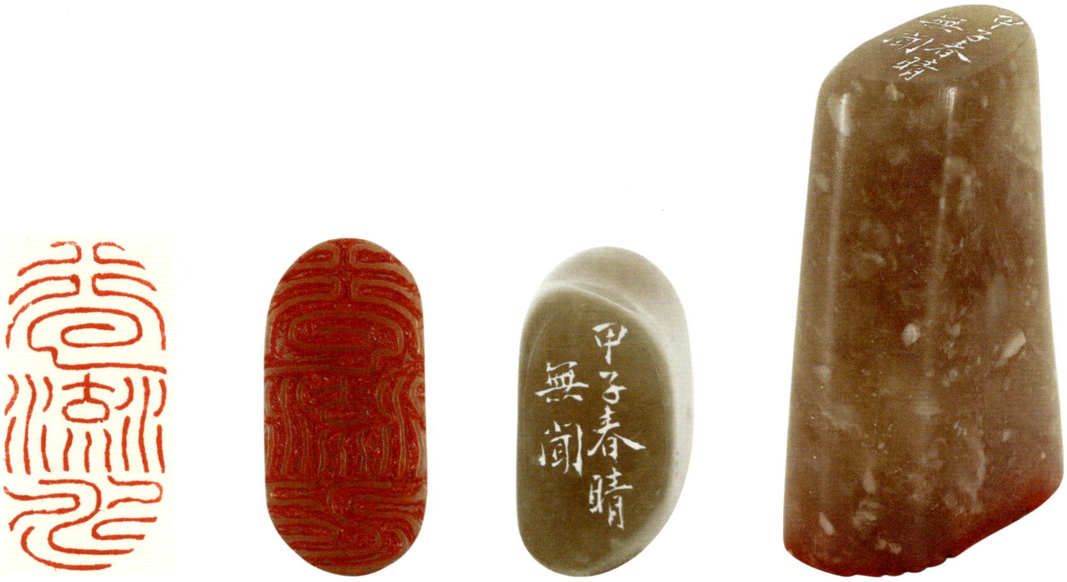

甲子（一九八四年）春晴，徐无闻治“行云流水”。印面纵四点四厘米，横二点二厘米，高六点五厘米，徐无闻家藏

一九八八年，徐无闻治“龙集戊辰”。印面纵三点六厘米，横二厘米，高二点七厘米，徐无闻家藏

戊辰（一九八八年）二月，徐无闻治“老子其犹龙邪”。印面纵二点五厘米，横二厘米，高四厘米，徐无闻家藏

  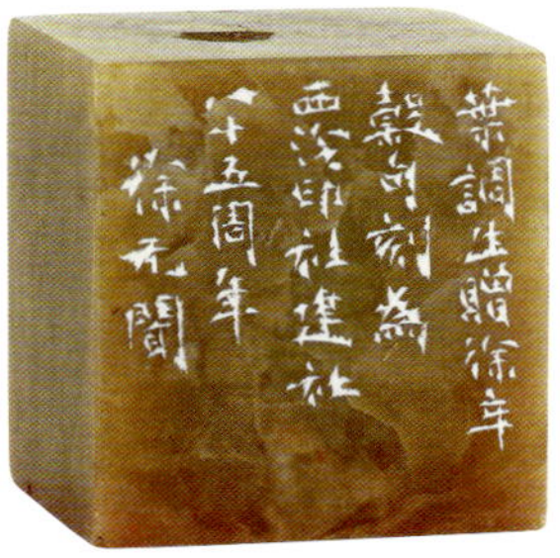

一九八八年，徐无闻为西泠印社建社八十五周年治“交联金石许同游”。印面纵三厘米，横三厘米，高三厘米，徐无闻家藏

己巳（一九八九年）阳月，徐无闻治“得意江山在眼中”。印面纵二点九厘米，横二点九厘米，高三点三厘米，徐无闻家藏

二十世纪八十年代，徐无闻治“徐氏玉箸”。印面纵二点七厘米，横二点七厘米，高五点二厘米，徐无闻家藏

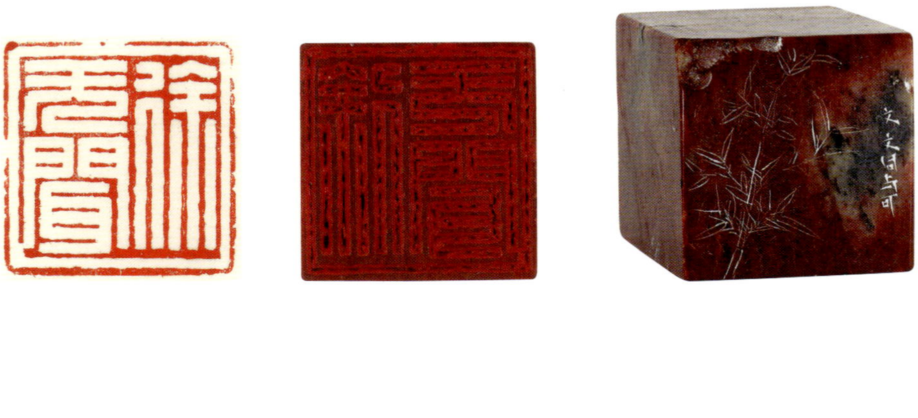

二十世纪八十年代，徐无闻治“徐无闻”。印面纵三点一厘米，横三点一厘米，高四点五厘米，徐无闻家藏

庚午（一九九〇年）落墨、辛未（一九九一年）奏刀，徐无闻治“自强不息”。
印面纵五厘米，横五厘米，高三点七厘米，徐无闻家藏

启功、徐无闻与《兰亭序》

一九三五年，启功二十三岁，作《兰亭》诗："底从骏骨辨媸妍，定武椎轮且不传。赖有唐摹存血脉，神龙小印白麻笺。"一九六四年十一月，启功发表《唐人摹〈兰亭帖〉二种书后》再申此说。一九八〇年十一月十二日，启功发表此诗注释："今日故宫博物院所藏有神龙半印之本，清代题为冯承素摹本，笔法转折，最见神采。且于原迹墨色浓淡不同处，亦忠实摹出，在今日所存种种兰亭摹本中，应推最善之本。"这一上钤唐中宗"神龙"年号半玺印冯承素摹本，公认与王羲之原作最为接近。神龙本外，别本众多，启功曾撰《兰亭帖考》加以详述。

启功有摹神龙本传世。一九七四年六月二十五日，又临元人陆继善之摹本一通。一九八七年四月，启功为"中日兰亭书会"作《兰亭序》集字七绝："临风朗咏畅怀人，情有同欣会有因。可比诸贤清兴永，水流无尽岁长春。"

徐无闻对《兰亭序》及神龙本同样情有独钟，他在上海书画出版社一九七三年影印的《唐人摹兰亭序墨迹三种》后写到："传世有唐人摹本数种，宋以来辗转翻刻数百种，版本极复杂。比较近真的是所谓冯承素摹本，怀仁《圣教序》取于《兰亭》的字，与之大体符合。定武欧临，颍上褚临，历代奉为行书典范"天下第一"。近百年有伪作的说法，至郭沫若而盛，但现在信真者甚多。此前的行书传世甚少，与《兰亭》相比，甚不足观。《兰亭》是书法的创新。元郭天锡评冯承素本云：'字法秀逸，墨彩焕发，奇丽超绝，动心骇目，毫芒转折，纤微备尽。'露锋不浮，藏锋不拙，萦带精巧，方笔妙用，巧妙用点，重字变异。晋以后书家几乎都学过《兰亭》，都从《兰亭》得到好处。有的人甚至终生学《兰亭》而自成一家。先学神龙本，然后参看其他各本，从各本的不同处，可以懂得用笔结体和风格的关系。临摹结合，用纯羊毫不易临好，写不出某些点画效果。学用笔，学结体，学潇洒自然的风格，至少要临五十遍。"

为纪念右军书《兰亭序》一千六百三十周年，一九八三年绍兴文物管理委员会邀请全国名家临《兰亭》，徐无闻依神龙本临《兰亭序》一通，今藏绍兴博物馆。自二十世纪五十年代始，徐无闻历时数十年，广搜前人《兰亭序》集联，又附以自撰集联，达一千五百联之多，二〇一三年三月由中华书局出版。

此本舉凡金龜針孔八濶九脩羣
脚雙义帶項四直以及蹔字賊毫
班班可考完顏景氏三虞堂舊藏
一本自謂爲落水真本者余曾寓
目與此正同東陽國學猶在下風信
宋翻定武中之上品不可以善跋輕
之卷中蛇足害印存而不論可也
戊子端陽　啓功獲觀因題

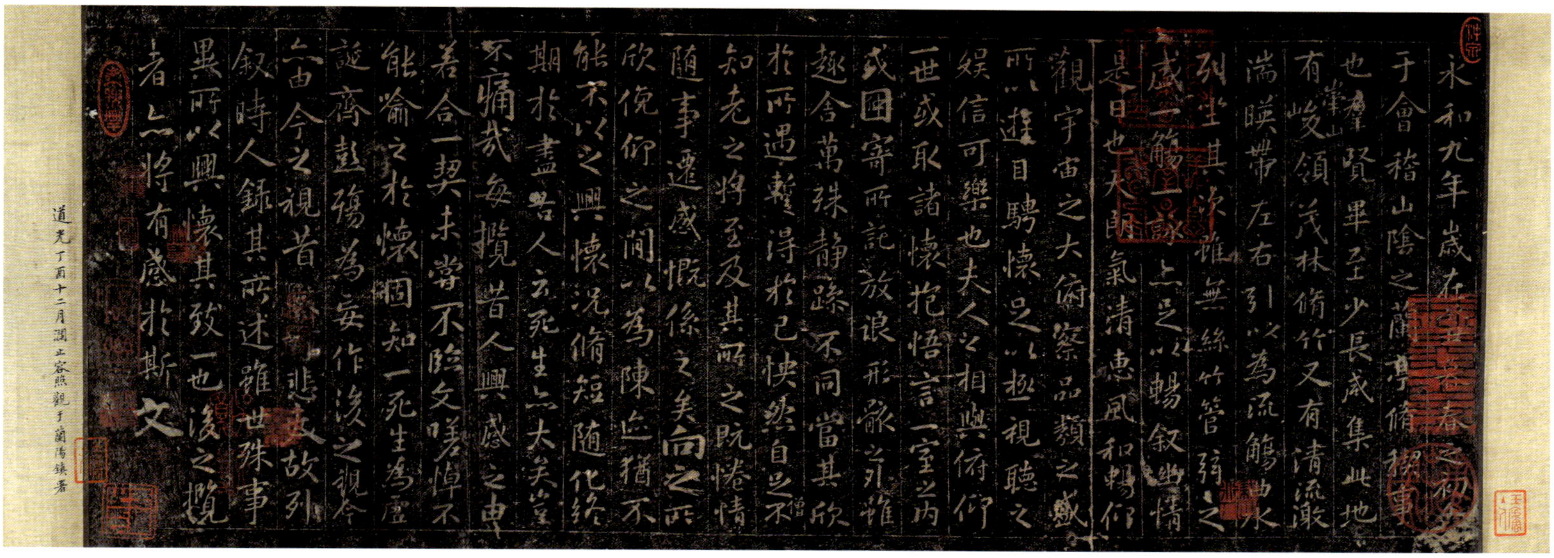

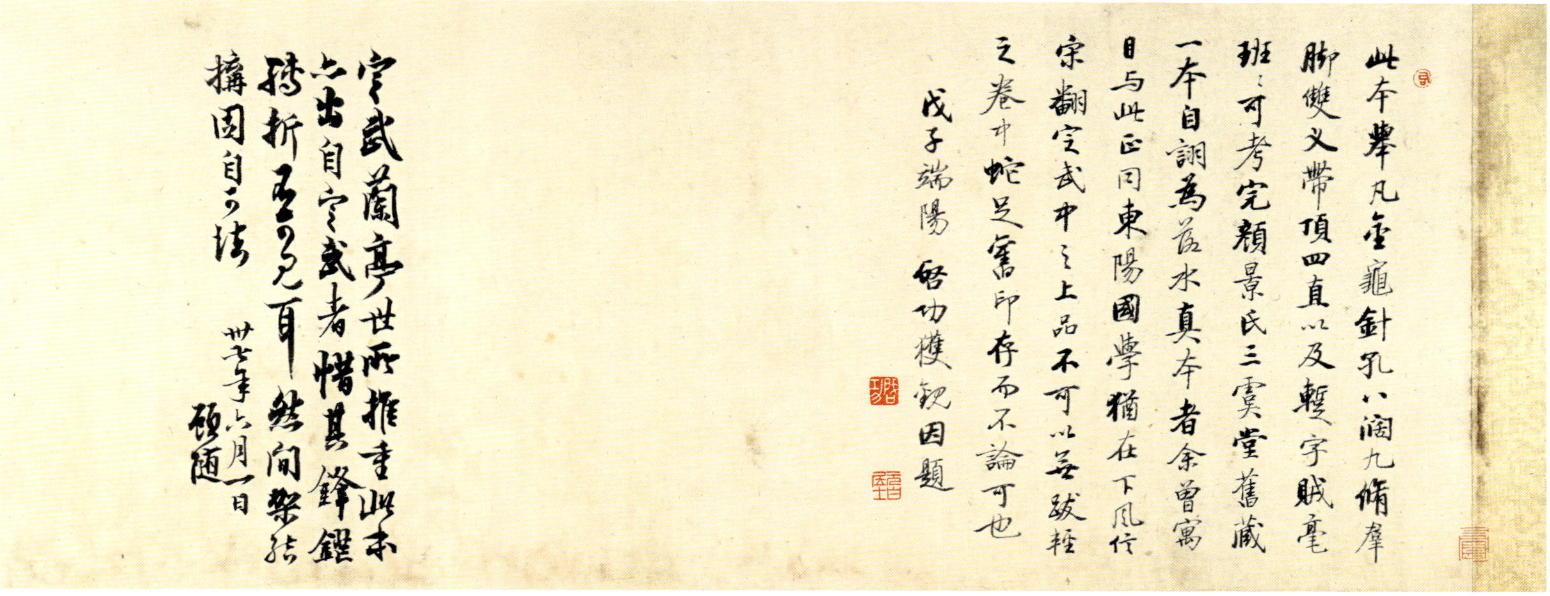

戊子（一九四八年）端阳，启功题跋；一九四八年六月一日，顾随题跋宋拓《兰亭序》。

拓本纵二十五点五厘米，横六十五厘米；题跋纵二十五点五厘米，横七十三厘米

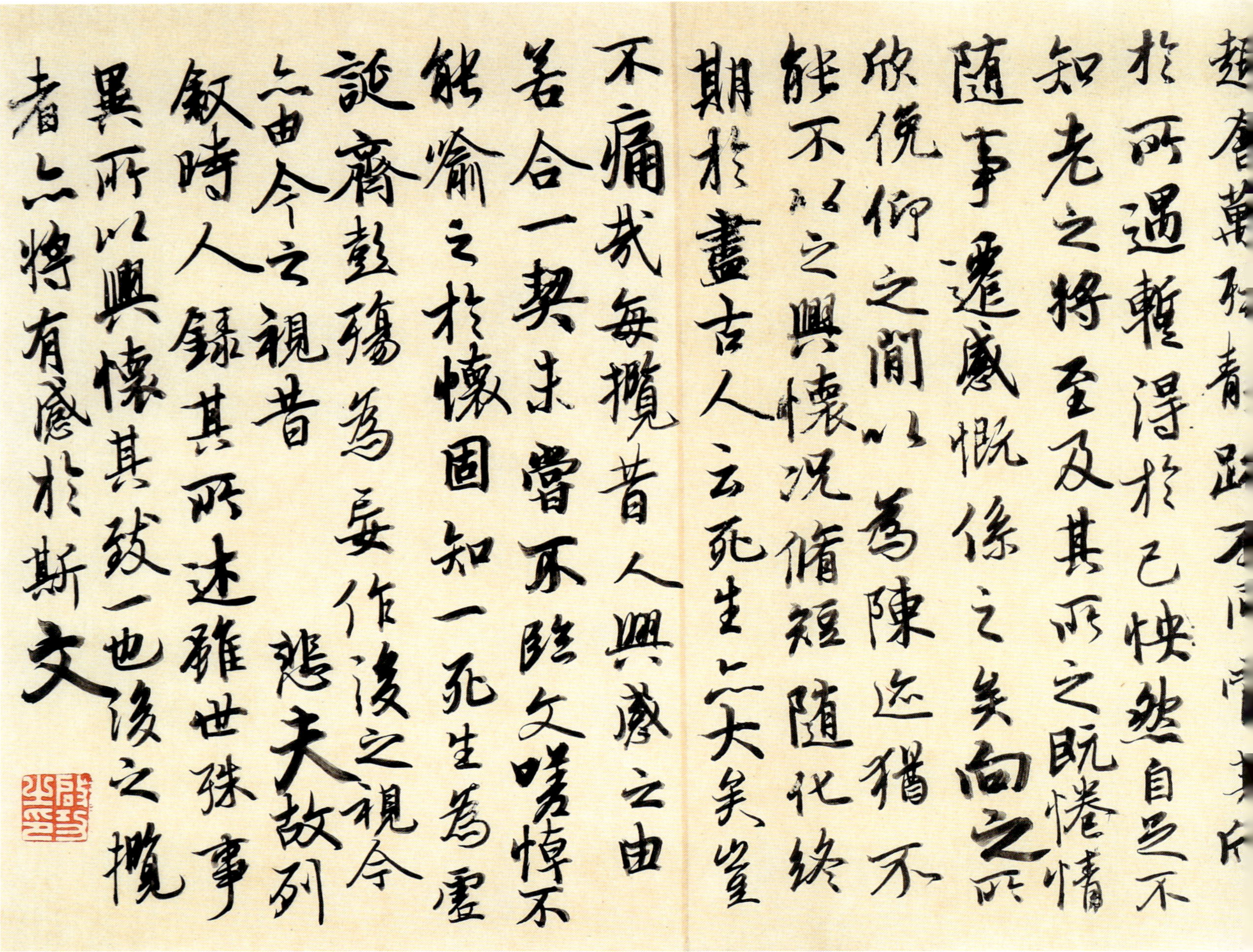

趣舍萬殊靜躁不同當其
於所遇暫得於己快然自足不
知老之將至及其所之既惓情
隨事遷感慨係之矣向之所
欣俛仰之間以為陳迹猶不
能不以之興懷況脩短隨化終
期於盡古人云死生亦大矣豈
不痛哉每攬昔人興感之由
若合一契未嘗不臨文嗟悼不
能喻之於懷固知一死生為虛
誕齊彭殤為妄作後之視今
亦由今之視昔 悲夫故列
敘時人錄其所述雖世殊事
異所以興懷其致一也後之攬
者亦將有感於斯文

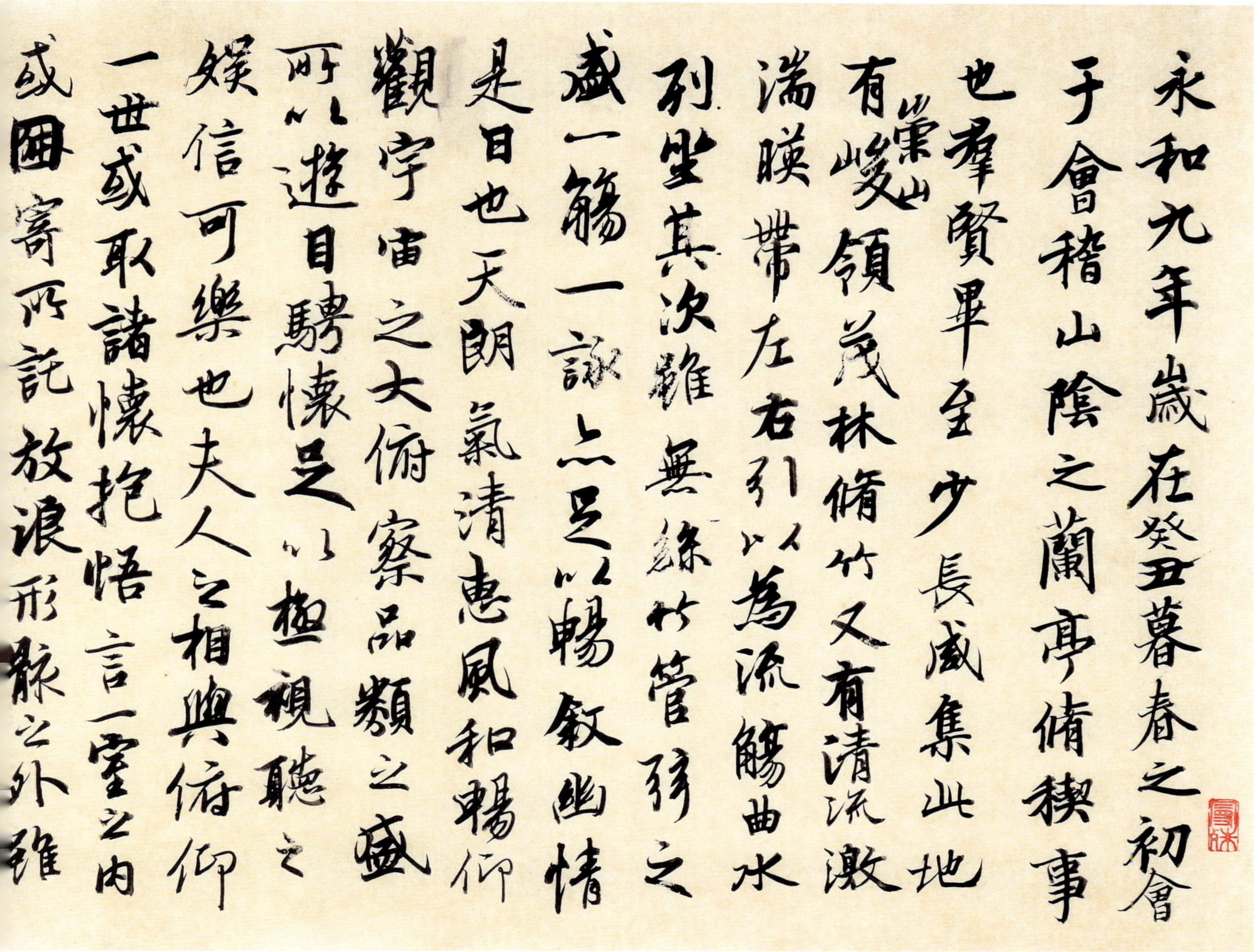

二十世纪四十年代，启功摹神龙本《兰亭序》。纵二十五点五厘米，横六十八点六厘米，启功家藏

此卷白麻如玉縝密細潤墨色漆黑如未見過出土唐人墨迹
故亦敢定為一千二百年物

底須駿骨辨媸妍，定武真形久不傳。賴有唐摹存血脈，神龍小印白麻箋。（蘭亭、紙、禊序）

此十五餘年前所作論書絕句之一，今日重喻覺於此卷之品評仍並沒錯

宋世唐摹本甚多亦不易得真，觀米老之言可見

③

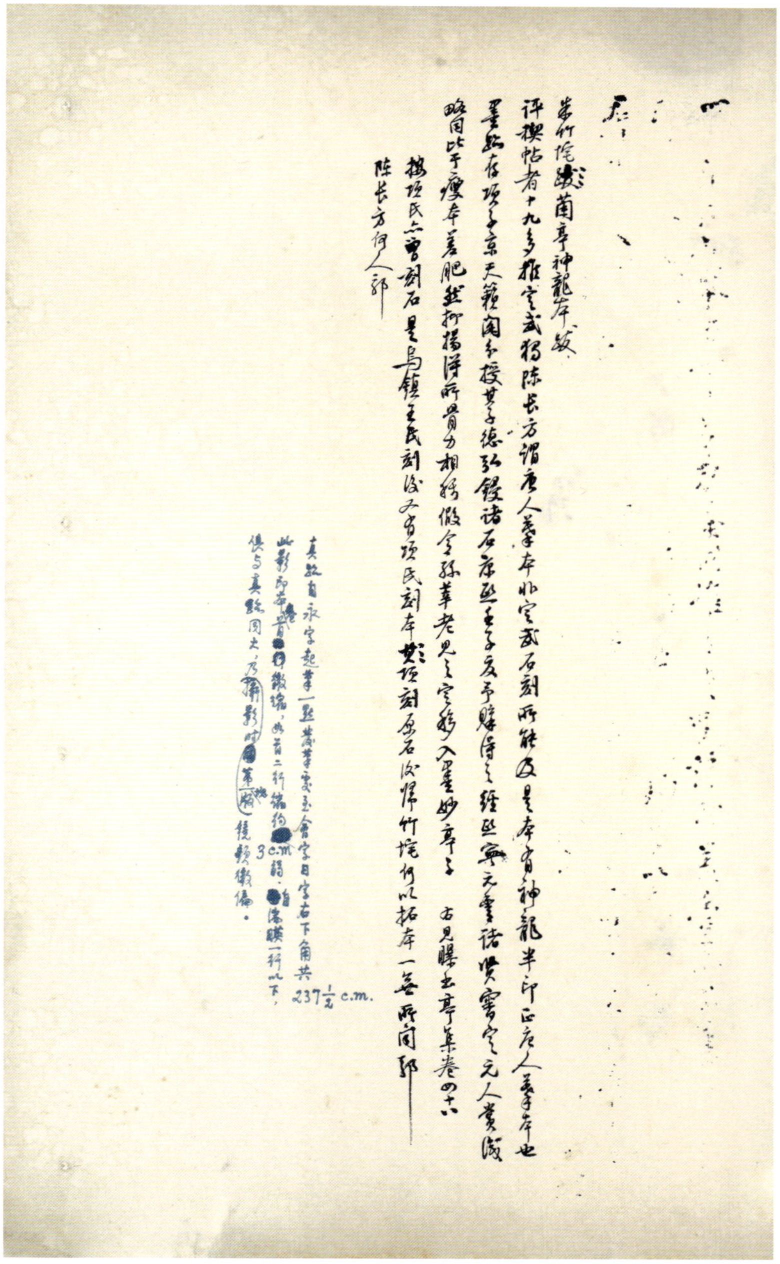

❷

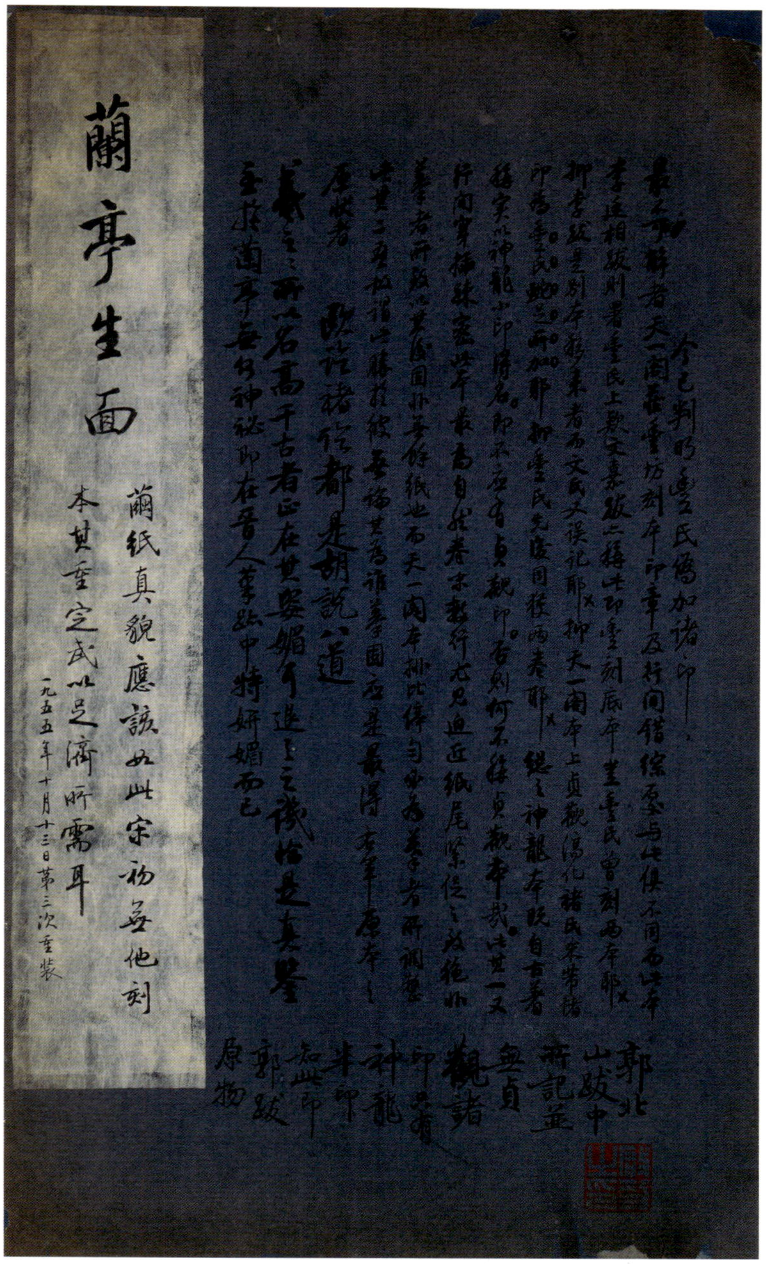

❶

一九五五年十月十三日，启功题签、题跋民国时期国立北平故宫博物院珂罗版影印本《唐冯承素临兰亭帖》。

每页纵四十四点八厘米，横二十七点九厘米，启功家藏

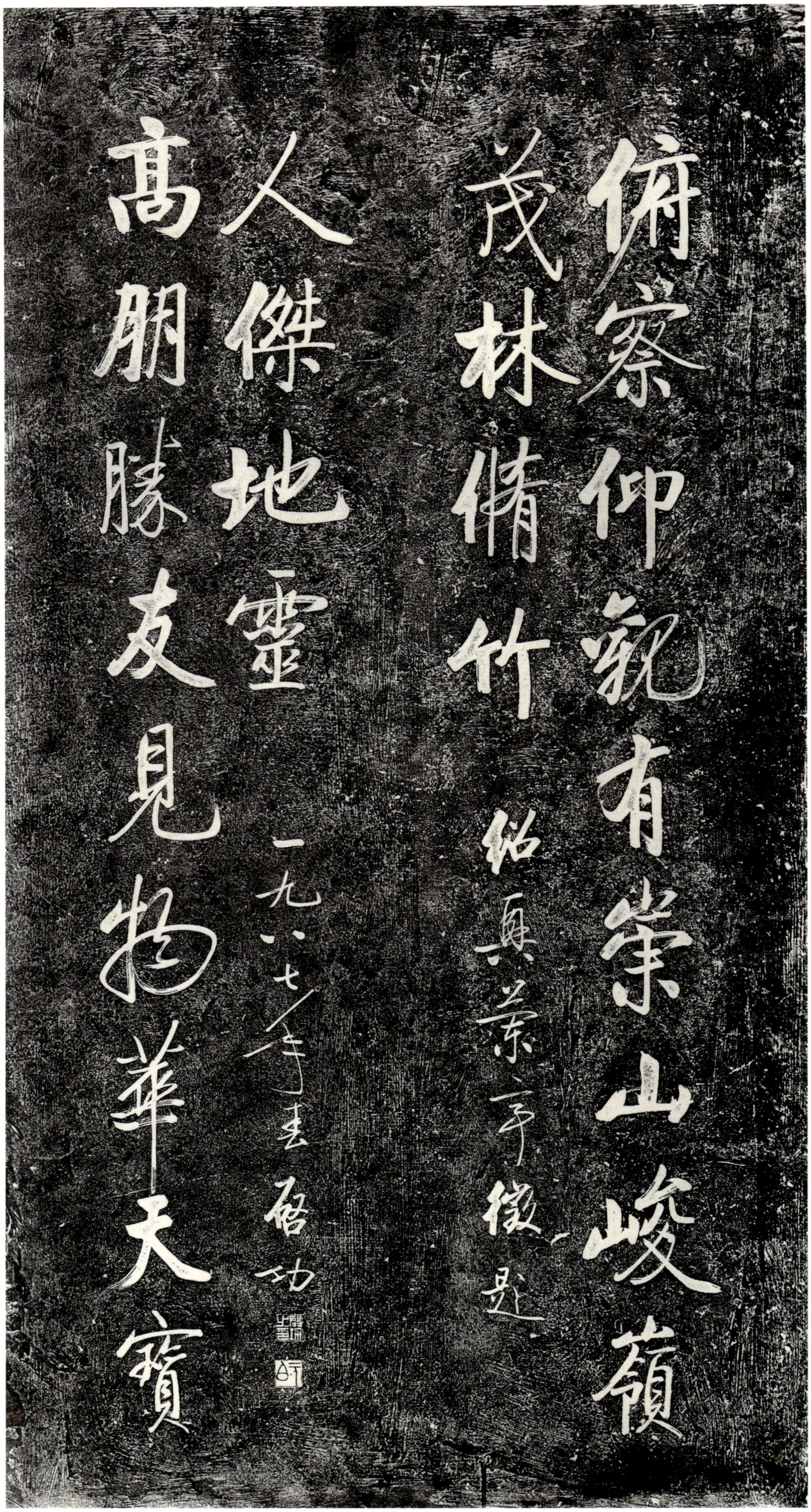

一九八七年春，启功应绍兴兰亭征题，书“俯察”“高朋”十三言联，二〇二三年拓本。纵一百四十五厘米，横七十六点五厘米

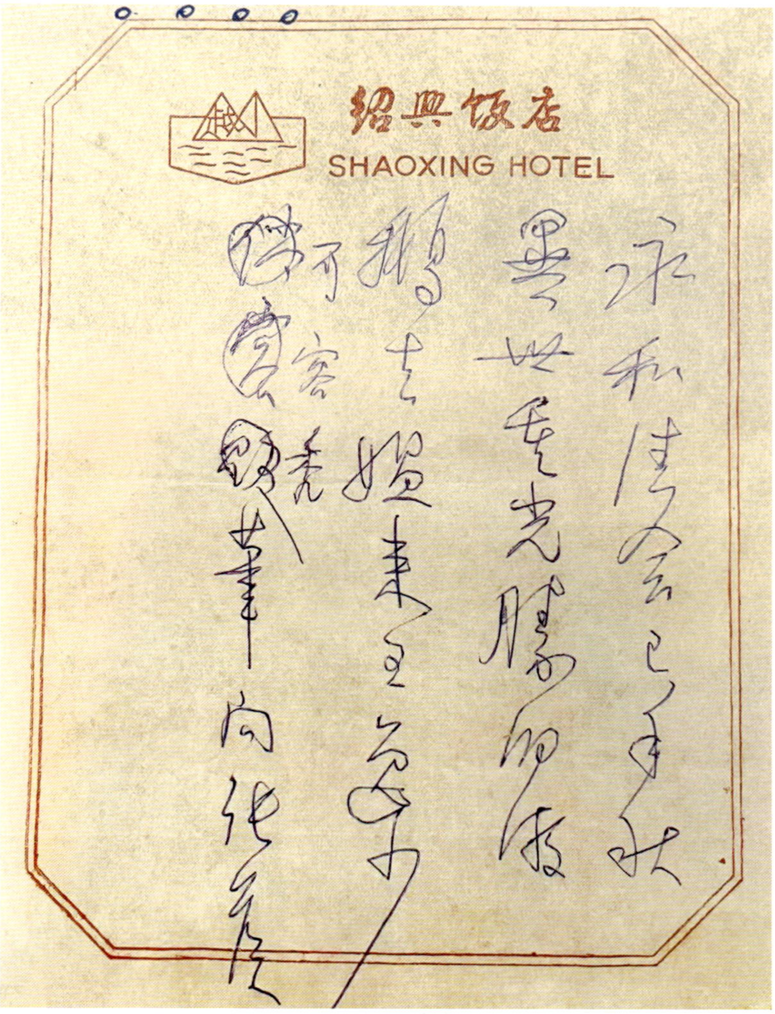

一九八七年四月六日—九日，启功在浙江绍兴饭店作

《兰亭水次偶拈》诗稿

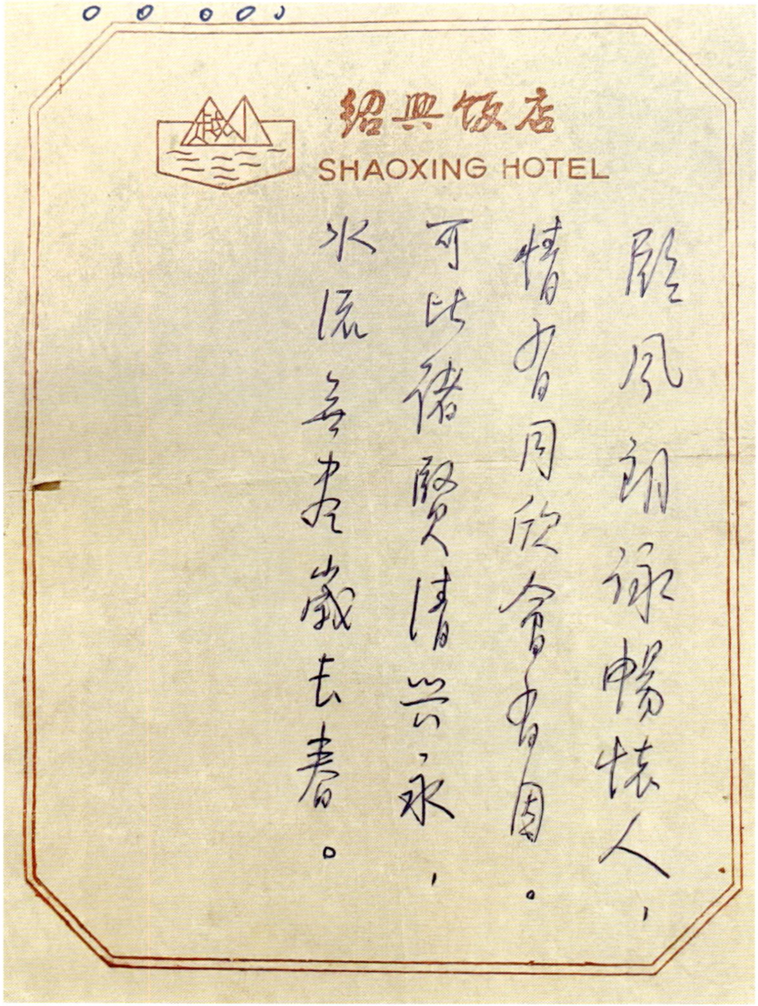

绍兴饭店
SHAOXING HOTEL

临风朗咏畅怀人，
情寄同欣会有因。
可比偕贤清兴永，
水流无尽岁长春。

一九八七年四月六日—九日，启功在绍兴饭店作

《兰亭雅集集字成咏》诗稿

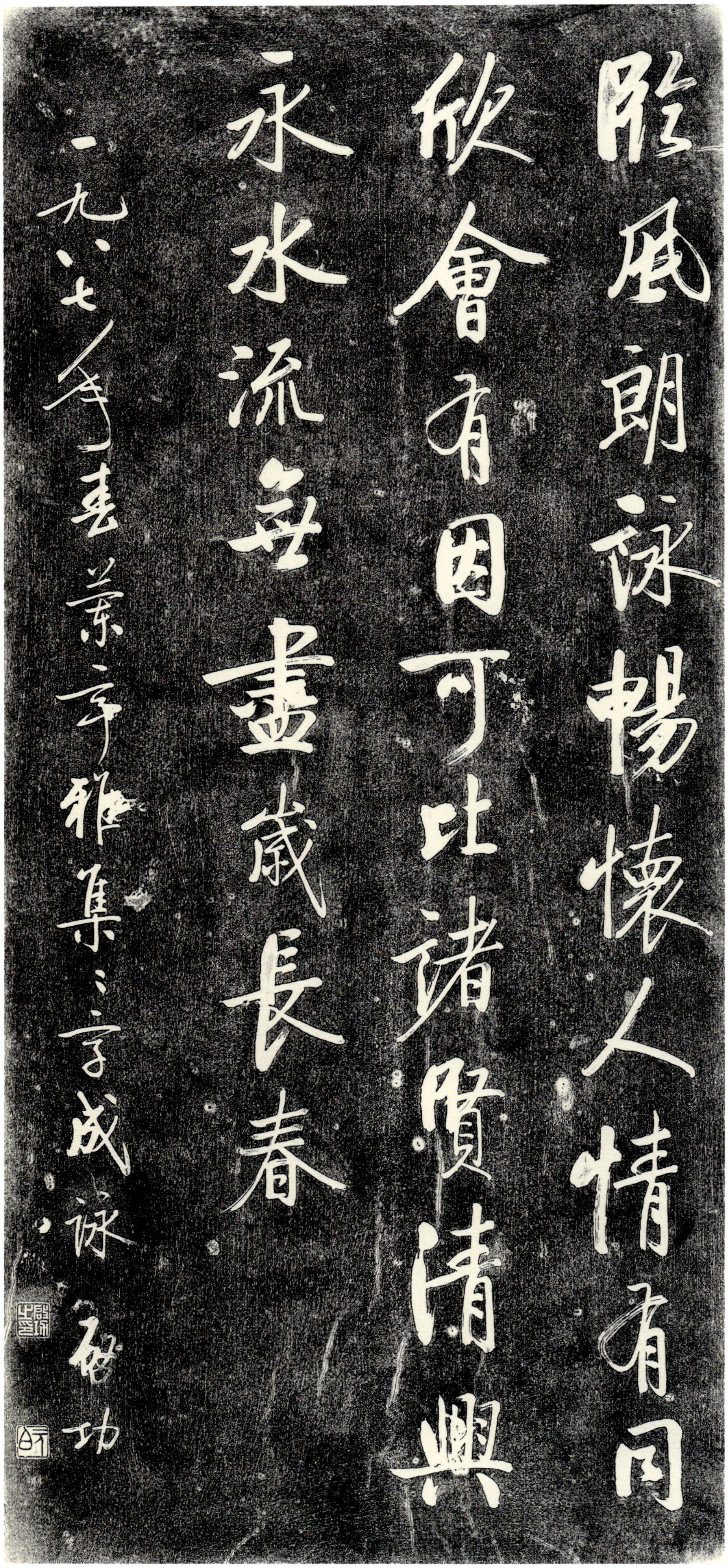

一九八七年春，启功书《兰亭雅集集字成咏》，二〇二五年绍兴兰亭书法博物馆拓本。纵一百二十三厘米，横五十六厘米

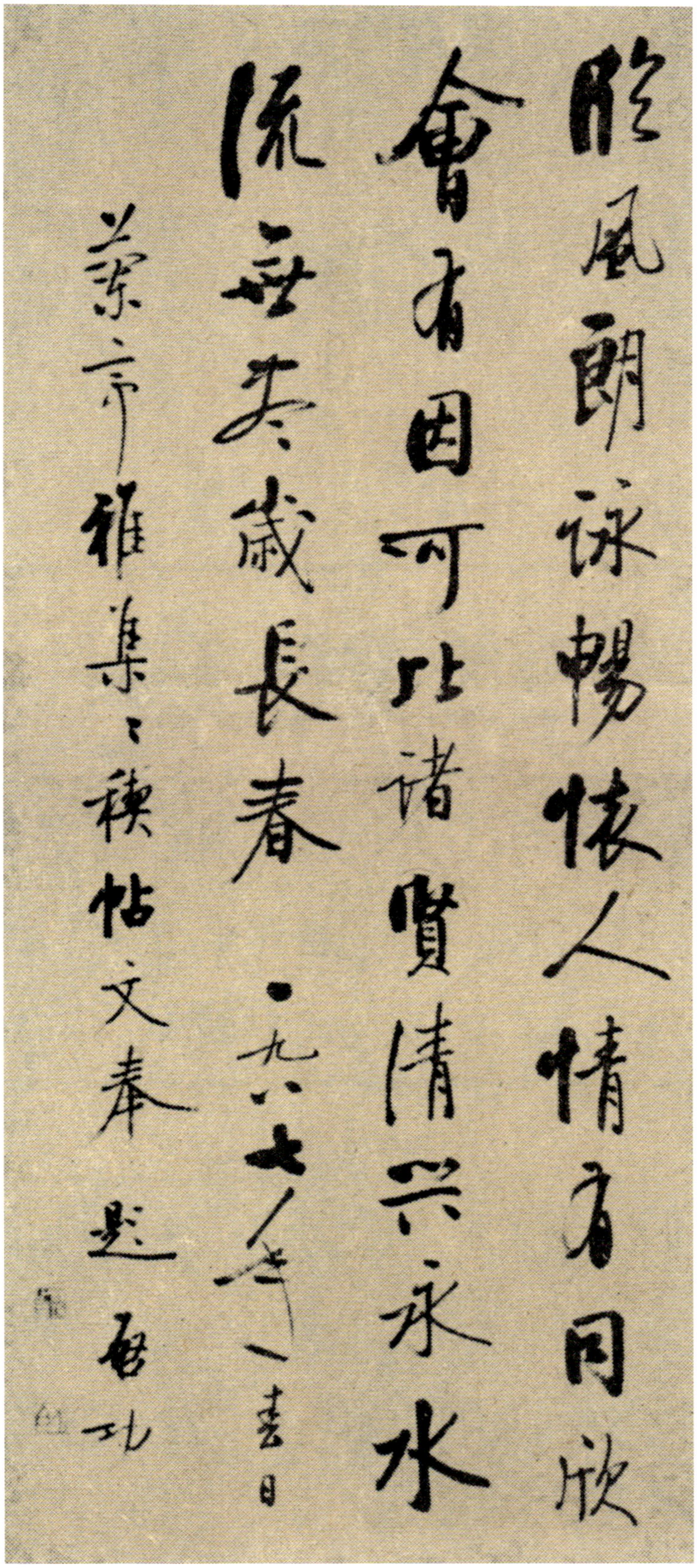

一九八七年春日，启功书《兰亭雅集集〈禊帖〉文》

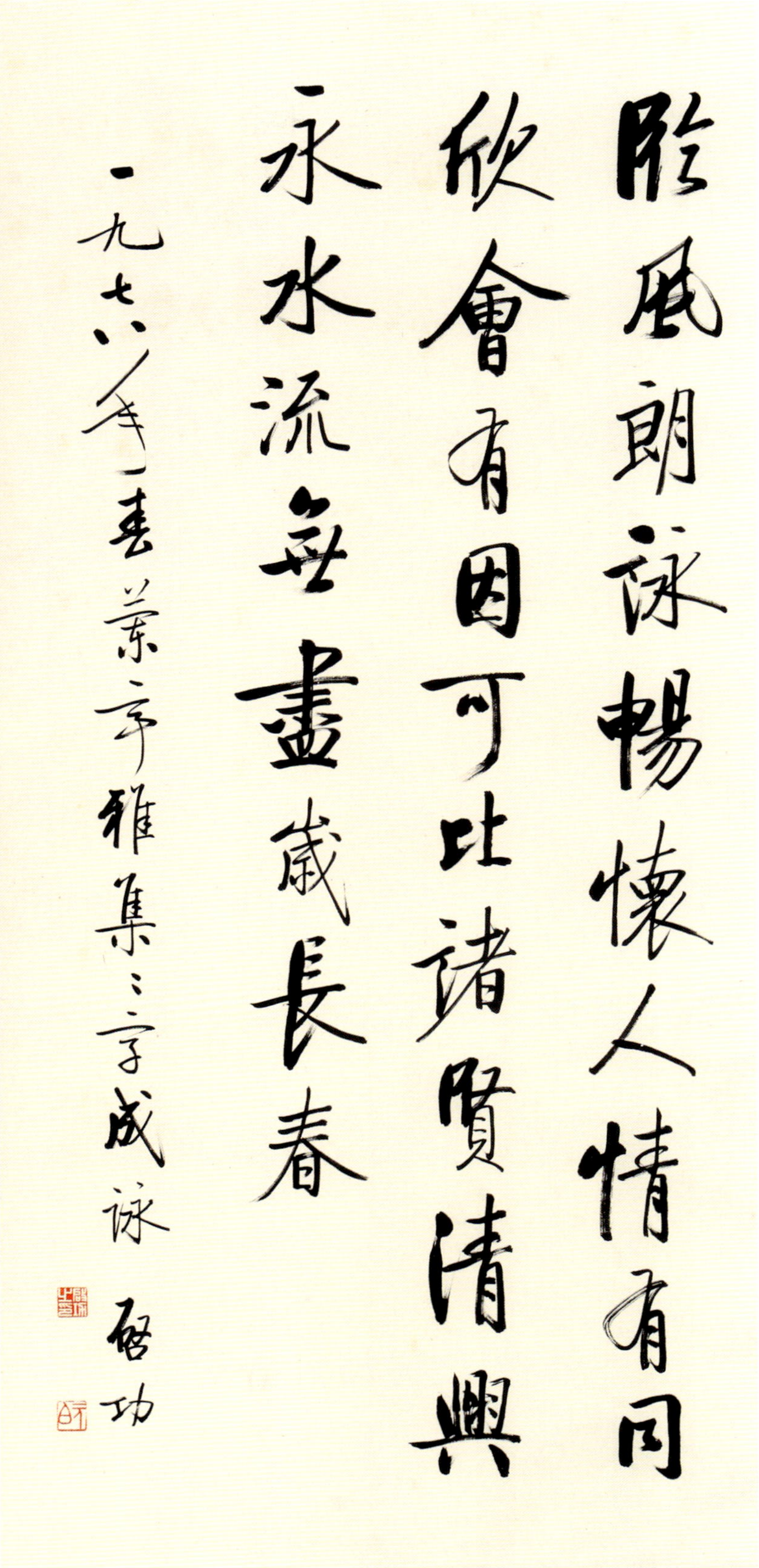

一九八七年春，启功书《兰亭雅集集字成咏》。
绍兴兰亭书法博物馆藏

觀宇宙之大俯察品類之盛
所以遊目騁懷足以極視聽之
娛信可樂也夫人之相與俯仰
一世或取諸懷抱悟言一室之內
或因寄所託放浪形骸之外雖
趣舍萬殊靜躁不同當其欣
於所遇暫得於己快然自足不
知老之將至及其所之既惓情
隨事遷感慨係之矣向之所
欣俛仰之間以為陳迹猶不

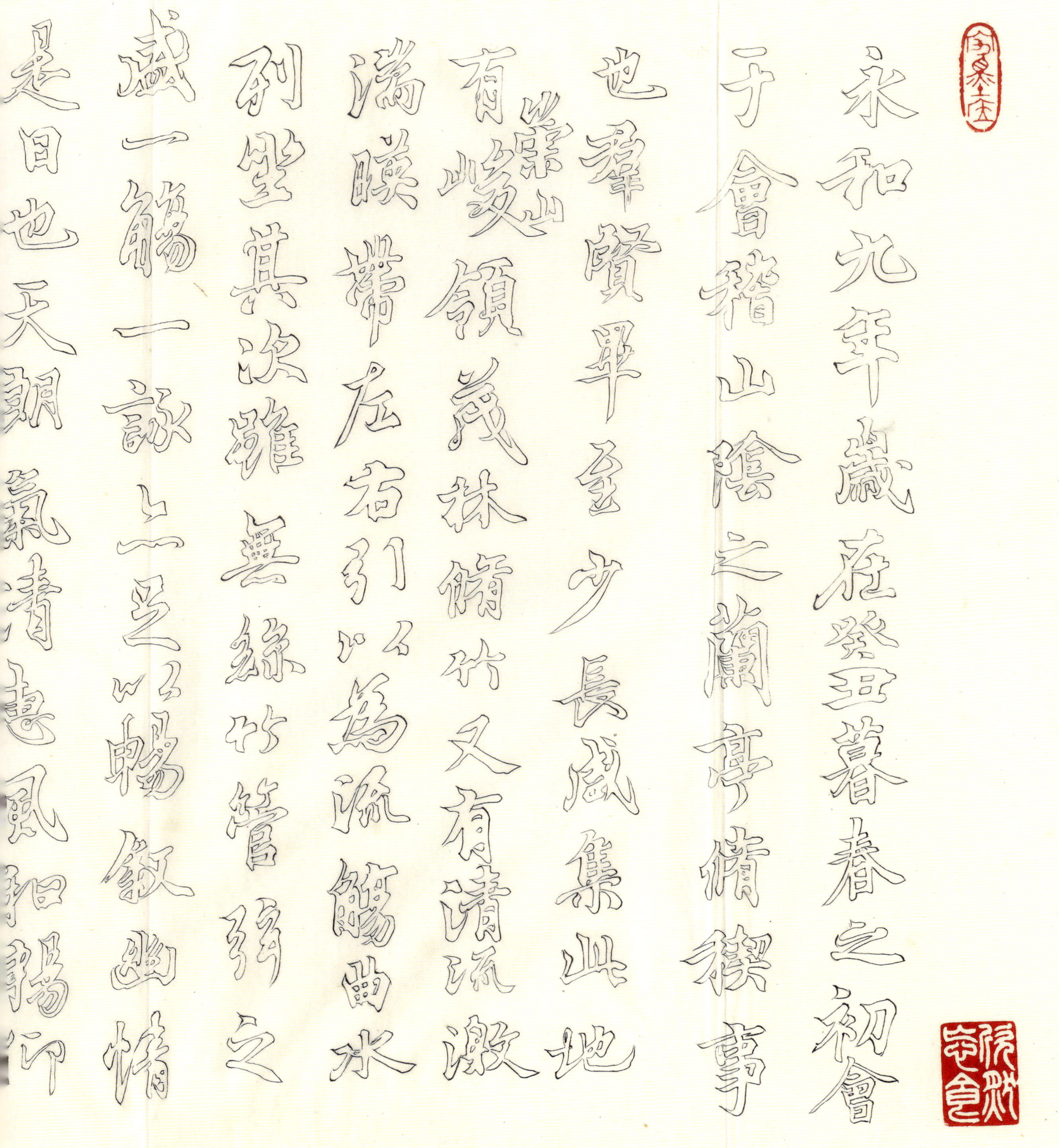

二十世纪七十年代，徐无闻双钩神龙本《兰亭序》。纵二十九点三厘米，横九十五点三厘米，徐无闻家藏

能不以之興懷況脩短隨化終
期於盡古人云死生亦大矣豈
不痛哉每攬昔人興感之由
若合一契未嘗不臨文嗟悼不
能喻之於懷固知一死生為虛
誕齊彭殤為妄作後之視今
亦由今之視昔悲夫故列
敘時人錄其所述雖世殊事
異所以興懷其致一也後之攬
者亦將有感於斯文

觀宇宙之大俯察品類之盛
所以遊目騁懷足以極視聽之
娛信可樂也夫人之相與俯仰
一世或取諸懷抱悟言一室之內
或因寄所託放浪形骸之外雖
趣舍萬殊靜躁不同當其欣
於所遇暫得於己快然自足不
知老之將至及其所之既惓情
隨事遷感慨係之矣向之所
欣俛仰之間以為陳迹猶不

但現在作（真）者甚多。此前的行書佳者甚少，與蘭亭相比，甚不足觀。「蘭亭」是書法的創新。元郭天錫評馮承素本云：「書法秀逸，墨彩煥發，奇麗超絕，動心駭目，毫芒轉折，纖微備盡。」露鋒不浮，藏鋒不拙，縈帶精巧，尤筆妙用，巧妙用點，重字變異。

「之」字二十個，「以」字八個，「其」字五個，「不」字七個，

「以」字八個，「懷」字五個，「於」字五個

之之之之之之之之之之之之之之之

之之之之之不不不不不不

❷

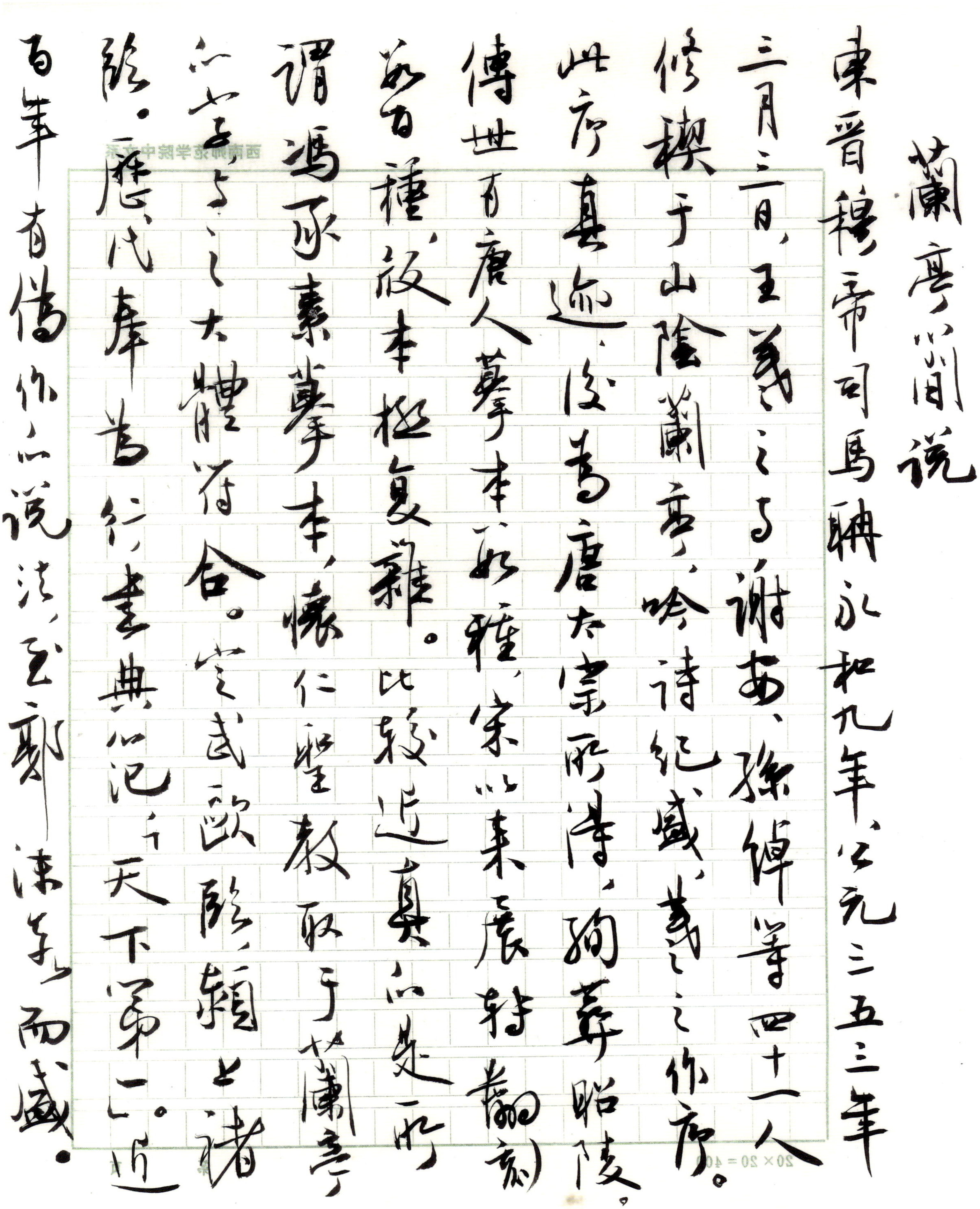
蘭亭簡説

東晉穆帝司馬聃永和九年，公元三五三年三月三日，王羲之與謝安、孫綽等四十一人修褉于山陰蘭亭，吟詩紀盛，羲之作序。此序真迹，後為唐太宗所得，殉葬昭陵。傳世有唐人摹本，石刻，宋以來展轉翻刻，故有種種版本，極复雜。比較近真的是所謂馮承素摹本，懷仁聖教取于蘭亭的字，與之大體符合。定武歐臨，上諸石。歷代奉為行書典範，記于天下第一。近百年有僞作的説法，至郭沫若而盛。

西南师范学院中文系

20×20=400

二十世纪七十年代，徐无闻著《兰亭简说》。

纵二十五点三厘米，横二十点四厘米，徐无闻家藏

晉以後書家或手都學過蘭亭，都從蘭亭得到好處。有人甚至終生學蘭亭而自成一家。先學神龍本，臨後參看其他各本，從各本亦不同處可以懂得用筆結體和風格的關係

西南师范学院中文系

20×20=400

第　页

懷懷懷懷懷

是是是是是是是是是

茂茂峻辶辶走走走趣

或遇遇

臨摹結合，用純羊毫不易

臨好，寫不出某些點畫效果

學用筆，學結體，學瀟洒

自然風格

至少要臨五十遍

③

是日也天朗氣清惠風和暢仰
觀宇宙之大俯察品類之盛
所以遊目騁懷足以極視聽之
娱信可樂也夫人之相與俯仰
一世或取諸懷抱悟言一室之内
或因寄所託放浪形骸之外雖
趣舍萬殊靜躁不同當其欣

戊辰（一九八八年）岁元宵，徐无闻临神龙本《兰亭序》。每半开纵三十厘米，横二十一点八厘米，徐无闻家藏

若合一契未嘗不臨文嗟悼不
能喻之於懷固知一死生為虛
誕齊彭殤為妄作後之視今
亦由今之視昔悲夫故列敘
時人錄其所述雖世殊事異
所以興懷其致一也後之攬者
亦將有感於斯文

戊辰歲元宵鐙下 无聞

於所遇暫得於己快然自足不
知老之將至及其所之既倦情
隨事遷感慨係之矣向之所
欣俛仰之閒以為陳迹猶不
能不以之興懷況脩短隨化終
期於盡古人云死生亦大矣豈
不痛哉每攬昔人興感之由

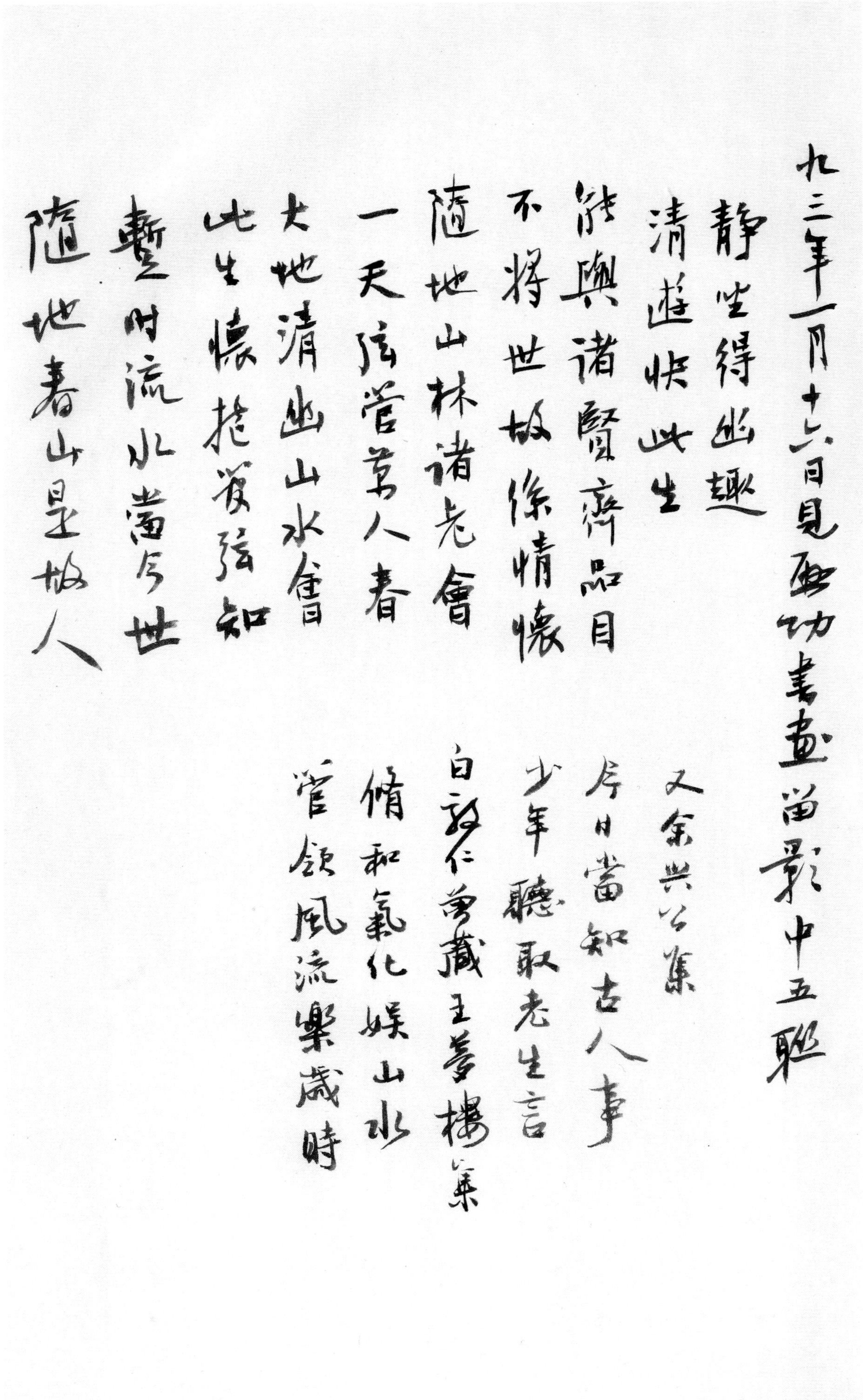
九三年一月十六日見啟功書畫留影中五聯
靜坐得幽趣
清遊快此生
能與諸賢齊品目
不將世故係情懷
隨地山林諸老會
一天絃管萬人春
大地清幽山水會
此生懷抱賞絃知
暫時流水當今世
隨地春山是故人
又余興公集
今日當知古人事
少年聽取老生言
白頭仁曾藏王夢樓公集
脩和氣化娛山水
管領風流樂歲時

二十世纪八九十年代，徐无闻书《成都西二路日志》，内录启功书《兰亭》集联五联。

每页纵二十六厘米，横十六点二厘米，徐无闻家藏

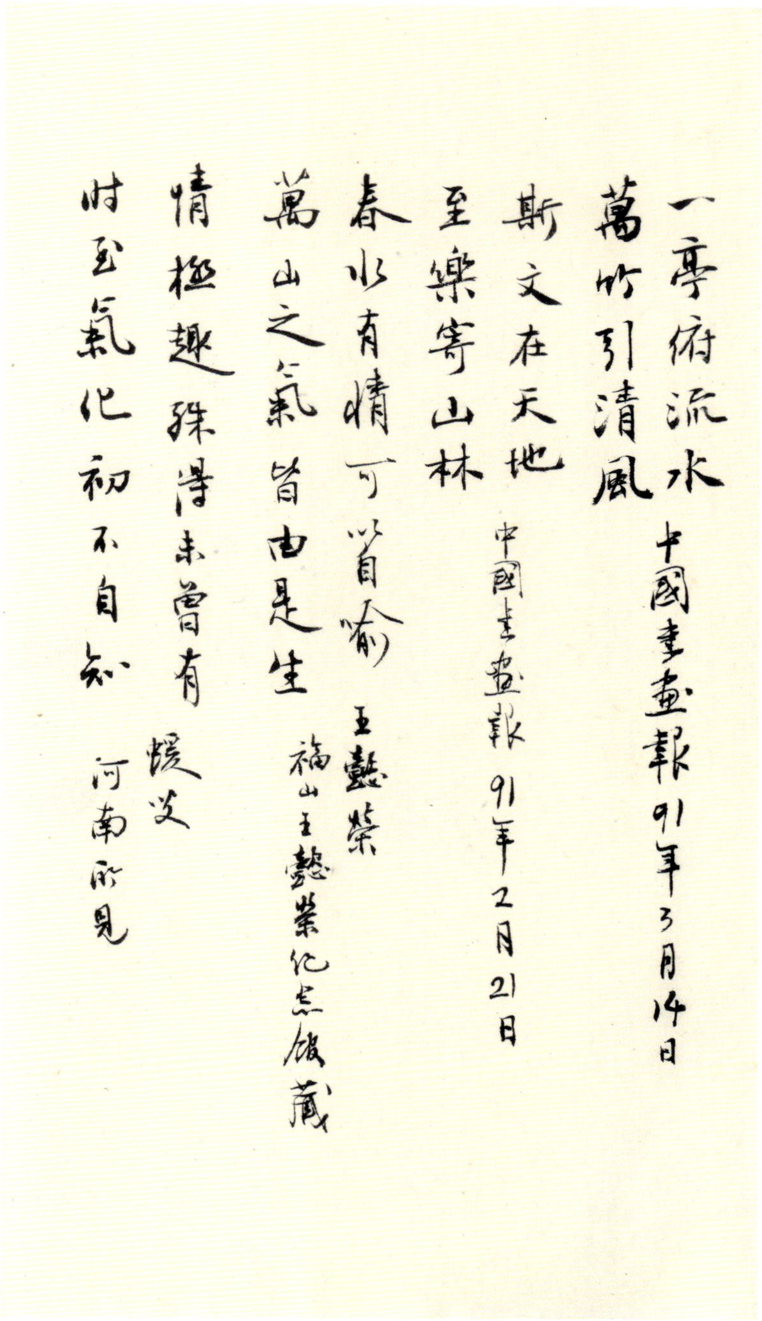

❷

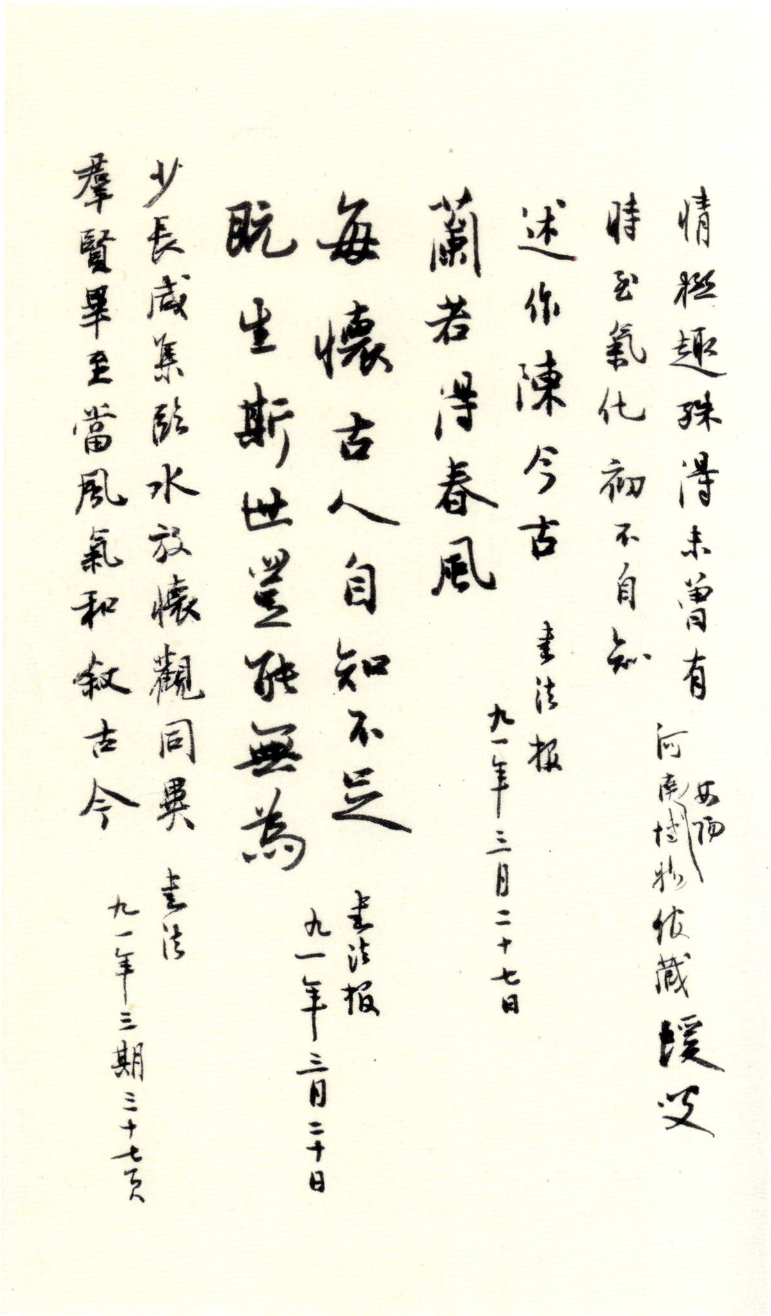

❶

二十世纪八九十年代，徐无闻纂集《兰亭序集联》稿本。每页纵二十四厘米，横十四点七厘米，徐无闻家藏

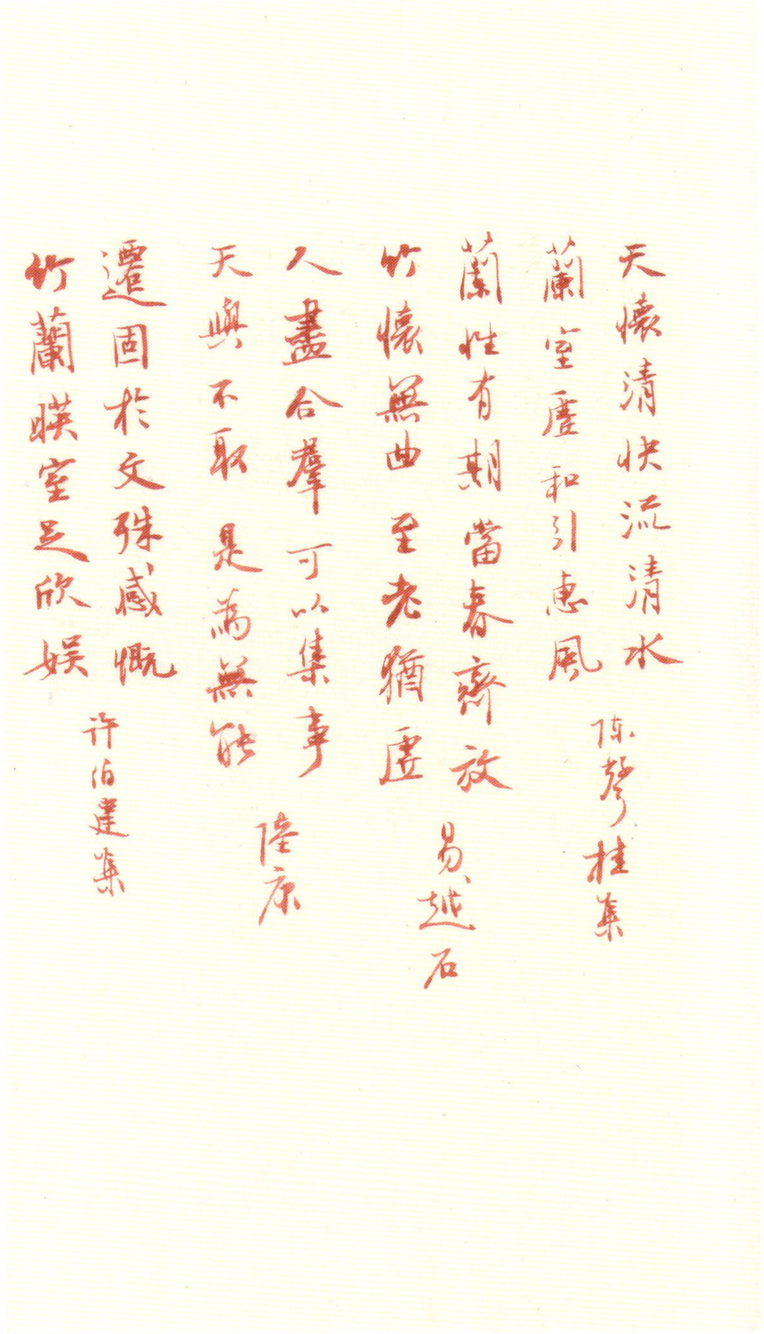
天懷清快流清水
蘭室塵和引惠風
陈梦桂集
蘭性有期當春齊放
竹懷無曲至老猶虛
易越石
人盡合羣可以集事
天與不取是為無能
隆康
遷固於文殊感慨
竹蘭蹊室足欣娛
许伯遅集

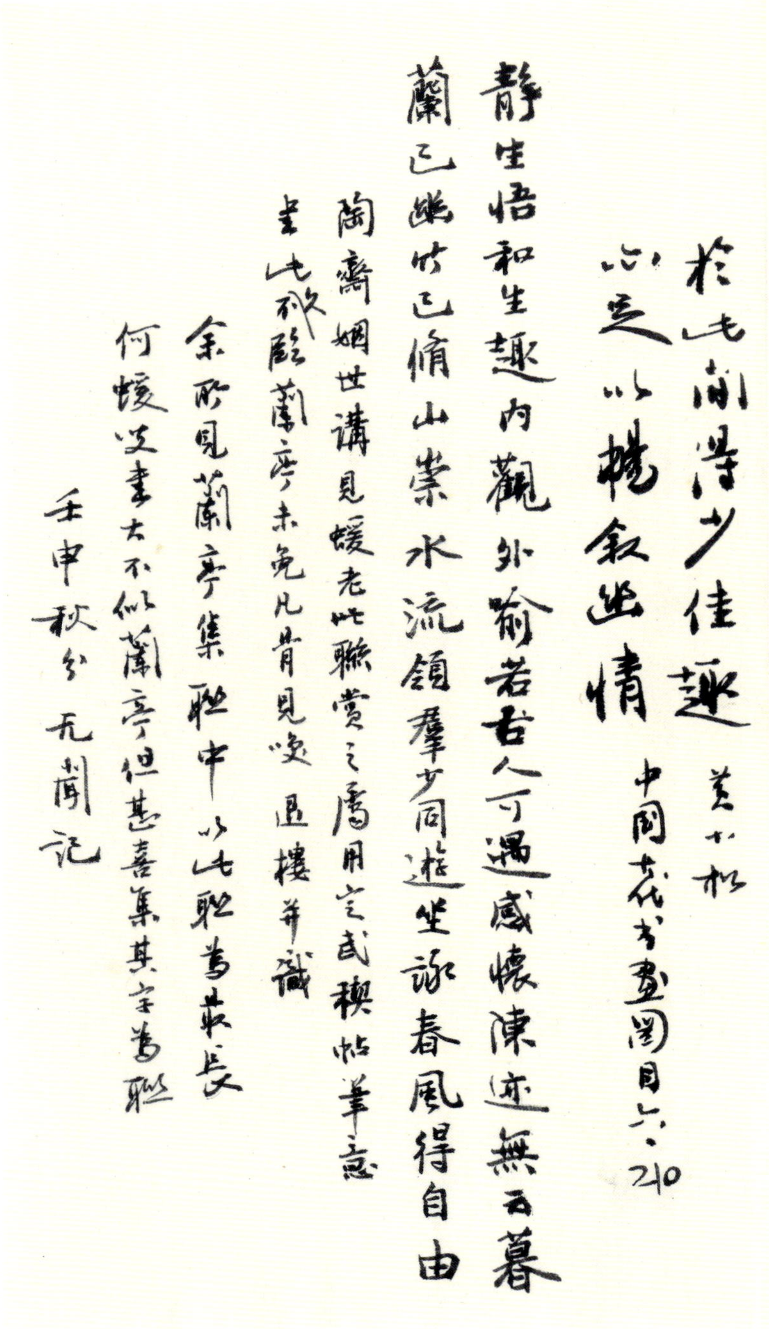
於此間得少佳趣
亦足以暢敘幽情
黄小松
中国古代书画图目六、210
靜坐悟和生趣內觀外喻若古人可遇感懷陳迹無西暮
蘭亭幽竹亭脩山崇水流領羣少同遊坐詠春風得自由
陶齋姻世講見蝯老此聯賞之屬用定武稧帖筆意書此不似秘殿蘭亭未免凡骨見嗤 退樓并識
余所見蘭亭集聯中以此聯為最長
何蝯叟書大不似蘭亭但甚喜集其字為聯
壬申秋分 元剛記

6

5

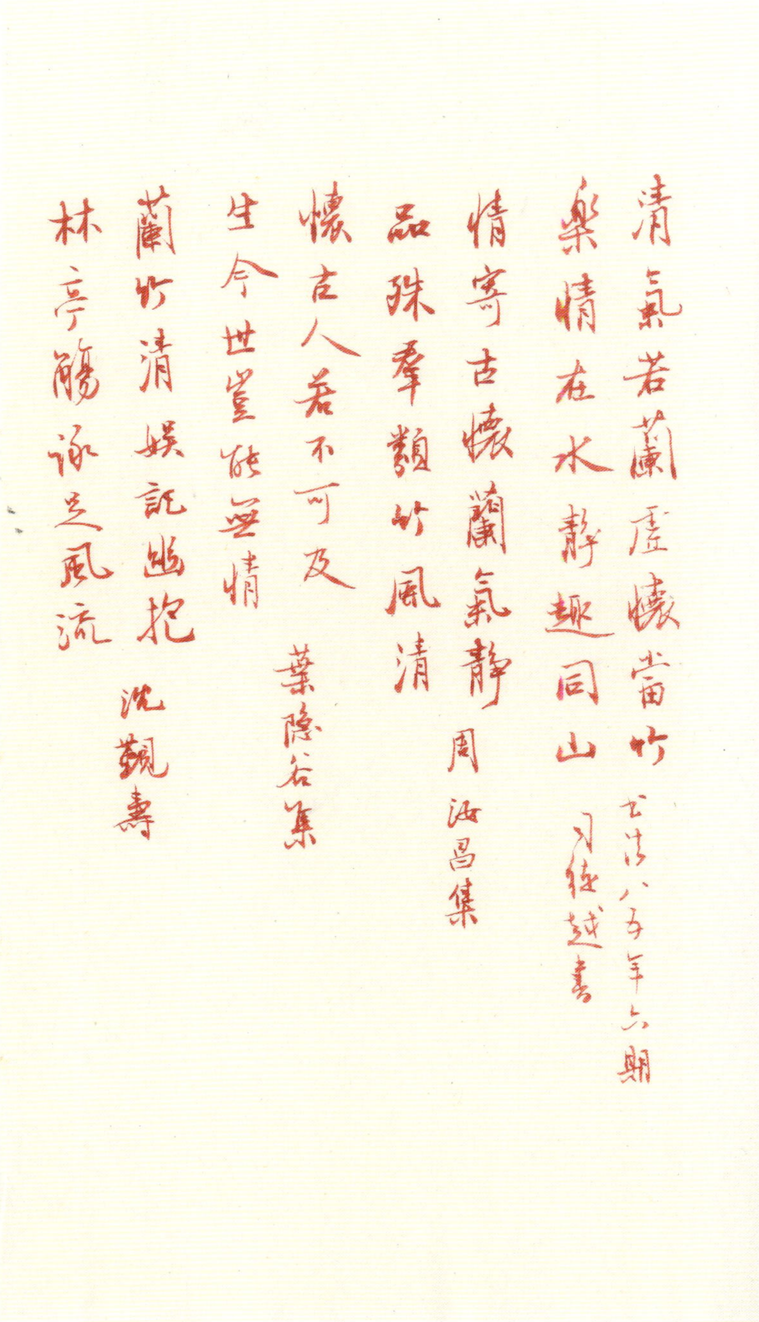
清氣若蘭虛懷當竹
樂情在水靜趣同山
情寄古懷蘭氣靜
品殊羣類竹風清
周汝昌集
懷古人若不可及
生今世豈能無情
葉隱谷集
蘭竹清娛託幽抱
林亭觴詠是風流
沈覲壽

❸

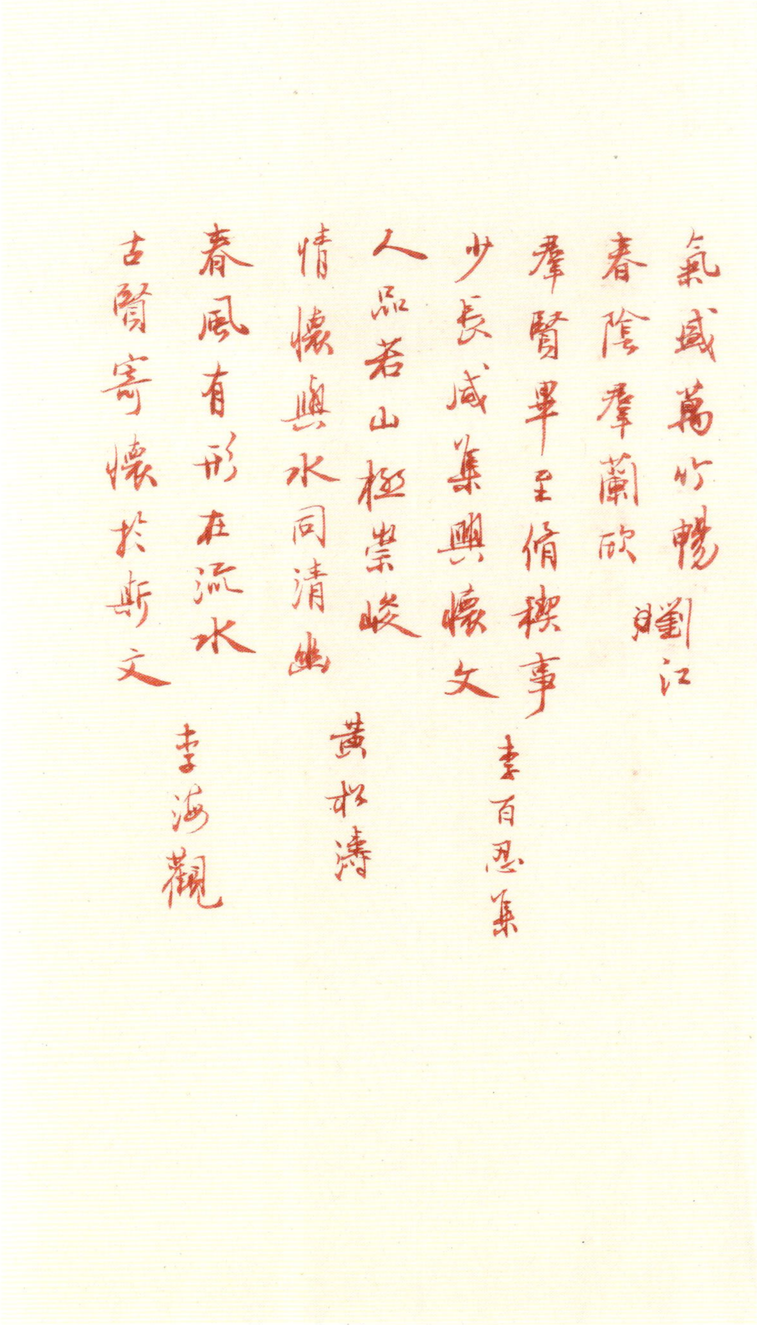
氣盛萬竹暢
春陰羣蘭欣
劉江
羣賢畢至脩禊事
少長咸集興懷文
李百忍集
人品若山極崇峻
情懷與水同清幽
黃松濤
春風有形在流水
古賢寄懷於斯文
李海觀

❹

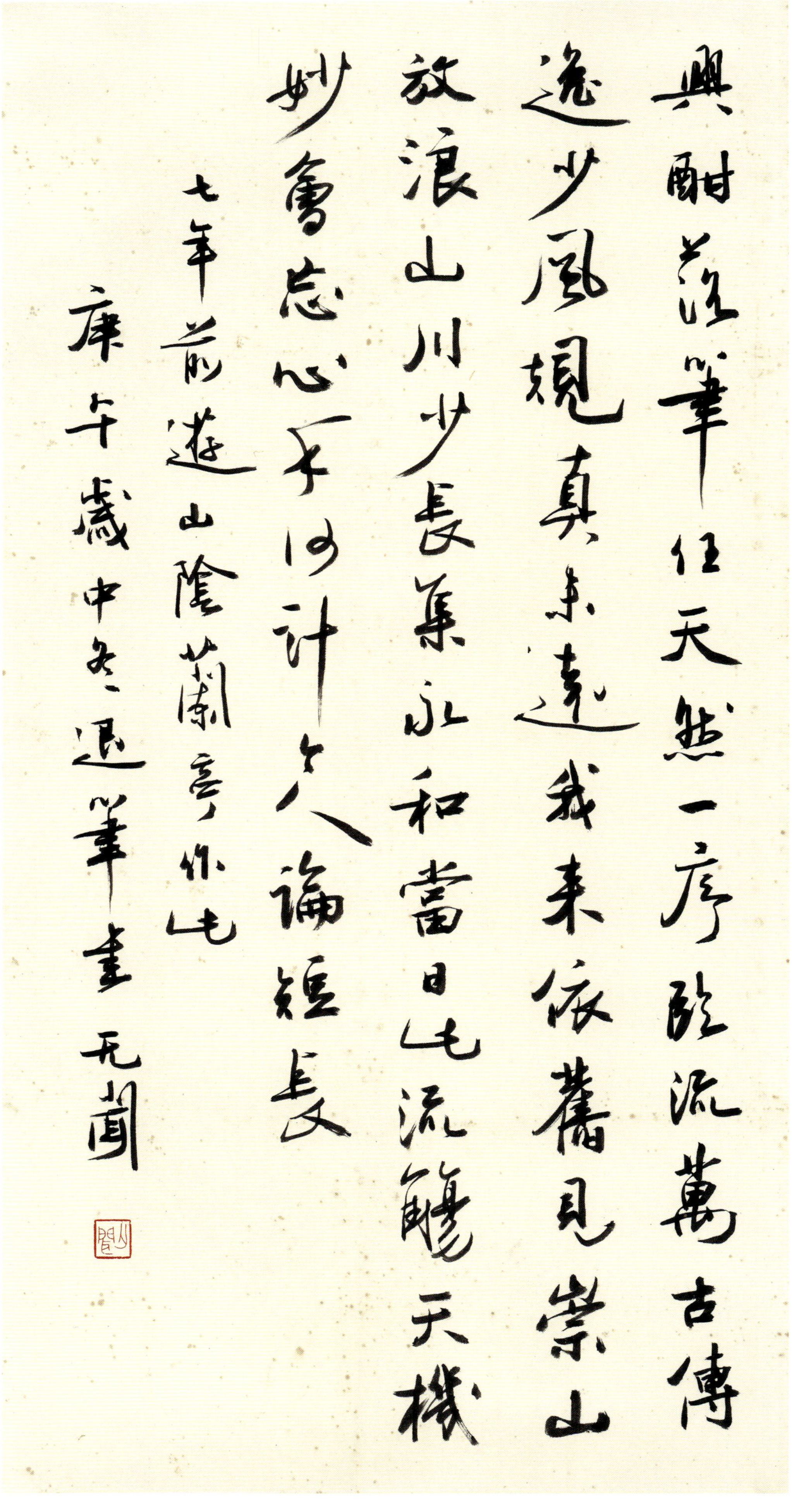

庚午（一九九〇年）岁中冬，徐无闻书《山阴兰亭留题》。纵九十七厘米，横五十一厘米，徐无闻家藏

启功、徐无闻与敦煌变文

公元七世纪以前，我国寺院中盛行一种有说有唱的“俗讲”。记录这种俗讲的文字叫“变文”，用接近口语的文字写成，内容大都源自佛经中的故事，也有不少采自民间传说与历史故事。后来的宋元话本以及宝卷、鼓词、弹词等民间文学体裁，莫不和变文有密切关系。一九三四年和一九四八年，王重民、王庆菽先后从伦敦、巴黎带回敦煌变文照片、钞件，学术界掀起变文研究热潮。

启功整理研究敦煌变文大约从一九五〇年十一月录敦煌写经卷题记二十九条起，一九五七年八月，王重民、王庆菽、向达、周一良、启功、曾毅公整理的《敦煌变文集》由人民文学出版社出版。该书是新中国第一部敦煌变文总集，是敦煌变文和俗文学研究的重要参考书，启功当时年仅四十六岁。二〇〇八年九月二十七日，启功家属将启功整理敦煌变文手稿二百一十八件一千五百余页捐献中国国家图书馆，这批手稿涵盖《敦煌变文集》中完整作品七十八种。

徐无闻一九五六年九月十六日发表《我对变文的几点初步认识》，一九八四年十二月十一日发表《也谈敦煌文学研究》，足见二位学者对新学问敏锐的洞察力。

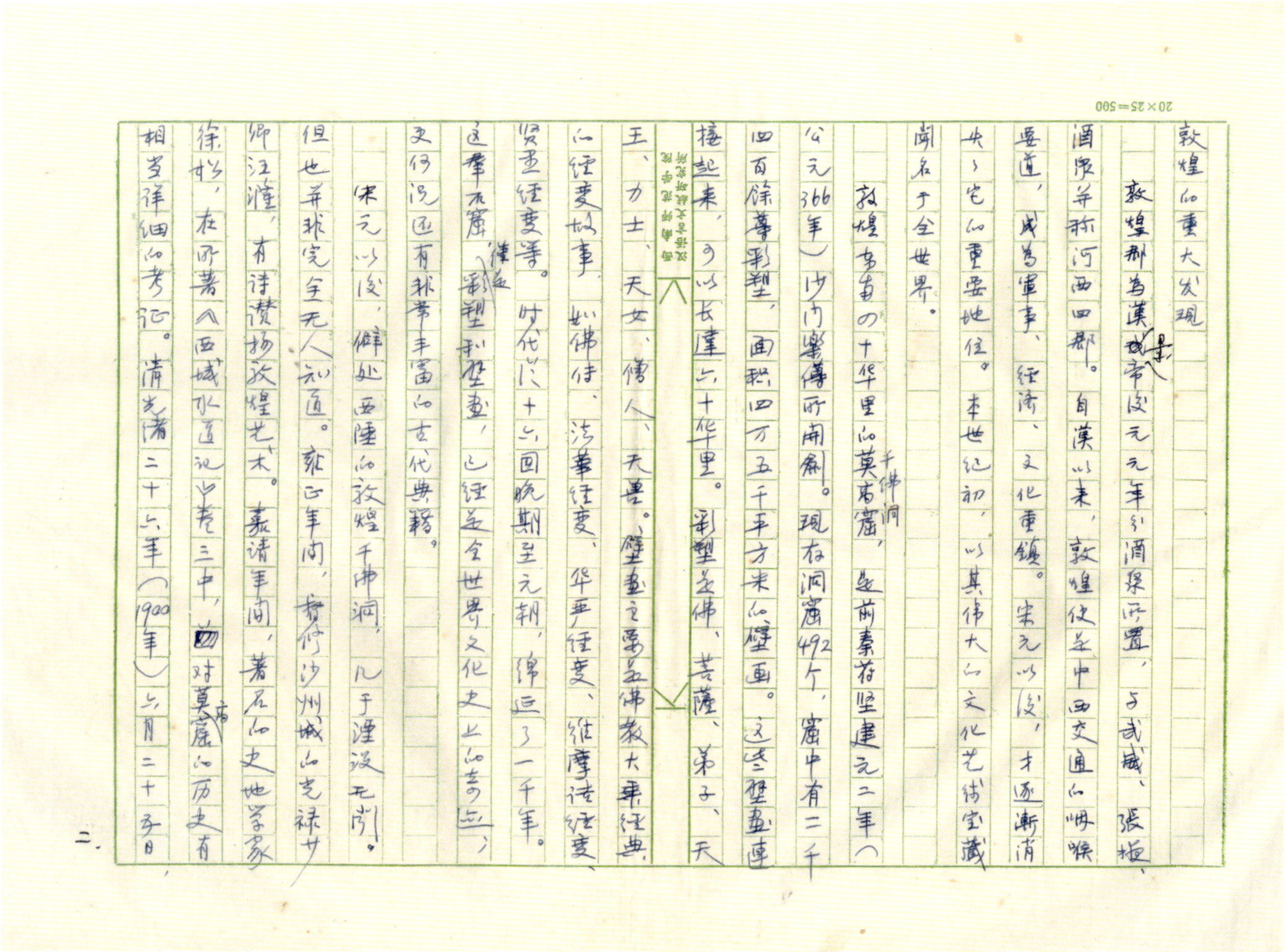

敦煌的重大发现

敦煌郡为汉武帝后元元年分酒泉所置，与武威、张掖、酒泉并称河西四郡。自汉以来，敦煌便是中西交通的咽喉要道，成为军事、经济、文化重镇。宋元以后，才逐渐消失了它的重要地位。本世纪初，以其伟大的文化艺术宝藏闻名于全世界。

敦煌东南的十华里的莫高窟（千佛洞），是前秦苻坚建元二年（公元366年）沙门乐僔所开创。现存洞窟492个，窟中有二千四百余尊彩塑，面积四万五千平方米的壁画。这些壁画连接起来，可以长达六十华里。彩塑是佛、菩萨、弟子、天王、力士、天女、传人、天兽。壁画主要是佛教大乘经典的经变故事，如佛传、法华经变、华严经变、维摩诘经变、贤愚经变等。时代从十六国晚期至元朝，绵延了一千年。这群石窟彩塑和壁画，已经是全世界文化史上的奇迹，又何况还有非常丰富的古代典籍。

宋元以后，僻处西陲的敦煌千佛洞，几乎湮没无闻。但也并非完全无人知道。雍正年间，曾任沙州城的光禄少卿汪漋，有诗赞扬敦煌艺术。嘉庆年间，著名的史地学家徐松，在所著《西域水道记》卷三中，对莫高窟的历史有相当详细的考证。清光绪二十六年（1900年）六月二十五日

二.

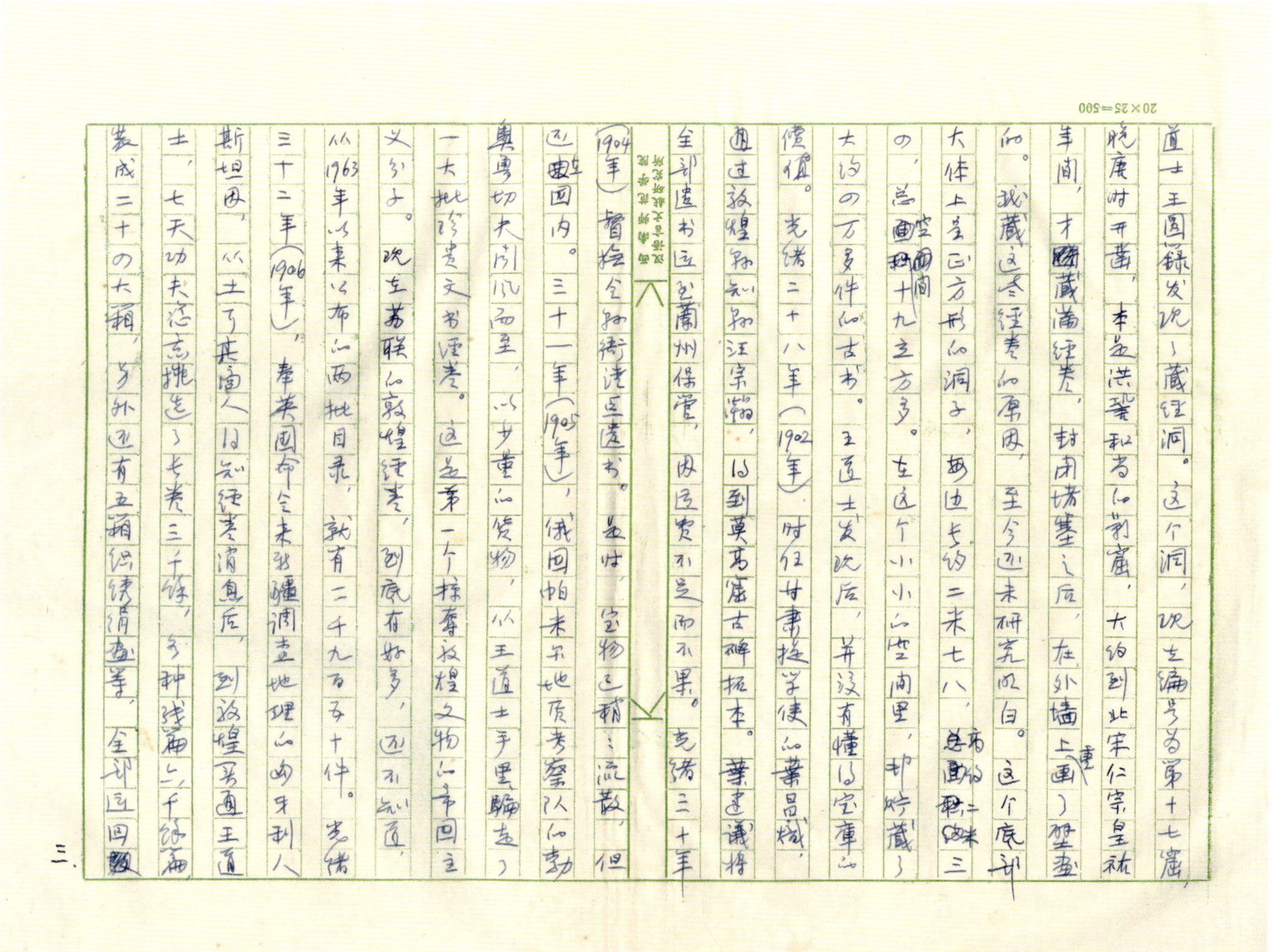

道士王圆箓发现了藏经洞。这个洞，现在编号为第十七窟，晚唐时开凿，本是洪䛒和尚的影窟，大约到北宋仁宗皇祐年间，才将藏满经卷，封闭堵塞之后，在外墙上重画了壁画的。封藏这些经卷的原因，至今还未研究明白。这个底部大体上是正方形的洞子，每边长约二米七八，高约二米三的，总空间十九立方多。在这个小小的空间里，却贮藏了大约四万多件的古书。王道士发现后，并没有懂得宝库的价值。光绪二十八年（1902年）时任甘肃提学使的叶昌炽，通过敦煌县知县汪宗瀚，得到莫高窟古碑拓本。叶建议将全部遗书运到兰州保管，因运费不足而不果。光绪三十年（1904年）暂检点封存遗书。虽然宝物已稍稍流散，但还留在国内。三十一年（1905年），俄国帕米尔地质考察队的勃奥鲁切夫闻风而至，以少量的货物，从王道士手里骗走了一大批珍贵文书经卷。这是第一个掠夺敦煌文物的帝国主义分子。现在苏联的敦煌经卷，到底有好多，还不知道。从1963年以来公布的两批目录，就有二千九百多十件。光绪三十二年（1906年），奉英国命令来新疆调查地理的匈牙利人斯坦因，从土耳其商人那里知道经卷消息后，到敦煌买通王道士，七天功夫总共挑选了长卷三千余，各种残篇六千余篇，装成二十四大箱，另外还有五箱织绣绘画等，全部运回

三.

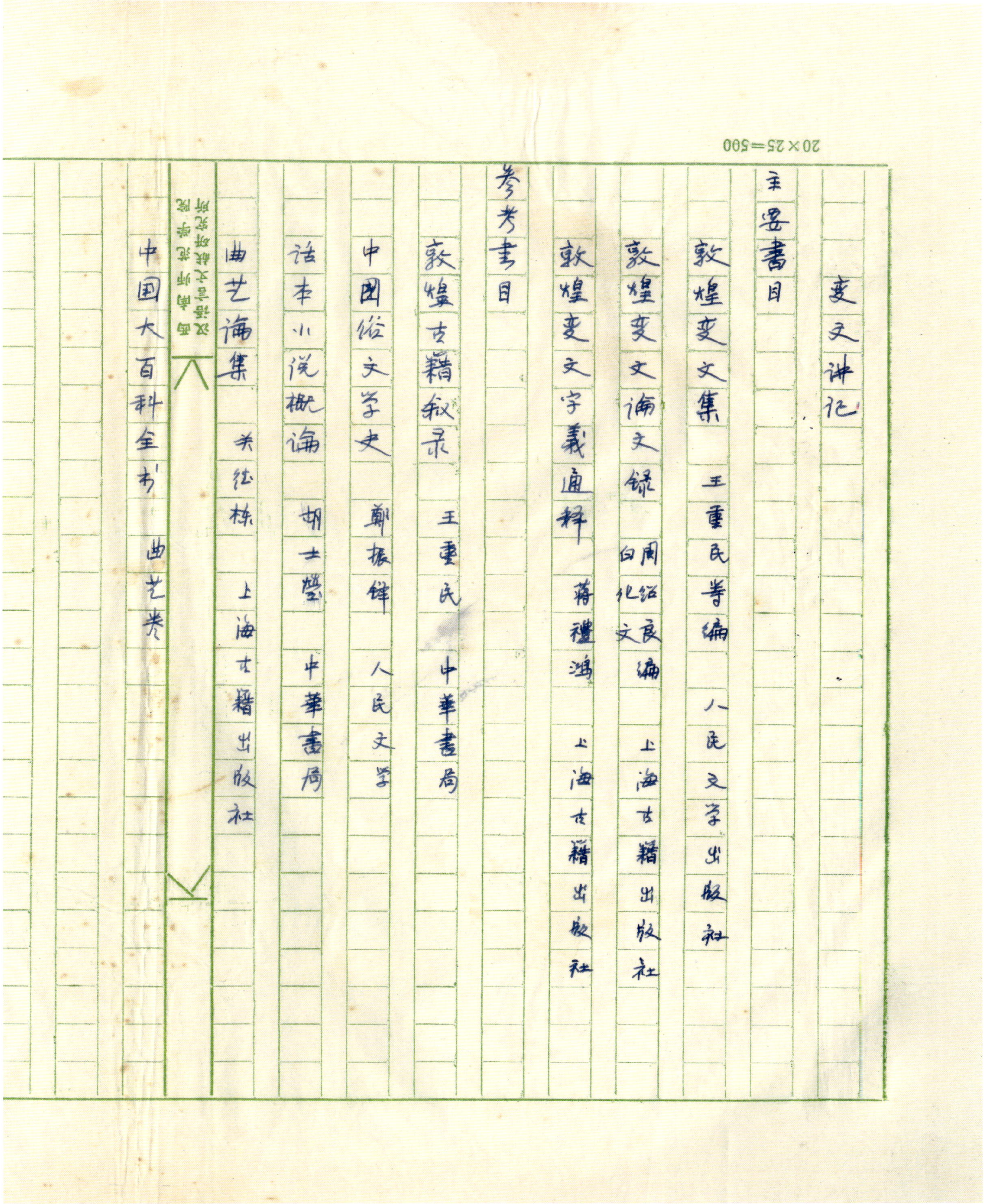

变文讲记

主要書目

敦煌变文集　王重民等编　人民文学出版社

敦煌变文论文録　周绍良　白化文编　上海古籍出版社

敦煌变文字義通释　蒋禮鸿　上海古籍出版社

参考書目

敦煌古籍叙录　王重民　中華書局

中国俗文学史　鄭振铎　人民文学

话本小说概论　胡士瑩　中華書局

曲艺论集　关德栋　上海古籍出版社

中国大百科全书　曲艺卷

❶

二十世纪八十年代，徐无闻著《敦煌变文讲记》。每页纵二十五点五厘米，横三十八厘米，徐无闻家藏

收有启功、徐无闻关于敦煌变文研究著述的出版物

启功、徐无闻与《竹山堂连句》

唐颜真卿《竹山堂连句》流传有序，民国年间归叶恭绰，后以一万七千五百元售张葱玉，启功在其木雁斋中曾亲见之。《连句》为绢本挂幅，后裁割成册。归故宫博物院之后，一九七七年五月文物出版社出版珂罗版本，又在《文物》一九七七年第八期刊出，定为颜真卿珍贵墨迹。一九七八年五月文物出版社单册发行。

但有关《连句》真伪问题，一直聚讼纷然。张葱玉认为其与《茅山李元靖碑》笔意相合，为真迹。清顺康间梁清标曾刻之于《秋碧堂法书》中。岑仲勉谓颜公结衔各碑俱为“鲁郡开国公”，而此帖作“鲁郡公”，指为伪作。

一九八一年六月，徐无闻发表《〈颜真卿书竹山连句〉辨伪》，以为这本《连句》非但不是“珍贵墨迹”，连“伪好物”也够不上，只是一件拙劣的赝品。《连句》中形体讹误的字，即是伪作的有力证明。关于这篇文章的发表，启功回忆：“编辑部收到文章后交给我，他们告诉我谈《竹山连句》的文章有几篇，请我定夺。我看完这篇文章后，告诉他们，徐无闻的文章论据充分，他又是写字的行家，你们找不出推翻这篇文章的证据，这篇文章就一定要发。”

一九八二年四月，启功发表《颜书竹山堂联句》，沿用张葱玉观点，认为《连句》与《李元靖碑》相似，是北宋时以黄绢摹作屏障之物，确是绍兴御府故物。剪装为册，或屏障残缺，或为方便翻阅弆藏，以为颜书真迹，固未可凭，斥为臆造，亦非定论。观点在张、徐之间。一九八九年夏日，启功曾临一卷，尾跋云：“辨其真伪当别有据，而不在‘开国’二字之有无耳。”

自署魯郡公世耀手

有數之者蓋侍文筆

札可與研版不同若唐

史所載世人但稱魯公

宜當世之人但服耶

此卷真偽論者多矣

至口實尤在無間國之

字然送劉太沖敘刻

送辛子序俱

在宋本忠義堂帖

一九八九年夏日，启功题签、临写、题跋颜真卿《竹山堂连句》。纵三十厘米，横六百二十七厘米，启功家藏

果冕是貞觀時定用

國之制抑歟歐自有冕

又或醴泉銘竟屬偽刻

也余之論如此非所謂連句

以此遂從此必生異言在翔至

開國二字抑史書所記
皆偽託唐人語耶
又醴泉銘魏徵署鉅
鹿郡公歐陽詢署勃海

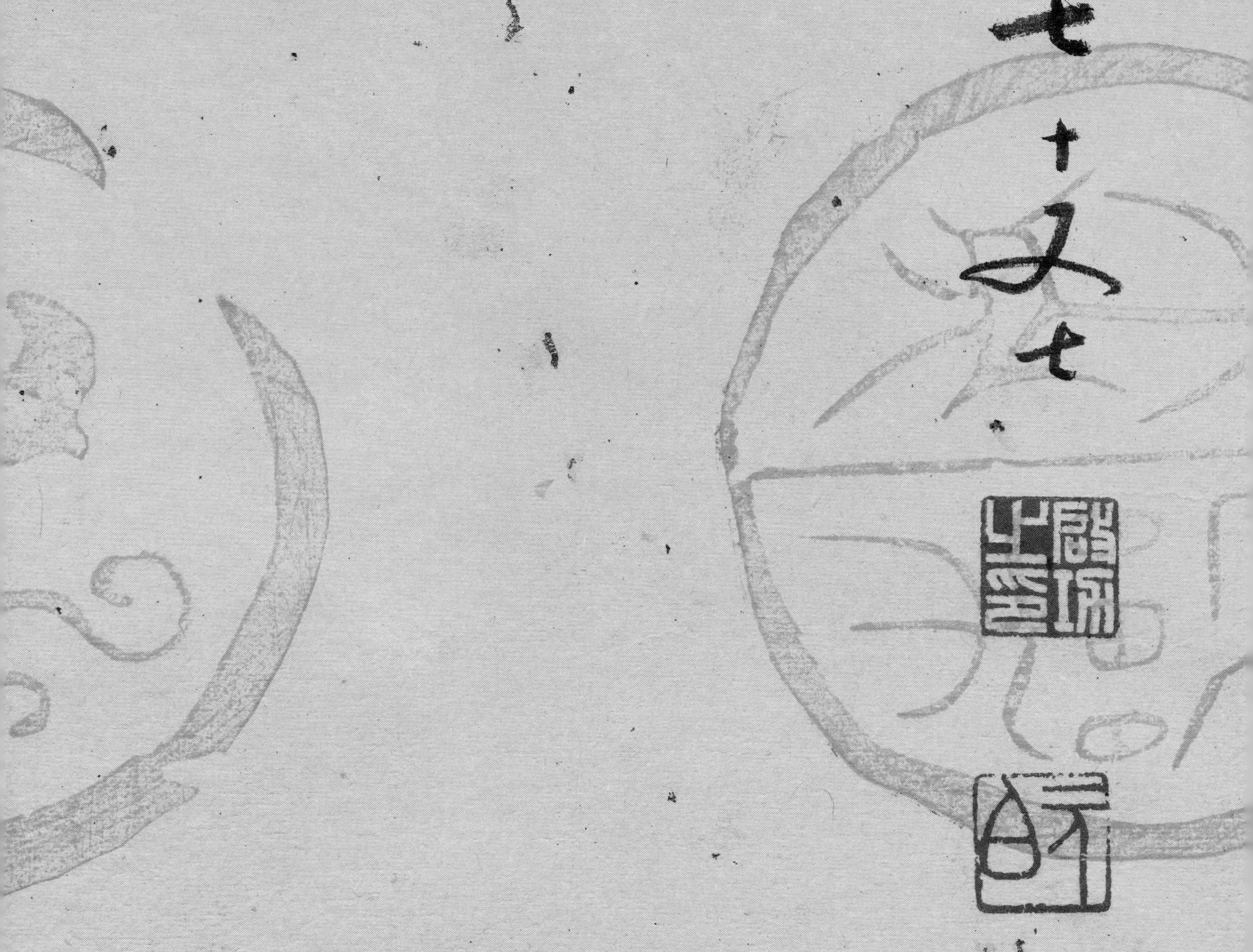
七十又七

先佛以心別有接而不在聞
國二字々有無生
昨本緣有餘紙傳去
聽論以乞覚青印可
壁淨翁時年

清長沙黃本驥廣癡顏書編年錄卷三录此全文

颜真卿（公元七〇九——七八五年），字清臣，今陕西西安人（祖籍山东临沂，因此，一说他是琅琊人），是唐代中期著名的书法家。颜真卿从玄宗开元年间入京做官，由于同杨国忠不合而被出为平原郡太守。当时，安禄山等发动了大规模的叛乱，许多郡县官吏不是逃跑就是投降或被杀，只有颜真卿及时举起反对安禄山叛乱分裂的旗帜，得到十七个郡县的响应，拥兵二十万，打击了安禄山嚣张气焰。颜真卿回到朝廷后，和权臣斗争，屡被排斥、诬陷。德宗时，被委任去宣抚叛军李希烈，遭受百般威胁侮辱，终于被杀害。

颜真卿自七六六年（永泰二年）因权臣元载的诬陷，被贬出外地做官。《竹山堂连句》书写于公元七七四年（大历九年），当时他任湖州刺史，正在请江南的一些文人帮他修订《韵海镜源》等书，《竹山堂连句》就是在这种情况下书写的。写的是他和李萼、陆羽等友人、部属及儿子在潘述家的竹山堂书斋互相酬唱联成的五言诗句。他自己只写了开头两句，但从内容上看，反映了他们当时『闲适』的情趣，一定程度上也表达了对元载专权的不满，所谓『守道心自乐，下帷名益彰』，流露出士大夫不阿权贵的思想。

颜真卿是一个很有创造性的书法家，小时由于家境贫寒，缺少纸墨，就用黄土在墙上练字，刻苦好学，楷书能独创一格。他的书法先学褚遂良，后学张旭，楷书浑厚端庄，一变唐初欧阳询等人的纤劲风格，对后世影响很大。

《竹山堂连句》，绢本，原件是一大幅，大约是在宋代改装成册，分为十五开，各开大小稍有出入。有宋米友仁鉴定题名，清姚鼐、铁保二跋文。有『绍兴』等印鉴。《墨缘汇观》有著录。为了供书法爱好者和专业工作者研究，现据故宫博物院所藏原件，影印出版。

❷

二十世纪七十年代末，徐无闻批校、题跋一九七八年五月文物出版社影印本《唐颜真卿竹山堂连句》，当为徐无闻著《〈颜真卿书竹山连句〉辨伪》之原始材料。每页纵三十二点五厘米，横十八点二厘米，徐无闻家藏

顏魯公文集卷十三乞御書題額恩敕批答碑陰記永泰二年公以峽州別駕自餘移於吉州
大曆三年夏五月蒙除撫州刺史六年閏三月代到秋八月至上元冬十二月六日因於
疏思界蒙寬論其所採碑石並令妥請崇義巖之際未遑崇樹七年秋九月歸自東
京起家蒙除湖州刺史來年春正月至任
門客殷亮顏魯公行狀七年九月拜湖州刺史公以時相未忘舊怨乃加勤于政而以杭州富陽丞李崿為
東州防禦使種州宗室於書印權器遜字太理司直楊昱為判官房夔韓崇開用之務於崇要
閒暇校吏接詞政之務於其日立寸而境內安我不知其平原未至無事之日著韻海鏡源未一半
之作嫁創除自述述稼山之亂廢而不修者二十餘年乃至湖州以俸錢為紙筆之費延江東文士
蕭存張士修裴澄陸渐顏粲朱弁李萼蕭遂清河寺僧智海黃善小篆書吳士湯涉等十餘人筆削
舊章該校羣撰之為三百六十卷
文集卷四湖州烏程縣杼山妙喜寺碑記編撰韻海鏡源事甚詳

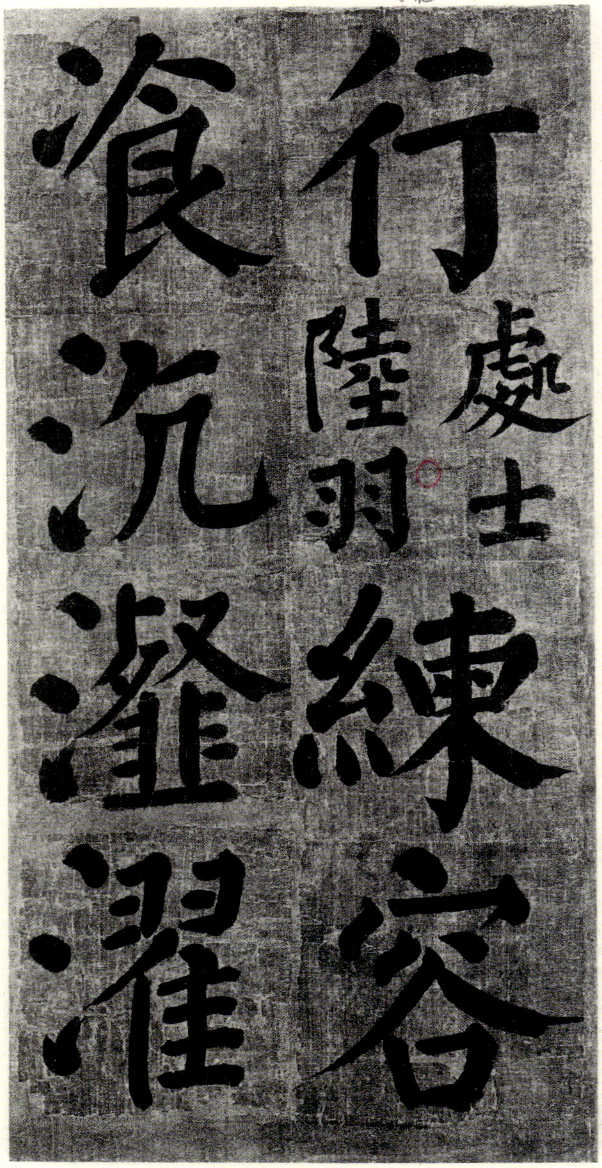

❺

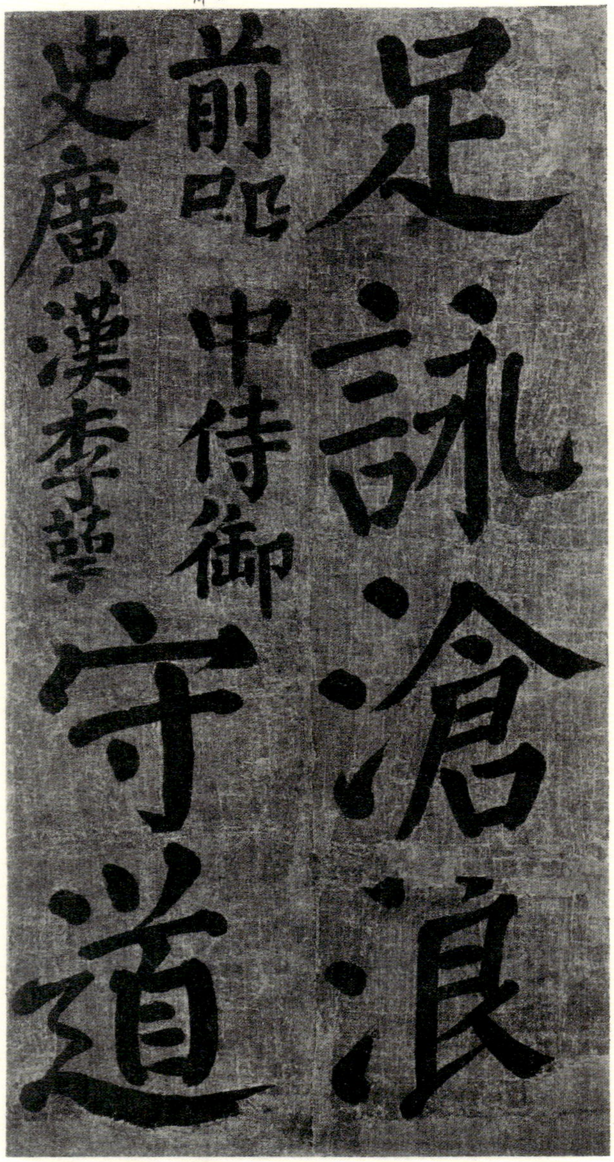

❻

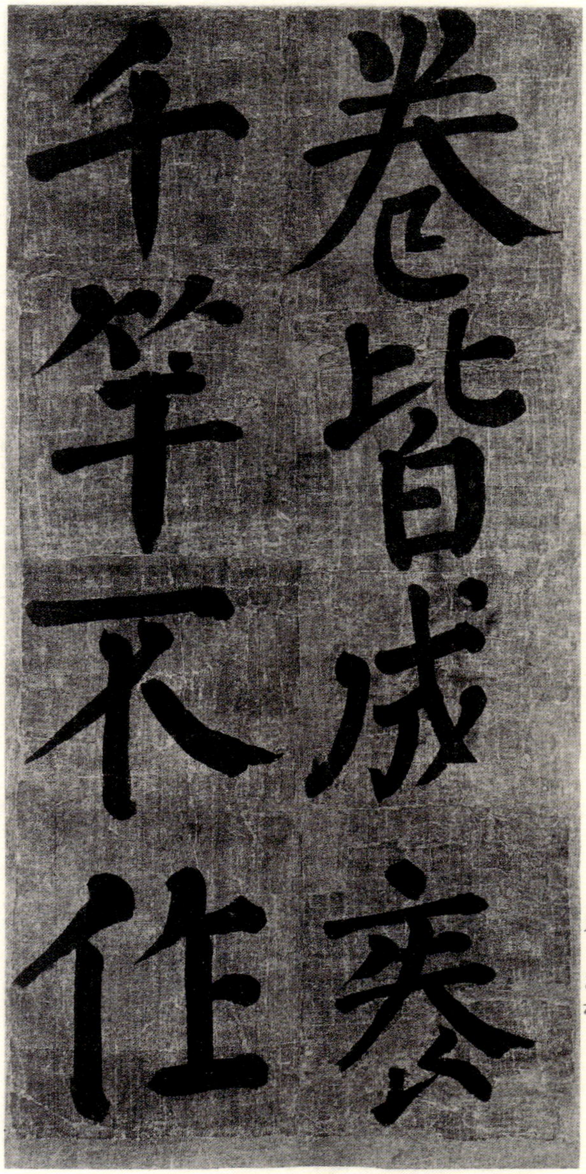

❹

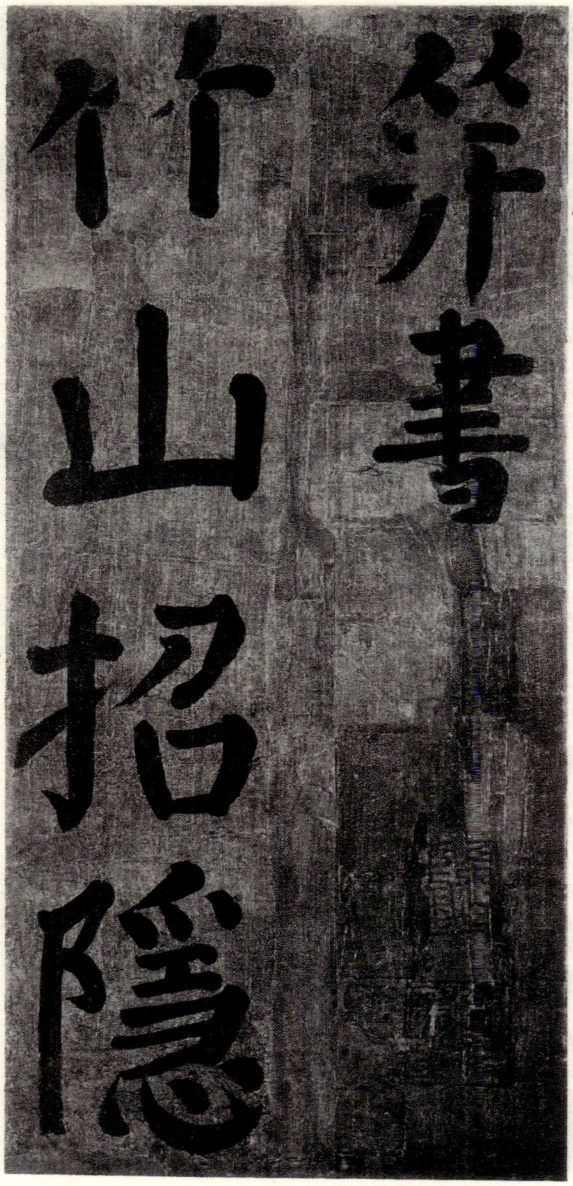

❸

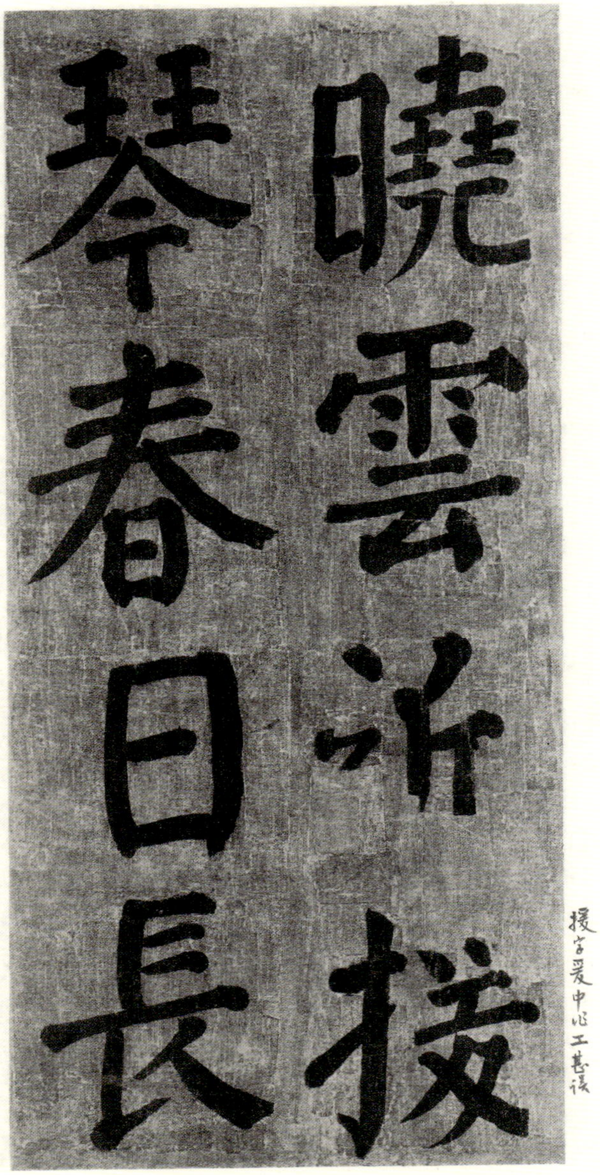

⑨

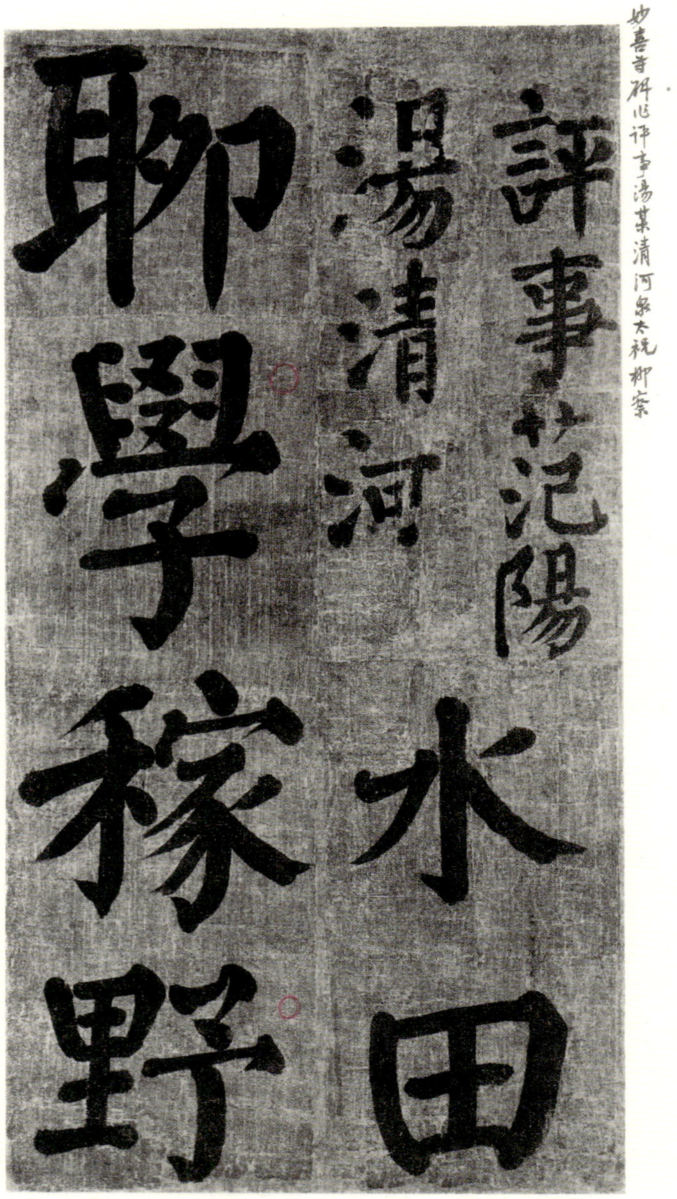

⑩

妙喜寺碑未記

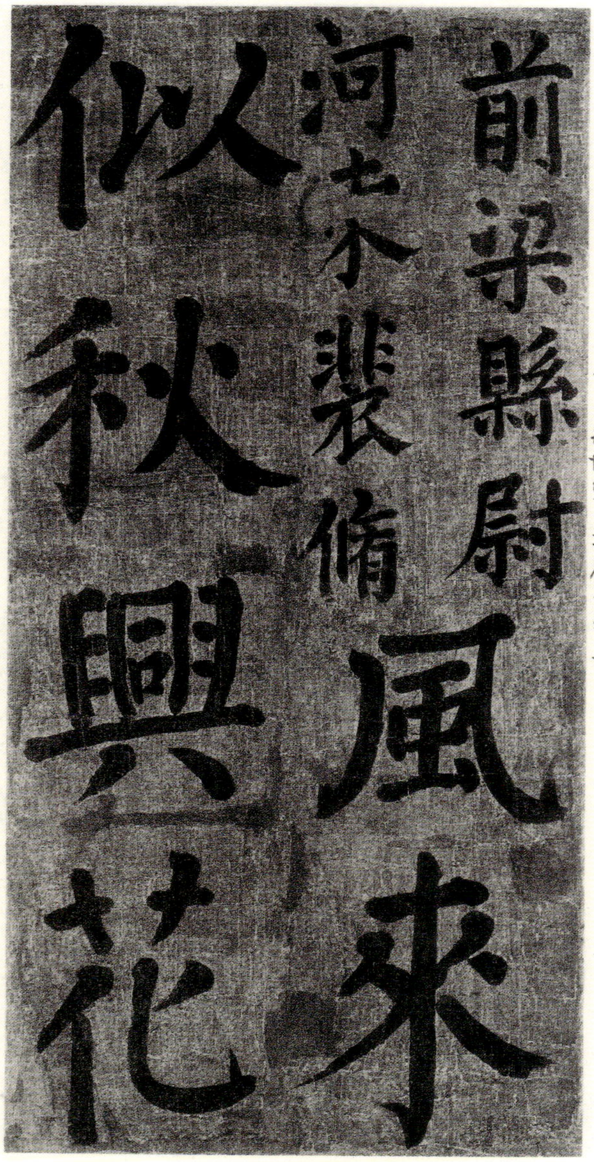

妙喜寺碑作旧尉裴循

梁字三少中一点 原本有鉤壞但下一直不應若是之大

❼

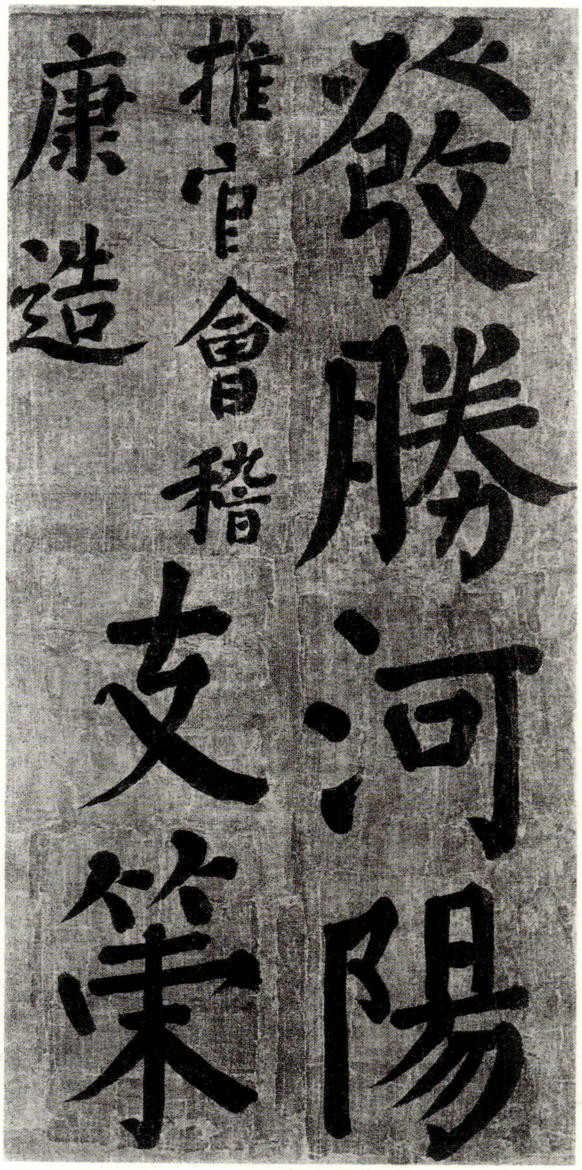

支策疑是杖策之誤 策字束中多一筆

❽

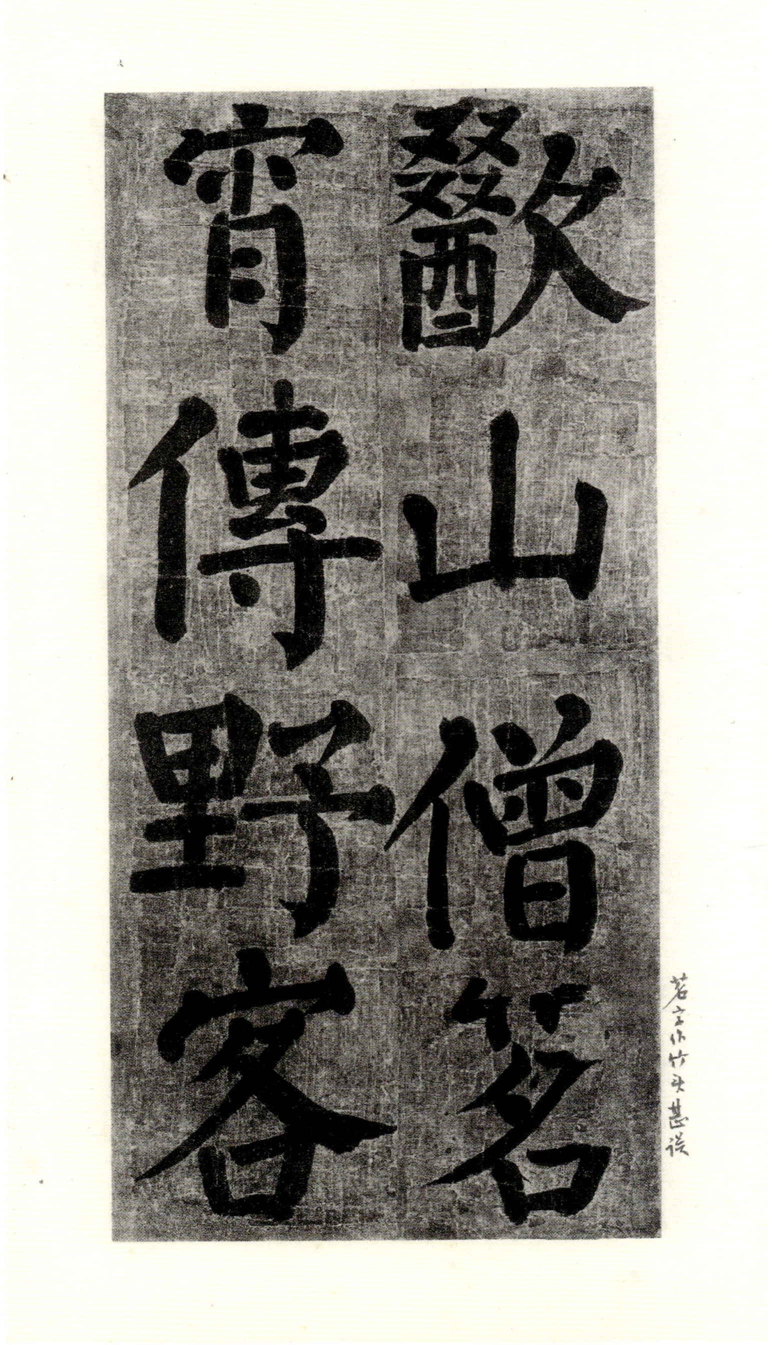

13

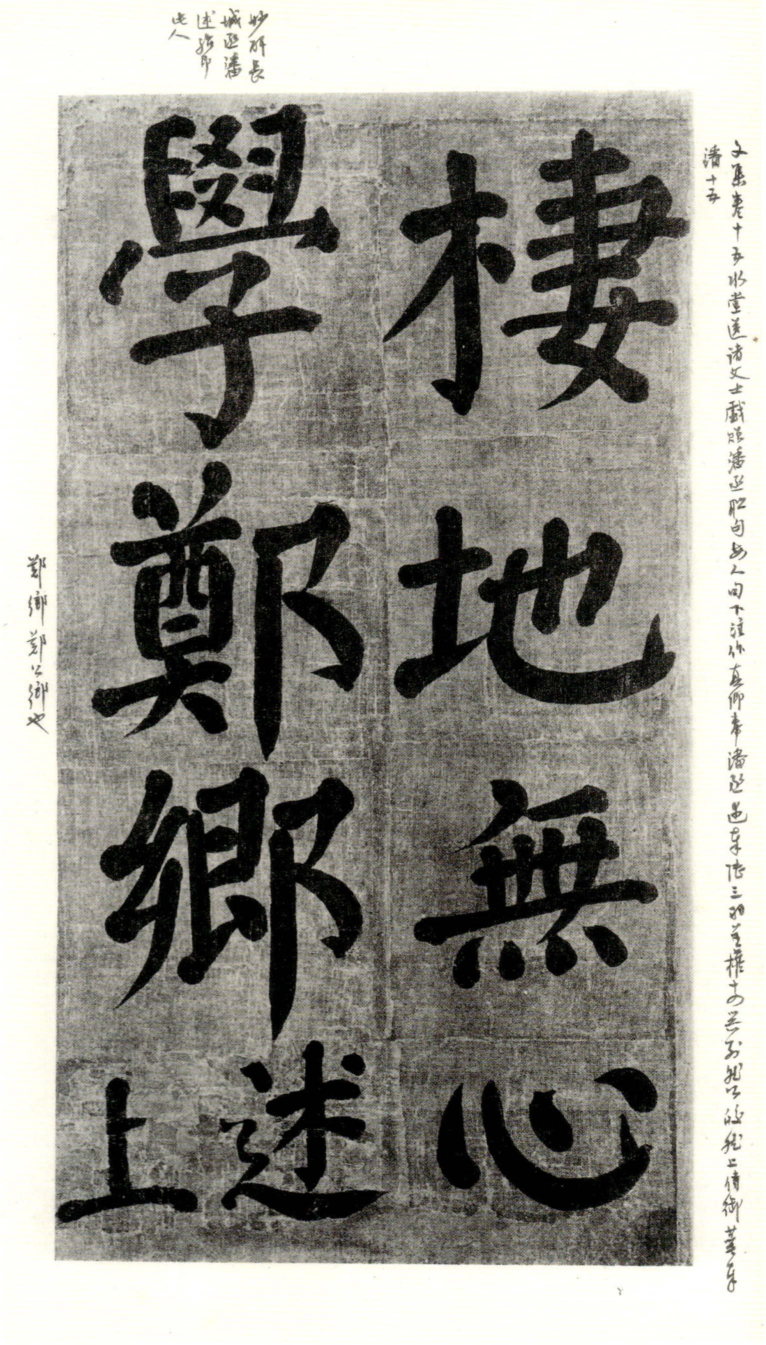

14

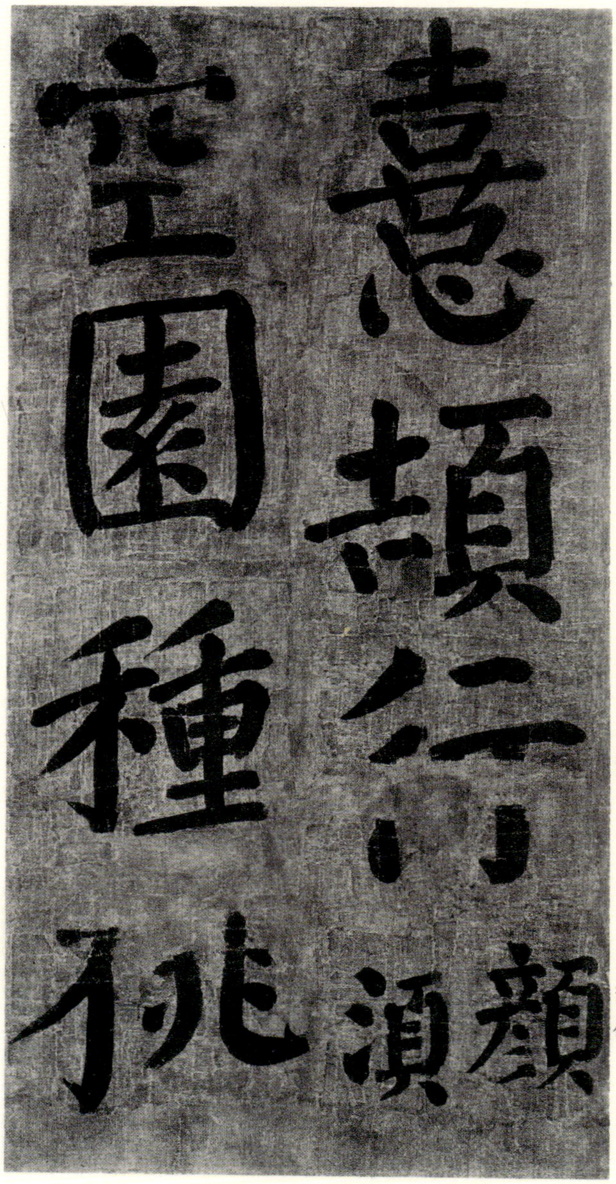

12

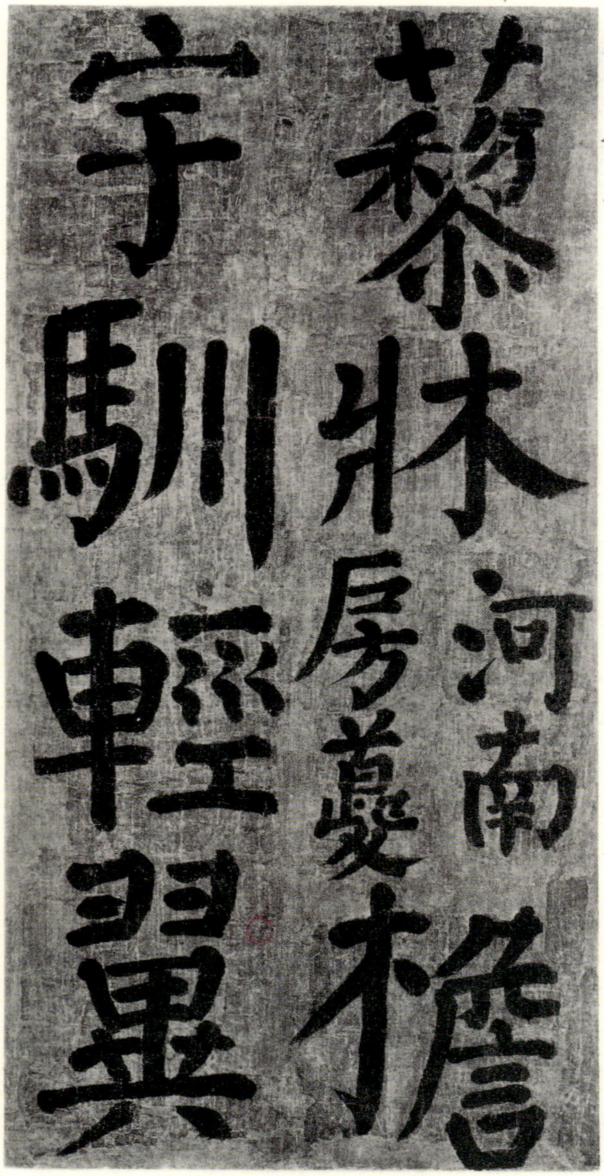

11

安儀周麓邨墨緣彙觀錄卷一

顏真卿潘氏竹山堂聯句册

絹本，原裱大幅，改裝册子。正書，字大如小拳。結字端嚴，運筆裕如，有天然沈著之氣，非諸刻本光硬板實者比，誠為至寶。宣和書譜所載，後經紹興內府所收。前宋綾隔水，宋紙標籤，書「顏魯公竹山連句詩帖上上品」，字亦古雅。本絹上下角，鈐紹興連珠大（？）璽，鈐縫押「緝熙殿寶」朱文印，又一古印莫辨。詩前書竹山連句，題潘書光祿大夫行湖州刺史魯郡公顏真卿錄并書，下押「珍秘」及「希世之寶」、「子孫寶之」皆明晉府藏印。詩後書「會大曆九年春三月」，「月」字下有一舊印，模糊難辨。上下鈐紹興連珠大璽，宋綾隔水，鈐押「御府之印」、「晉府圖書」二大印。又鈐「張氏珍玩」、「君齋清玩」二印。後紙米元暉題「右顏真卿書竹山書堂詩真迹，臣米友仁鑒定恭跋」，并王元美昆仲二跋。此本為真定梁相國家藏，曩曾有人來售，索價甚昂，未能留之，轉入宛平相國家矣。以為不能復覲，相去三十餘年，復得一見，是知与翰墨有緣也。

16

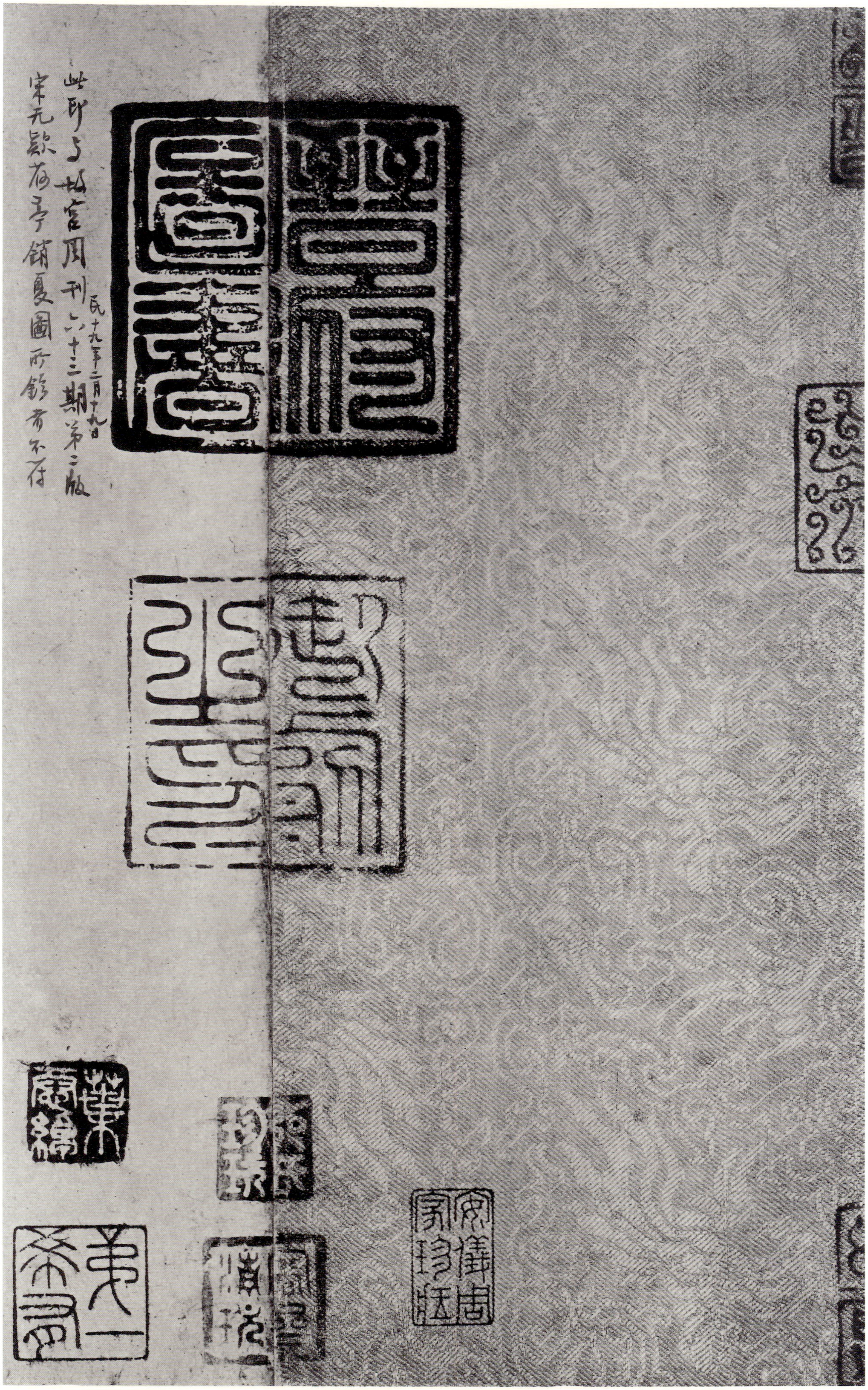

⑮

、原屬大幅，改裝册子。正書，字大如小拳。結字端嚴，一
刻本無硬板實者比，誠為至寶。宣和書譜所載
、宋紙褾藏，書「顏魯公竹山連句詩帖上上品」，字亦古
鈐縫押「緝熙殿」米文印，又一古印莫辨。詩書
湖州刺史魯郡公顏真卿撰并書，下押「珍秘」及「右
藏印」。詩後書「會大曆九年春三月」，用字下有一[illegible]
時大宋至、宋綾隔水，鈐押「御府之印」、「晉府圖書」
、「清玩」二印。後紙米元暉題「右顏真卿書竹山書」
并王元美日比仲二跋。此本為真定相國家藏
歲閲之轉入宛平相公家矣。以為不能復覩，相去一

后　记

《燕蜀交谊——启功、徐无闻先生学术集》《燕蜀交谊——启功、徐无闻先生艺事集》辑录启功先生与徐无闻先生学术、艺事生涯中的吉光片羽，远非全貌。二位先生学术之深厚、艺术之精深，实非两本书可以穷尽。

启功先生天资聪颖，兼以勤奋，又自幼得曾祖父、祖父及各名师指引，中学未能卒业，而终成巨匠。徐无闻先生幼承庭训，得以榜首之资考入大学，又备受父执、师尊教诲鼓励，虽僻居西蜀，却得名扬四海。二位先生皆以执教为业，教化之功深远，以传承古典文化为己任，学术与艺术成就铢两悉称。他们同为中华优秀传统文化最坚定的传薪者。

二位先生平生交往仅寥寥数次，却因学术之追求相同，艺术之境界相似，而心灵相契，惺惺相惜。无闻先生曾请教启功先生《平复帖》等帖学问题，启功先生亦曾赠无闻先生朱竹成扇。无闻先生曾请启功先生书写陆游诗句，启功先生曾请徐先生为治印章，可惜皆未能如愿。启功先生长无闻先生十九岁，无闻先生竟早启功先生十二年辞世。惊闻无闻先生往生，启功先生亲发电文吊唁，不仅应家属之请为《徐无闻书法集》《徐无闻论文集》题签，为无闻先生题写墓碑，又主动撰写《徐无闻先生著作集序》，其中有“远绍吾子行，近迈王福庵，其学识有所不同”之语，评价极高，真情动人，远非寻常文字可比。

《学术集》以图文并茂的形式展示二位先生的学术成就，包含三个单元：“相契”记述二位交往历程；“先达”追溯二位与前辈学者的渊源；“造诣”剖析二位的文学艺术建树。《艺事集》以精美图版展现二位艺术作品的风采，包含十一个单元：“临书”收录二位临习古人法书之作；“录古”汇集二位书写的古诗文卷；“韵语”辑录二位自作诗词；“楹联”收集二位撰写的对联；“题辞”辑存二位少字数书法作品；“丹青”呈现二位的绘画创作；“文字”编入二位的文章与题跋；“华翰”存集二位往来书信；“朱记”搜聚其他艺术家为二位刊刻的印章；“缥缃”展示二位的藏书；“清玩”展现二位生前所用文房器具。

本书的出版，得益于启功、徐无闻先生家属的大力支持，编委会诸位老师的同心协力，诸家公藏单位及众多师友的鼎力相助，文物出版社编辑张朔婷老师为二书付出诸多辛劳。在本书即将付梓之际，谨撰此后记，以表达谢忱，并简述本书编纂初衷与体例，以为读此书者之助。限于学识和时间，书中分类、编排、文字说明等难免有不当之处，尚请读者朋友不吝赐教！

最后谨向刘石老师对我的提携表示由衷感谢。

赵岩

二〇二五年八月二十日

鸣　谢

北京启功艺术研究会

成都徐无闻艺术研究会

中华书局

西泠印社

君匋艺术院

西南大学文学院

绍兴兰亭书法博物馆

宜宾五粮液酒类销售有限责任公司

文津阁古美术馆

北京克里斯特文化有限公司

重庆国际文化交流中心

树华科技发展（深圳）有限公司

吾希堂美术馆

曹　建　陈　科　杜志勇　韩　超　李冠霖

李英俊　榴荫堂　罗杰文　苗亚杰　邱世鸿

三不惜堂　石华轩　王启亮　王映晖　杨　庆

殷智键　由俊谦　张景班　章景怀　郑　昊

支啸渤　自牧堂

本书由清华大学人文学院中国书法与文化研修中心资助出版